Glück
Siegfried Reusch
(Hrsg.)

18 Antworten
auf die Frage nach dem

Glück

**Ein philosophischer
Streifzug** / Herausgegeben
von Siegfried Reusch

S. Hirzel Verlag

Ein Markenzeichen kann warenrechtlich geschützt sein, auch wenn ein Hinweis auf etwa bestehende Schutzrechte fehlt.

Bibliografische Information der Deutschen Nationalbibliothek
Die Deutsche Nationalbibliothek verzeichnet diese Publikation in der Deutschen Nationalbibliografie; detaillierte bibliografische Daten sind im Internet über http://dnb.d-nb.de abrufbar.

ISBN 978-3-7776-2143-2

© 2011 S. Hirzel Verlag
Birkenwaldstraße 44, 70191 Stuttgart
Printed in Germany
Einbandgestaltung: deblik, Berlin
Druck & Bindung: AZ Druck und Datentechnik GmbH, Kempten

www.hirzel.de

Inhalt

Interviews

Glossar

Einleitung

Wie viel Philosophie verträgt das Glück?

Glücklich sein – wer wollte das nicht? Und wer würde dafür nicht am liebsten all die wohlgemeinten Ratschläge selbsternannter Moralapostel ausschlagen, dass sich das eine, das große Glück des Lebens eben nicht in Ehre, Ruhm und Reichtum, nicht in mannigfaltigen erotischen und sinnlichen Genüssen und auch nicht in den Ekstasen von Alkohol und anderen Drogen finden lasse? Wer würde, bevor er nicht all das ausprobiert hat, allen Ernstes behaupten wollen, dass sich eine Anleitung zum Glücklichsein eher zwischen zwei Buchdeckeln finden ließe denn in den Abgründen des sogenannten wirklichen Lebens? Nicht von ungefähr drängt sich in allen Diskussionen um das Glück die Frage auf: Wie viel Nachdenken, wie viel Reflexion, ja: wie viel Philosophie verträgt das wirkliche Glück?

Doch mit der philosophischen Reflexion zur Frage nach dem Glück verhält es sich wie mit der Herstellung von Rosenöl: Beim Pflücken der vielen dafür notwendigen Blütenblätter möchte man mitunter den ganzen übrigen Garten verachten. Die Philosophie kennt nicht die eine, die eindeutige Antwort, keine Rezepte für den je eigenen Weg zum je eigenen Glück; sie kann jedoch, wie die Autoren des vorliegenden Buchs, den Blick für den ganzen Garten öffnen und (Denk-)Wege aufzeigen. Denn ein Glück, um das man nicht weiß, gleicht der unreflektierten Selbstgewissheit und selbstgenügsamen Seinsweise der Tiere. Das mag sich allemal besser anfühlen als großes Unglück, allein: »Es tut wohl, einfach und schlicht glücklich zu sein; zu wissen, daß man glücklich ist, ist noch besser; aber sein Glück zu verstehen, weil man weiß, warum und wie und durch welche Fügung von Ereignissen und Umständen, und dennoch glücklich zu sein, glücklich im Sinne von Sein und Erkennen, das ist mehr als Glückseligkeit.« Diese Einsicht Henry Millers erinnert an eine

Passage aus der *Kritik der praktischen(!) Vernunft* von Immanuel Kant, der Philosophie als »Weisheitslehre« verstanden wissen will, das heißt »als eine Lehre vom höchsten Gut (dem Glück), so fern die Vernunft bestrebt ist, es darin zur Wissenschaft zu bringen, … und zu dem Verhalten und Leben, durch welches es zu erwerben und zu realisieren sei«.

Im Gegensatz zu Kant soll hier jedoch keiner blutleeren Wissenschaft, die nur in Studierzimmern ihre Heimat hat, das Wort geredet werden, oder gar einer Theologie mit Letztbegründungsanspruch, die den Menschen zu idealisieren beziehungsweise dessen Triebe und Abgründe zu leugnen sucht. Denn zum Glück gehören die vielfältigen Lüste des Körpers, auch die am eigenen Körper, ebenso wie die des Geistes.

Eine Ahnung von dem, was mit »Glück« gemeint ist, kann nur eine Wissenschaft vermitteln, die einen glücklichen Sisyphos ebenso in ihre Konzepte zu integrieren vermag, wie einen, der seinen Stein behaut oder sich von dessen Last zu befreien weiß. Während für Arthur Schopenhauer Lebenskunst vor allem in der Vermeidung von Unlust besteht, ist ein glückliches, ein gelingendes Leben für Friedrich Nietzsche nur unter Schmerzen zu haben, weil Lust und Unlust so mit einem Strick zusammengeknüpft sind, »dass, wer möglichst viel von der einen haben will, auch möglichst viel von der anderen haben muss.« Nicht Selbstbehauptung gilt ihm als Ziel, sondern Selbstgestaltung – zur Not auch die des eigenen Unglücks!

Glück muss nicht notwendig immer nur das Glück der anderen sein. Glücklich sein kann jeder! Mit Gewissheit sagen lässt sich allerdings nur so viel: Der beste Weg unglücklich zu werden ist der, sein Glück um jeden Preis machen zu wollen und dabei die Augen vor dem zu verschließen, was rechts und links am Wegesrand verborgen liegt.

Siegfried Reusch

MAXIMILIAN FORSCHNER

Glückstheorien der Antike: Aristoteles, Epikur, Stoa

Antike vorchristliche Glückstheorien vertrauten auf die Kraft des Menschen, durch Bildung und Selbstbildung Einstellungen zu erwerben, die ihn zu einem glücklichen Leben befähigen. Auch wenn diese Theorien einen Weg zum Glück skizzierten, der im Prinzip für viele gangbar sein sollte, so war jenen, die ihn einschlugen, klar, dass die Praxis schwer und die Verwirklichung des Ziels nur wenigen vorbehalten bleiben würde; sie setzten auf eine menschliche Bildungsfähigkeit und eine Leistungsbereitschaft, die, wenn überhaupt, dann nur selten gegeben sind.

Auch in der vorchristlichen Antike versprach sich die Mehrheit der Menschen das Glück von Gesundheit, Wohlstand, Erfolg und langem Leben, suchte man seine Gewähr in der Familie, im Kreis von Freunden, im Staat und im günstigen Schicksal und seine definitive Erfüllung in religiösen Heilslehren und über religiöse Praxis – nicht in der Philosophie. In dieser Hinsicht änderte sich die geistige Lage durch das als Religion etablierte Christentum nicht wesentlich; aber sie änderte sich insofern, als dieses sich den vorhandenen Heilslehren als überlegen erwies und, mit philosophischer Hilfe, den »heidnisch«-philosophischen Lebensweg in Frage stellte.

Der entscheidende Einwand des Christentums gegen die Glückskonzepte, welche die philosophischen Strömungen des Hellenismus und der Spätantike anboten, war der, dass sie der schicksalhaften Verfangenheit des Menschen in der Sünde und ihren Folgen nicht gerecht würden und dass sie mit ihrer Vorstellung von Weisheit und durch Weisheit erreichbaren Glücks in überheblicher Weise die Möglichkeiten des Menschen überschätzten.

Glück ist dem Christen wesentlich göttliches Geschenk; er sieht sich in seinem Streben nach Heil auf die göttliche Hilfe eines Erlösers verwiesen. Wir werden, so schreibt Augustinus in *De libero arbitrio* III, 19 (*Über den freien Willen*), nach der Sünde Adams mit der Blindheit der mangelnden Einsicht und den Qualen des Mangels an Kraft geboren; und uns wird, nach der Ankunft des Erlösers, nicht dies als Schuld angerechnet, dass wir ungewollt (bezüglich des Wegs zum Heil) unwissend sind, sondern dass wir es versäumen, ernsthaft nach dem zu fragen, was man nicht weiß; und auch nicht dies ist unsere Schuld, dass wir uns mit unseren wunden Gliedern nicht auf den Weg machen, sondern dass wir den Arzt verschmähen, der uns die Heilung anbietet. Das Christentum hat in seiner langen und verzweigten Geschichte vieles an »heidnisch«-philosophischer Tradition in sich aufgenommen und in jeder Epoche auch seine eigenen elitären Lebensformen ausformuliert. Doch den grundsätzlichen Einwand gegen das Glück der Philosophen hielt es aufrecht. Dies gilt es zu beachten, wenn heute an die Rehabilitierung antiker Glückstheorien gedacht ist.

Aristoteles

Aristoteles, der für die philosophische Glücksdiskussion so etwas wie eine Gründerrolle spielt, entwickelt seinen Begriff des menschlichen Glücks aus einer Analyse der Zielorientiertheit menschlichen Lebens und Handelns: Wir tun, was immer wir im menschlichen Sinne tun, um willen von etwas. Manches tun wir um der Handlung selbst willen, manches Tun ist aber auch oder nur Mittel zu einem jenseits der Handlung liegenden Zweck. Und unsere einzelnen Aktivitäten sind in größere Zweck- und Handlungszusammenhänge eingebettet. Sinnvoll ist menschliches Streben und Handeln jedenfalls nur, wenn eine Kette von Zweck-Mittelgliedern ein Endglied hat oder sich zu einem Ganzen zusammenfügt, auf das wir um seiner selbst willen aus sind.

Nun gibt es verschiedene Arten von Dingen, die wir um ihrer selbst willen erstreben beziehungsweise tun. Könnte menschliches Leben dann nicht in eine Vielzahl von Bestrebungen nach Zielen zerfallen, die keinen vernünftigen Zusammenhang aufweisen? Aristoteles entwickelt als Antwort auf diese Frage den Gedanken einer Struktur des Glücks, die sowohl der Vielgestaltigkeit menschlicher Bestrebungen und Tätigkeiten gerecht wird als auch die Forderung nach einem geordneten Zusammenhang erfüllt: Es gibt »Teile des Glücks« (vgl. NE 1129 b 18) für den Einzelnen und für die Gemeinschaft, die wünschenswert, ja in unterschiedlichem Maß notwendig sind in jeder Art eines erfüllten menschlichen Lebens. Doch zu diesem gehört eben auch, dass man alle Tätigkeiten des Lebens auf ein Ziel hin ausrichtet.

Was formal unter Glück zu verstehen ist, wird, so Aristoteles, kaum ausdrücklich gedacht und kaum bestritten: ein abschließendes, vollständiges Ziel, das wir um seiner selbst und nur um seiner selbst willen erstreben, auf das alles andere Streben ausgerichtet ist, und das, wenn es erreicht wird, nichts zu seiner Verbesserung vermissen lässt. (vgl. NE 1094 a 18; 1097 a 30 ff.)

Einigkeit herrscht darüber, dass zu einem glücklichen Leben bestimmte äußere, leibliche und seelische Güter gehören, deren Besitz natur- und schicksalsabhängig ist, wie Vermögen, Familie, Gesundheit, Schönheit, Geist ... (vgl. NE 1107 b 8 ff.) Kontrovers hingegen sind die Antworten auf die Frage, was menschliches Glück seinem Wesen nach ist. (NE 1095 a 20 ff.)

Aristoteles sucht und findet seine Antwort auf diese Frage auf zweifachem Weg: einmal auf dem Weg der Reflexion darüber, welches Menschenleben wir loben, bewundern und preisen, und zum andern im Verfolgen des Gedankens, dass das Wesen des Glücks in einer optimalen Verwirklichung dessen liegen muss, was den Menschen von den anderen Lebewesen unterscheidet und vor ihnen auszeichnet.

Prinzip des Lebens ist die Seele. Wir kennen verschiedene Arten des Lebendigen und entsprechend verschiedene Arten von

Prinzipien, die für eine Gestalt des Lebens verantwortlich zeichnen. Die formelhafte Antwort des Aristoteles auf die Wesensfrage lautet, das Gute und damit das Glück für den Menschen sei »tätige Verwirklichung der Seele gemäß ihrer Tüchtigkeit, und wenn der Tüchtigkeiten mehrere sind, nach der besten und vollständigen; und dies in einem ganzen Menschenleben«. (NE 1098 a 15–18) Was den Menschen vom Tier unterscheidet, ist seine Vernunft. Das beste Menschenleben sei demnach in einem Leben tätiger Verwirklichung von Vernunft zu sehen. Und diese werde auf zielhafte Weise verwirklicht in einem Leben, das sich kontemplativ der philosophisch-wissenschaftlichen Forschung verschreibt, oder in einem Leben, das sich (an führender Stelle) in praktischem Einsatz dem Wohl der politischen Gemeinschaft widmet.

Aristoteles verteidigt (vgl. NE X, 6–8) die Ansicht, dass die höchste Realisierungsweise menschlichen Glücks in einer Lebensform besteht, die sich auf die Aktivität des besten Teils der menschlichen Seele, nämlich des theoretischen Intellekts konzentriert. Diese Aktivität überrage unter menschlichen Bedingungen alle anderen an Kontinuität, Reinheit, Stabilität und Selbstgenügsamkeit; in ihr sei der Mensch am wenigsten auf Besitz und Beschaffung äußerer und leiblicher Güter angewiesen; in ihr berühre er erkennend Göttliches und sei selbst göttlich. (vgl. NE 1177 a 21–b 34) Aber es ist dies eine Lebensweise, die nur wenigen möglich sei. Der breitere Weg führe in die politische Praxis. Ein Leben großartiger sittlich-politischer Praxis, das nach Aristoteles etwa ein Perikles gelebt hatte, ist möglich nur im Rahmen einer Gemeinschaft, in der über gleiche Lebensziele verbundene Freie und Gleiche sich die Herrschaft teilen. Die politische Gemeinschaft der *Polis* ermöglicht den bedürfnisenthobenen Vollzug reiner *Theoria* – Naturforschung und Erkenntnis des Göttlichen.[1]

Epikur

Nach dem Sieg Alexanders des Großen über die freien griechischen Städte war die *Polis* als tragender Rahmen großartiger Lebensformen zerstört. Die philosophischen Strömungen des Hellenismus, insbesondere Epikureismus und Stoa, versuchen, eine Antwort auf diese geschichtliche Situation zu geben. Zur leitenden Frage wird nun, wie ein glückliches Leben bestimmt sein muss, das unter allen möglichen politisch-sozialen Umständen realisierbar ist. Aristoteles' Ethik war an die leitende, lebenserfahrene Bürgerschicht adressiert. Gemeinsam ist den neuen Strömungen, dass ihre Theorie sich unterschiedslos an Griechen und Barbaren, an Freie und Sklaven, an Männer und Frauen, an Arme und Reiche, an Junge und Alte wendet. Ähnlich, wenn auch nicht identisch, und in den praktischen Konsequenzen durchaus verschieden ist in ihnen der zentrale ethische Gedanke eines autarken Weltverhältnisses der Seele, das heißt die Vorstellung einer Seele, die sich unabhängig macht von politisch gestützten »Glücksgütern« wie Reichtum, Macht und Ehre. Höchst unterschiedlich sind hingegen die naturphilosophischen Gedanken, in die sie ihre Ethik einbetten.

Die Stoa vergöttlicht den Kosmos und überträgt die Polisstruktur auf das Weltall, das nach ihrem Verständnis durch eine göttliche Seele belebt und durch göttliche Vernunft gelenkt wird und in das der Mensch sich als vernünftiger Bürger einzuordnen hat, um frei und glücklich zu sein.

Epikur dagegen neutralisiert den Kosmos zu einem ziellosen Spiel von Atomen und zieht das menschliche Dasein auf eine Form wachen und heiteren individuellen Erlebens des Lebens zusammen. Ihm ist der naturphilosophische Atomismus das Mittel, die Angst zu bannen und der Welt ihre unheimlichen Aspekte zu nehmen. Dies vor allem im Blick auf jene Abgründe, die ein durch Selbstständigkeit, Verständigkeit und Gelassenheit geprägtes Leben über Alltagssorgen hinaus entscheidend bedrohen können: nämlich die Angst vor entfesselten Begierden, vor unerträglichen Schmerzen, vor Tod und göttlichen Mächten. Er versteht Philosophie wesentlich als Therapie.

Epikurs Theologie behandelt das Leben und Wirken göttlicher Wesen im All. Die richtige Meinung über diese Wesen steht in engstem Zusammenhang mit dem guten menschlichen Leben. Für Epikur gibt es zweifelsfrei Götter; alle Völker sind sich darin einig; sie sind ihm Gegenstand direkter mentaler Wahrnehmung. Doch deren Interpretation ist vielfach über Projektionen menschlicher Affekte verzerrt. Der Nichtweise versteht die Götter als Herren aus der Perspektive des Knechtes und glaubt, dass sie in unbegrenzter Macht, mit Strafgewalt und Fürsorge, mit Eifersucht und Begierde auf menschliches Leben einwirken. Der Weise hingegen sieht in ihnen ein Pendant seiner Freiheit und Unabhängigkeit; er weiß die Götter in ihrer Seligkeit den Geschäften der Erde entrückt. Die Betrachtung göttlichen Lebens vermittelt dem Menschen die Wahrheit über sich selbst und das Ziel des eigenen Lebens. Der Weise wird versuchen, in den Grenzen der Sterblichkeit die Götter nachzuahmen, mit deren Glück zu wetteifern, wie ein Gott unter den Menschen zu sein. (vgl. D. L., Buch X, 135)

Von zentraler Bedeutung ist die Theorie von Lust und Schmerz. Sie basiert auf Grundsätzen, die Epikur als evident (unmittelbar einsichtig) und mit alltäglicher Erfahrung in Einklang stehend unterstellt.

Lust und Schmerz sind nach Epikur die grundlegenden Unterscheidungen der Selbstempfindung eines lebenden Wesens. Jedes Lebewesen befindet sich und empfindet sich stets in einem Zustand, der entweder als lustvoll oder als schmerzhaft oder als eine Mischung von beidem beschreibbar ist. Die Empfindungen von Lust und Schmerz zeigen dem Lebewesen an, welche Widerfahrnisse, Tätigkeiten, Dinge seiner besonderen Natur angemessen und welche unangemessen sind. (D. L. X, 34) Alle Lebewesen führen ihr Leben nach den Kriterien von Lust und Schmerz – auch der Mensch. Diese Orientierung liegt seiner

Überlegung und Entscheidung voraus. Und es gibt keinen plausiblen Grund, warum er sein Leben nicht nach den Kriterien von Lust und Schmerz führen sollte. Wir nennen, so Epikur, die Lust deshalb Prinzip und Ziel des glücklichen Lebens. (vgl. D. L. X, 128)

Epikur unterscheidet zwischen sinnlicher Lust und seelischem beziehungsweise geistigem Vergnügen; das Gleiche gilt für Schmerz und Leid. Dem seelisch-geistigen Aspekt von Lust und Schmerz wird ein gewichtigerer Rang im menschlichen Leben zugewiesen. Abwegig wäre, Epikur deshalb eine moralisch oder außermoralisch differenzierende Wertung der Lust im Sinne niederer (oder gar schlechter) sinnlicher und höherer geistiger Vergnügen zu unterstellen. Seine Unterscheidung und Gewichtung von Freuden orientiert sich nicht an einer ihnen vermeintlich innewohnenden Differenz von Qualität, sondern an ihrer Quantität und der Beziehung, die sie zum Glück haben. (vgl. D. L. X, 131–132)

Für Epikur ist der menschliche Geist frei. Er ist im Beurteilen von und Sichfreuen über beziehungsweise Leiden an Dingen, Zuständen und Ereignissen nicht an die unmittelbare und wirkliche Präsenz von Gegenständen gebunden. Während der lebende Leib nur im jeweiligen Augenblick und im räumlich eng begrenzten Rahmen seiner sinnlichen Wahrnehmung Lust und Schmerz empfindet, kann der Geist sich durch Vergangenes, Gegenwärtiges und Kommendes, durch Mögliches und Wirkliches, durch Nahes und Fernes selbst anregen. (vgl. D. L. X, 137) Darin liegt seine Gefährdung, aber auch seine Chance. Und die Chance besteht genau darin, dass in einem vernünftig denkenden Wesen über philosophische Meditation das geistige Vergnügen immer den (möglichen) leiblichen Schmerz überwiegt. (vgl. Cicero, Tusc. disp. II, 44)

Die Sorgen um die Grenzenlosigkeit von Begierde und Schmerz sind in Epikurs Augen unsinnig. Leiblicher Schmerz ist zumeist in einem Mischungsverhältnis mit leiblicher Lust vorhanden und durch ebendiese Lust gemildert, neutralisiert oder überwogen. Überwiegt der Schmerz, so ist seine Dauer begrenzt; er wird entweder bald von einem Übergewicht an Lust abgelöst oder vom Tod (vgl. Kyria Doxa IV); lang dauernde Schmerzen sind immer erträglich; das Höchstmaß an Schmerz währt immer nur kurz; vor Unerträglichkeit schützt sich der Leib durch Ohnmacht. Nur menschliche Meinung vermag Bedürfnis und Schmerz ins Unermessliche zu steigern.[2]

Um dem Verlangen nach Vergnügen ein Maß zu geben, unterscheidet Epikur eine kinetische und eine katastematische Art der Lust. (D. L. X, 136) Kinetische Lust meint Bewegungs- und Variationslust; sie begleitet den Prozess der Erfüllung von Bedürfnissen und Begehrungen und den Wechsel von Erlebnissen. Unter katastematischer Lust versteht Epikur eine Zustandslust der Abwesenheit von Schmerz und Leid, eine Lust der Gesamtbefindlichkeit, jenes Vergnügen, mit dem ein vom Bedürfnisdruck befreiter Leib und ein von seelischer Bedrängnis und Verwirrung gelöstes, gelassenes Gemüt sein (waches) Leben empfindet. Die katastematische Lust liefert das Kriterium des rationalen Umgangs mit der kinetischen. Als elementare Regel gilt Epikur ein gegliederter Grundsatz: einmal, dass diejenigen in kinetischer Form das Vorgegebene, Begegnende, Gebrauchbare und Verbrauchbare am stärksten genießen, die seiner am wenigsten bedürfen; (vgl. D. L. X, 130) zum anderen, dass die Fülle katastematischer Lust, die dann gegeben ist, wenn Leib und Seele frei sind von Not und Verwirrung, durch das größere oder geringere Quantum verfügbarer kinetischer Lust nicht erhöht oder vermindert, sondern nur gefärbt werden kann.

Der antiken Ethik galt es als unmittelbar einsichtig, dass die Kunst zu leben an die richtige Einstellung zum Tod gebunden ist. Für Epikur bedeutet der Tod eine definitive Zäsur. Seine atomistische Theorie des Entstehens und Vergehens sich selbst erlebenden Lebens liefert die begrifflichen Mittel zur Befreiung von einer Angst, die auf dem Bewusstsein der damals Lebenden lastete: die Sorge vor kümmerlichem Schattendasein oder ewigem Leiden in der Unterwelt. Ist diese Sorge beseitigt, dann besteht das Problem des Todes in der Stellung des Menschen zum unaufhebbaren Faktum seiner Endlichkeit: »Gegen alles andere können wir uns absichern; vor dem Tod aber gleichen alle Menschen einer Polis ohne Mauer.« (Gnom. Vat. 31) Epikur will das Problem mit Mitteln der Aufklärung lösen: »Die rechte Einsicht von der Bedeutungslosigkeit des Todes für uns macht erst das sterbliche Leben zum Genuß, indem sie uns nicht eine endlose (Lebens)zeit in Aussicht stellt, sondern das Verlangen nach Unsterblichkeit nimmt.« (D. L. 124)

Mit »rechter Einsicht« meint Epikur theoretische Erkenntnis wie praktische Anerkennung des unabänderlichen Faktums der Begrenztheit des Lebens. Diese Einsicht beseitige das unvernünftige, weil unerfüllbare Verlangen nach Unsterblichkeit. Dieses Verlangen versklave das menschliche Leben; denn es ersetze dessen in vernünftiger Freiheit erreichbares Ziel durch ein imaginäres »Danach« und beraube es so der ihm eigenen Möglichkeit der Vollendung: Die Beseitigung des Verlangens nach Unsterblichkeit, so Epikur, setzt den Menschen erst für den Genuss des Vorhandenen und Möglichen frei. Diese Einsicht verlagert das Interesse von der Zukunft und dem möglicherweise Kommenden auf die jeweilige Gegenwart und das in ihr aktuell Gegebene. (Vgl. Gnom. Vat. 14)

Von hierher entwickelt Epikur den Begriff eines Glücks (des *Carpe diem* – nutze den Tag), dessen Fülle auf die erlebte Gegenwart (im klaren Bewusstsein des jederzeit möglichen Todes) zusammengezogen ein Maximum und Optimum darstellt, das durch das Maß zeitlicher Ausdehnung und inhaltlicher Variation nicht mehr gesteigert oder vermindert werden kann.

Diese Fülle des Lebensglücks eröffnet sich indessen nur jenem, der zum Leben ebenso wie zum Nichtleben die gleiche Form furcht- und begierdeloser Distanz gewinnt. Die Anerkennung der Sterblichkeit bedeutet also auch die Erarbeitung einer

Einstellung »ästhetischer« Gelassenheit gegenüber dem Leben selbst. Die große Menge, so Epikur, scheut bald den Tod als das größte Übel, bald sucht sie ihn als Befreiung von der Not. Der Weise hingegen weist weder das Leben von sich noch fürchtet er sich vor dem Nichtsein. Denn weder wird ihm das Leben zum Gegner, noch hält er es für ein Übel, nicht zu leben. (D. L. X, 125–126) Mit anderen Worten: Das menschliche Glück vollendet sich nur in einer festen Haltung heiterer Gelöstheit von allem Begehren, Streben, Sichsorgen und Genießen. Der Weise ist vollendet glücklich in Freiheit, das heißt gerade dadurch, dass er Distanz zum eigenen Lebenstrieb übt und sich dem zweckfreien Spiel der Natur überlässt.

Die Stoa

Die Stoa versteht sich als entschiedener Gegner der epikureischen Philosophie und hat doch mit dieser manches gemeinsam. Die Stoiker teilen mit Aristoteles und den anderen hellenistischen Philosophen die formale Bestimmung des Endziels und akzeptieren seine traditionelle Interpretation mit den Begriffen des Glücks und des guten Lebens.

Ein provozierendes Paradoxon bildet indessen ihre These, dass nur das sittlich Schöne gut sei und dass Tugend und nichts als Tugend menschliches Glück begründe. Dies bringt sie in den Geruch erhabener Moralisten, deren Lebenseinstellung dem Hedonismus Epikurs entgegengesetzt ist. Nun ist wahr, dass ihnen die direkte Interpretation des Glücks in Begriffen der Lust abwegig erschien: Sie werde weder dem sittlichen Selbstverständnis des Menschen gerecht, noch erkläre sie die Struktur menschlichen Strebens. Doch auch die Stoiker waren Eudämonisten und keine »Pflichtethiker«, das heißt, sie entwickelten ihre Ethik vom Begriff des Glücks (gr.: *eudaimonia*) und nicht vom Gedanken unbedingter Verbindlichkeit aus. Die Stoiker waren überzeugt, dass im stoischen Weisen und nur in ihm das menschliche Leben zur Vollendung gelangt: Er erreicht die Erfüllung seiner Wünsche in einem Wohlfluss des Lebens, während das Dasein des Nichtweisen, mag es noch so überfließen von äußeren, leiblichen und seelischen Gütern, im Kern unglücklich, zerrissen und sich selbst entfremdet ist.

Zur stoischen Theorie des Endziels und des Glücks sind keine zusammenhängenden Texte der großen Schuloberhäupter (Zenon, Kleanthes, Chrysipp) überliefert. Doch die wenigen Fragmente weisen in die eindeutige Richtung, dass sie das Glück in einer ganz durch Vernunft geleiteten und von ruhiger, harmonischer Gestimmtheit geprägten Lebenseinstellung suchten, die als Übereinstimmung mit sich selbst und mit der göttlichen Weltvernunft charakterisiert ist. Die Theorie ist getragen von einem pantheistischen Lebensgefühl, das die Wirklichkeit im Ganzen (gr.: *to pan*, das Ganze) als das Göttliche betrachtet und erfährt. Wem dieses Gefühl fremd ist, der wird dem stoischen Weltbild und der ihm entsprechenden Theorie des Glücks keine volle Überzeugungskraft abgewinnen können.

»Zenon sagte ... als erster, Ziel sei das *in Übereinstimmung mit der Natur leben,* was dasselbe ist wie *leben gemäß der Tugend,* denn zu ihr führe uns die Natur ...; das *leben gemäß der Tugend* ist wiederum dasselbe wie das *leben gemäß der Erfahrung der Dinge, die von Natur sich ereignen* wie Chrysipp ... sagt; denn unsere Naturen sind Teile der Natur des Ganzen. Deshalb wird *der Natur nachfolgend leben* zum Ziel, was besagt: der eigenen Natur und der des Ganzen, und nichts tun, was das gemeinsame Gesetz verbietet, das die rechte Vernunft ist, die alles durchdringt, die mit Zeus identisch ist, dem Leiter der Verwaltung der wirklichen Dinge. Eben dieses aber sei die Tugend des glücklichen Menschen und sein guter Fluß des Lebens: Stets alles zu tun auf der Basis des Zusammenklangs des eigenen, jeden einzelnen leitenden Geistes mit dem Willen dessen, der das Ganze verwaltet.« (D. L. Buch VII, 87–89) Der menschliche Geist, so die fassbare stoische Botschaft, ist Fragment und Abkömmling des göttlichen Geistes, der den Kosmos durchdringt und gestaltet. Er kommt zur Vollendung, indem er die göttliche Struktur der Welt erkennend betrachtet, sich mit ihr im Einklang weiß und fühlt und diese Harmonie in seinem Verhalten zum Ausdruck bringt beziehungsweise nachbildet.[3] Ausgangspunkt und Ziel der stoischen Ethik ist *Theoria*:[4] Der Mensch stellt in seinem Geist in sprachlich-gedanklicher Form die kausale Kraft und die strukturelle Ordnung der göttlichen Weltverwaltung dar und hebt sich selbst durch meditative Verinnerlichung dieser erkennenden Darstellung über die Begrenztheit seines Lebens in die Dimension des Göttlichen. *Theoria* vermittelt den Gleichklang (die *homologia*) mit dem Göttlichen und lässt all das, was nicht uneingeschränkt in unserer Hand ist, gering, ja gleichgültig erscheinen; sie schenkt Ruhe der Seele und befreit von den Schrecken des Todes.

Die Stoiker waren überzeugt davon, dass Glück in einem vollkommenen Einklang mit sich selbst besteht, dass dieser vollkommene Einklang mit sich selbst nur über einen vollkommenen Einklang mit der göttlichen Weltvernunft zu erreichen ist und dass dieser Einklang eine radikale Distanzierung von den Natur- und Schicksalsgütern des menschlichen Lebens (einschließlich des Lebens selbst) sowie die Überantwortung ihres Besitzes oder Verlustes an den göttlichen Willen bedeutet. Dies macht das Wesen der stoischen Tugend aus. Glücklich kann nur sein, wem der Besitz oder Verlust dieser Güter vollkommen gleichgültig ist. Dies heißt aber nicht, dass sie praktisch bedeutungslos wären. Die Stoa hat die »natürlichen« Güter dahingehend ins Recht gesetzt, als sich in unserem natürlichen, spontanen, unpervertierten Streben nach ihnen die Anordnung der göttlichen Vernunft manifestiert. Die Ziele der natürlichen Neigungen bestimmen deshalb zu Recht unsere Praxis; doch insofern wir ihres Besitzes verlustig gehen können, sind sie der Vernunft äußerlich, können sie nicht wahrhaft gut sein; wahrhaft gut ist nur die vernünftige Einstellung zu ihnen und die vernünftige Art des Umgangs mit ihnen; und vernünftig ist unser Umgang mit ihnen, wenn wir sie erstreben, aber so, dass wir, wenn wir sie besitzen, sie so besitzen, als besäßen wir sie nicht. Das Sich-eins-Wissen und Sich-eins-Fühlen mit der göttlichen Weltvernunft befähigt den stoischen Weisen dazu, das, was die große Menge zu den Gütern und Übeln rechnet, für nichts anzusehen: Kraft, Gesundheit, Schönheit, Reichtum, Ehre, Macht auf der einen, Armut, Niedrigkeit, Demütigung, Einsamkeit, Verlust der Seinigen, schwere körperliche Schmerzen, verlorene Gesundheit, Invalidität, Blindheit, Untergang des Vaterlands, Verbannung, Knechtschaft auf der anderen Seite.[5] In der (gedanklichen, nicht praktischen) Geringschätzung dieser Dinge löst sich der Mensch von den verwirrten Bewegungen und aufgehetzten Sprüngen der Seele, von den Affekten, deren Unseligkeit gerade darauf beruht, im Urteilen und Verlangen etwas für uneingeschränkt gut oder schlecht zu halten, was es nicht ist.

Der aristotelisch Tüchtige und Großartige ebenso wie der epikureische und stoische Weise sind sich der Qualität und Stärke ihrer Seele bewusst; sie wetteifern, im Rahmen des Menschenmöglichen, mit dem Leben und dem Glück des Gottes beziehungsweise der Götter. Dem Christen ist dieser Stolz des Heiden Überheblichkeit. Ihm hat Gott in der Selbsterniedrigung seines Sohnes am Kreuz einen anderen Weg zum Heil gewiesen und »die Weisheit dieser Welt zur Torheit gemacht«. (Paulus 1 Kor. 1, 20) Wem nicht die Stärke der philosophischen Weisheit zu Eigen oder die Gnade des christlichen Glaubens gegeben ist, der muss sich mit dem Gedanken befreunden, dass das »Glück«, das ihm beschieden sein kann und für ihn zu erstreben Sinn macht, von erheblich kleinerem Gewicht und Zuschnitt ist. Aber auch in diesem Fall dürfte Epikurs Gedanke Beachtung verdienen, dass jener sich der Dinge des Lebens am besten freuen kann, der ihrer am wenigsten bedarf.

Anmerkungen:

1. Vergleiche: Aristoteles: Eudemische Ethik VII, 3, 1249 b 16; Über die Teile der Tiere I, 5, 644 b 23–645 a 10

2. Vergleiche: Diogenes Laertius X, 132; Kyr. Dox XV; XXX; Gnomologium Vaticanum 33; 59

3. Vergleiche: Cicero: De natura deorum II, 37; Epiktet, Diss. I, 6, 19–20

4. Vergleiche: Diogenes Laertius VII, 130; Plutarch, De stoicorum repugnantiis 1035 C–D; Cicero: De finibus III, 72 f. 5. Vergleiche: Cicero: Tusculanae disputationes V, 29 und 30

5. Vergleiche: Cicero: Tusculanae disputationes V, 29 und 30

Literatur:

– Aristoteles: Nikomachische Ethik; im Text abgekürzt mit: NE
– Diogenes Laertius: im Text abgekürzt mit: D. L.

Zur Vertiefung empfohlen:

– Forschner, Maximilian: Über das Glück des Menschen. Wissenschaftliche Buchgesellschaft, Darmstadt 1993
– Forschner, Maximilian: Die stoische Ethik. Wissenschaftliche Buchgesellschaft, Darmstadt, 2. Aufl. 1995
– Forschner, Maximilian: Über das Handeln im Einklang mit der Natur. Wissenschaftliche Buchgesellschaft und Primus Verlag, Darmstadt 1998

ANNEMARIE PIEPER

Sisyphos im Glück

In der griechischen Mythologie kannten die Götter kein Erbarmen mit den Unbotmäßigen, die es wagten, sich zum Wohl der Sterblichen den göttlichen Anordnungen zu widersetzen. Tantalos, der den Menschen Speisen vom Tisch der Götter mitgebracht hatte, wurde in den Tartaros[1] verbannt, wo Hunger und Durst ihn plagten – Wasser und Früchte zogen sich vor ihm zurück, sobald er danach griff. Prometheus, der den Menschen das Feuer brachte, wurde im Kaukasus an einen Felsen geschmiedet; tagsüber musste er einen Adler erdulden, der sich an seiner über Nacht nachwachsenden Leber gütlich tat. Sisyphos, der den Tod in Ketten gelegt hatte, musste in der Unterwelt einen schweren Stein auf den Gipfel eines Berges wälzen, von wo der gewaltige Brocken immer wieder hinabrollte.

Diese grausamen Strafen sind schieres Unglück. Da sie für die Ewigkeit vorgesehen sind, entfällt jede zeitliche Begrenzung und damit eine mögliche Rehabilitierung. Es gibt keine Hoffnung auf Entrinnen, keine Zukunft, sondern nur unerträgliche Gegenwart, erfüllt mit körperlicher Pein und seelischem Schmerz. Auszuhalten war die Qual anfangs wohl nur in den kurzen Augenblicken der Hoffnung: Wenn Tantalos das Wasser bis zum Hals stand und die Früchte des Baums zum Greifen nah vor seinen Augen baumelten; wenn Prometheus nachts spürte, wie seine Leber wieder gesund wurde; wenn Sisyphos den Stein mit einer letzten Anstrengung auf den Gipfel hievte – in diesen entspannten Momenten konnte die zaghafte Hoffnung aufkeimen, dass es dieses Mal gelingen würde, von der Tortur erlöst zu werden, wenigstens dieses eine Mal.

Die Verurteilten dachten menschlich: Es muss doch einmal ein Ende mit dieser Schinderei haben. Gnade sollte vor Recht ergehen. Kein Verbrechen kann so groß sein, dass keine Sühne ihm genüge tut und eine dauerhafte Freiheitsberaubung rechtfertigt. Aber je länger das Unglück dauerte, desto vergeblicher erschien das Auslangen nach einem Quäntchen Glück. Im Gegenteil: Es wuchs die Gewissheit, dass die Götter unnachgiebig bleiben würden, was wiederum das Glücksbegehren intensivierte und die seelische Not vergrößerte. Mag sein, dass mit der Zeit die Hoffnungslosigkeit in Resignation umschlug, Tantalos, Prometheus und Sisyphos sich also in ihr schreckliches Schicksal ergaben, nachdem sie sich vielleicht eine Zeitlang mit aller Kraft dagegen aufgelehnt hatten. Doch die Niedertracht der göttlichen Sanktionen zeigt sich darin, dass nicht einmal die Unterwerfung der Rebellen den Rachedurst der Götter befriedigte. Jeder Versuch, die Einstellung zur Situation zu ändern, sollte die Verzweiflung und damit das Unglück steigern. So entstand im Gefolge der Resignation der Wunsch, endlich sterben zu können. Lieber tot sein, als ein unglückliches Leben führen zu müssen. Aber das Bewusstsein, niemals sterben zu dürfen, potenziert die Qual noch einmal. Es müssen sadistische Götter sein, die Freude an solchen Höllenstrafen und extremem menschlichem Leid haben. Das ist freilich kein Trost für die Ohnmächtigen. Illusionslos sehen sie nun den Tatsachen ins Gesicht: Die Lage ist aussichtslos und könnte schlimmer nicht sein. Es gibt in alle Ewigkeit keinen Ausweg.

Das Absurde

Vor diesem Hintergrund mutet der Satz, mit dem Albert Camus seinen Essay *Der Mythos des Sisyphos* enden lässt, fast pervers an: »Wir müssen uns Sisyphos als einen glücklichen Menschen vorstellen.« (MS, 160) Sollte es doch eine Möglichkeit geben, den Göttern gleichsam ein Schnippchen zu schlagen und sich dem Verhängnis zu entziehen? Camus hat sich stets als mediterranen Denker mit griechischem Herzen verstanden. Seine Lektüre der antiken Mythen entschlüsselte ihm die Situation des modernen

Menschen, dessen existenzielle Befindlichkeit ihm vergleichbar schien mit der des Sisyphos. Der heutige Mensch findet sich vor in einer sinnentleerten, durch und durch irrationalen Welt, aus der die Götter sich zurückgezogen haben, und führt einen vergeblichen Kampf gegen ein Universum, das ihn zu vernichten droht.

Die Welt hat von sich aus keinen Sinn, und sie lässt sich auch nicht von den Menschen mit einem Sinn überziehen. Vor diesen Befund gestellt, muss man sich entscheiden, »ob das Leben es wert ist, gelebt zu werden oder nicht«. (MS, 11) Anders als die antiken Helden hat der heutige Mensch eine Wahl: Er kann angesichts der Absurdität seiner Ausgangsbedingungen den Tod wählen. Den Ausdruck des Absurden hat Camus eingeführt, um die Wertlosigkeit des menschlichen Daseins zu charakterisieren: Es ist absolut widersinnig, als ein mit Vernunft ausgestattetes Wesen kein Gegenüber anzutreffen, das dem Anspruch auf Rationalität genügt. Wie der Gesichtssinn verkümmern würde, wenn der Mensch zwar Augen hätte, um zu sehen, es aber nichts zu sehen gäbe, so bleibt das Begehren der Vernunft nach Klarheit und Transparenz der Dinge unerfüllt, da die Welt ihm als ein unstrukturierbares Chaos entgegentritt und jeder Versuch, sie mit Hilfe von Begriffen oder wissenschaftlichen Formeln verstehbar zu machen, bloße Konstruktion ohne Realitätsbezug bleibt: ein Gebilde der Sehnsucht nach wahrer, objektiver Erkenntnis, in welcher die Fremdheit der Welt aufgehoben wäre.

Worauf es Camus bei der Frage nach dem Wert des Lebens ankommt, ist, ob man die Selbsttötung mit guten Gründen wählen kann oder ob es gute Gründe für eine Alternative gibt. Wenn der Mensch sich schon über seine Vernunft definiert, muss er sein Handeln reflektieren – allerdings ohne den Widerspruch zu leugnen, der ihn zerreißt: »Absurd ... ist der Zusammenstoß des Irrationalen mit dem heftigen Verlangen nach Klarheit, das im tiefsten Innern des Menschen laut wird. Das Absurde hängt ebensosehr vom Menschen ab wie von der Welt.« (MS, 33)

Camus hat die christliche Sündenfalllehre als Erklärung für das Absurde immer abgelehnt. Für ihn ist der Mensch nicht schuld an der misslichen Lage, in der er sich vorfindet. Und sollten ein Gott oder Götter für sein Unglück verantwortlich sein: Umso schlimmer für sie. Denn wer wissentlich Sinnwidriges hervorbringe, verdiene den Namen Gott nicht. Damit sind die Weichen gestellt für die Frage, die Camus beschäftigt: Wo sollen wir unsere Wertvorstellungen und damit die Ziele finden, deren Verfolgung ein im ganzen geglücktes Leben ermöglichen, wenn die Welt eine Wüste ist und den Dingen kein durch einen Schöpfergott garantierter Sinn innewohnt und wenn auf der anderen Seite der Mensch zwar nach Sinn verlangt, aber außer Stande ist, die sich ihm darbietende Sinnleere durch eigene Sinngebilde zu ersetzen? Zur Beantwortung dieser Frage greift Camus auf die griechische Mythologie zurück und interpretiert den Sisyphos-Mythos dahingehend, dass er als Folie lesbar wird, auf welcher sich eine Lösung des Problems abzeichnet.

Sisyphos und Zarathustra

Dass Sisyphos im Zusammenhang mit der Frage nach einem sinnvollen, geglückten Leben als Vorbild dient, hat vor allem zwei Gründe. Der eine besteht darin, dass Sisyphos im Unterschied zu Tantalos und Prometheus noch eine gewisse Bewegungsfreiheit hat. Er ist nicht wie seine Leidensgenossen angekettet und muss sein Schicksal passiv erdulden, sondern kann im vorgegebenen Rahmen eine gewisse Aktivität entfalten. Zum anderen hat Camus Nietzsche sehr geschätzt, und man kann eine Verwandtschaft zwischen der Figur des Sisyphos und der Gestalt Zarathustras erkennen: Beide verlangen nach einem absoluten, unüberbietbaren Glück, wohl wissend, dass ein solches weder vorhanden noch mit menschlicher Kraft herstellbar ist. Beide machen die Erfahrung äußerster Frustration, um schließlich eine Glücksvorstellung zu entwickeln, die menschengemäß ist.

Für Zarathustra ist die These der ewigen Wiederkehr des Gleichen jener »abgründliche Gedanke«, der ihm das Leben unerträglich macht und ihn an den Rand des Selbstmords treibt. Die Vorstellung, dass es prinzipiell keine Höherentwicklung gibt, dass vielmehr alles Neue nur ein abgelebtes Stück Vergangenheit ist und damit die bloße Wiederholung von bereits Gewesenem, beraubt die Geschichtsmodi (Vergangenheit, Gegenwart und Zukunft) ihrer Eigenständigkeit. Diese sind bloß Aggregatzustände ein und desselben Einerleis. Zarathustra sieht sich genötigt, das lineare Geschichtsmodell zu verabschieden, aber es bereitet ihm größten Ekel, sich mit dem zyklischen Modell anzufreunden. In der Rede »Vom Gesicht und Räthsel« schildert er einen jungen Hirten, dem im Schlaf eine schwarze, dickleibige Schlange in den Schlund gekrochen war und sich dort fest gebissen hatte. (KSA 4, 201) Diese grauenhafte Vision verdeutlicht das Erstickende des Gedankens der ewigen Wiederkehr, folgt aus ihm doch, dass der Mensch sich vergeblich Ziele setzt. Im Grunde ist schon alles entschieden, und es spielt letztlich keine Rolle, ob man sich anstrengt, um dem Leben einen Sinn zu geben, oder ob man die Dinge einfach laufen lässt.

Zarathustras Lösung liegt in der Anweisung, der Schlange den Kopf abzubeißen und ihn auszuspeien. Diese beherzte Tat ist ein Akt der Selbstbefreiung. Man wird auf diese Weise zwar nicht das zyklische Selbstverständnis los, wohl aber das lähmende Gift, welches den Handelnden in seinen existenziellen Vollzügen paralysiert. Die kopflose Schlange, die schlaff ausgestreckt auf dem Boden liegt, signalisiert, dass das lineare Prinzip ausgedient hat. Zugleich ist sie aber ein Symbol für das Werden im Kreis, das durch die Erinnerung an ihre Fähigkeit, sich zu ringeln, wach gehalten wird und den Menschen auffordert, dem zyklischen Prinzip Leben zu geben. Indem er die Lehre von der ewigen Wiederkehr akzeptiert, ohne sich von ihr beherrschen zu lassen, nimmt Zarathustra den Kampf gegen den Fatalismus und die Sinnlosigkeit des Lebens auf, unbeeindruckt durch die ständige Wiederholung des Gleichen. Er hat ein Vorbild – nämlich den »Übermenschen« –, das er nicht preisgibt. Zwar hat er begriffen, dass er dieses Vorbild nie persönlich verkörpern und damit auch nie die ewige Seligkeit – als einen endgültigen Zustand des Glücks – erlangen wird. Aber der Übermensch als »der Sinn der Erde« (Vorrede 3.; KSA 4, 14) ist die bleibende, unverlierbare Norm, an der sich der Mensch orientieren kann in seinem ständigen Streben über sich hinaus. Er wird immer Mensch bleiben, aber das »über« verweist auf die Möglichkeit einer Transzendenz (Überschreitung sinnlicher Erfahrung), die es ihm augenblicksweise ermöglicht, strebend über sich hinaus zu gelangen und als »Pfeil der Sehnsucht« (ebd., 17) an sein Sinnziel zu gelangen, von dem aus er wieder auf seinen Ausgangspunkt, auf sich selbst als Mensch, zurückgeworfen wird. Für endliche, geschichtliche Wesen kann das Glück kein Zustand sein. Man ist nicht im Paradies angekommen, sondern muss in jedem Augenblick die Hölle, in der wir uns befinden, neu überwinden.

Die Parallelen zwischen Zarathustra und Sisyphos fallen ins Auge. Auch Sisyphos arrangiert sich mit dem Zyklus der ewigen Wiederkehr des Gleichen und schließt sein Glück in den Kreis ein, den er im Auf und Ab des Steinewälzens unermüdlich um sich zieht. Doch bis ihm dies gelingt, muss er alle Hoffnungen und alle Erwartungen an das Leben fahren lassen, um den Blick frei zu bekommen für das Unmögliche und das Mögliche. Camus charakterisiert Sisyphos als einen hellsichtigen Mann. Er durchschaut seine Situation und begreift die Absicht der Götter, ihn gerade mittels seines klaren Kopfs zermürben und schließlich zerstören zu wollen. Wäre er nur ein gehorsamer Sklave, der dem Befehl des Herrn gehorcht, ohne sich Gedanken über die ihm zugewiesene Arbeit zu machen, würde er zwar auch ächzen unter der ihm auferlegten Fron, im Übrigen aber in dumpfer Ergebenheit tun, was ihm aufgetragen wurde. Sisyphos hingegen hat verstanden, dass ihm nicht nur seine äußere Freiheit genommen wurde, sondern auch die Freiheit, sich selbst als Mensch zu bestimmen. Er sieht sich gezwungen, sein Menschsein zu verneinen.

Lineares und zyklisches Weltbild

Der Mensch definiert sich als autonomes Wesen. Autonomie bedeutet: sich selbst Ziele zu setzen und zur Erreichung dieser Ziele die am besten geeigneten Mittel einzusetzen. Ziele werden in die Zukunft projiziert, und einzelne Handlungen bahnen den Weg zu diesen Zielen. Sobald die Ziele erreicht und damit in die Gegenwart überführt sind, wird wieder von Neuem in die Zukunft hinein geplant, sei es, weil es sich beim bisher Erreichten nur um Teilziele und kein Endziel gehandelt hat, sei es, weil neue Zielvorstellungen entwickelt werden. Dieses lineare Modell liegt jeglicher menschlicher Praxis zugrunde und stiftet durchgängig den Sinn eines Lebens. In diesem Sinn liegt das Glück eines Individuums beschlossen.

Sisyphos interpretiert seine Tätigkeit anfangs nach dem linearen Modell. Das Ziel ist der Gipfel; der Weg dorthin führt den Berg hinauf. Doch das Ziel wird verfehlt, weil der Stein nicht oben liegen bleibt, sondern wieder in die Tiefe rollt – nicht nur einmal, sondern immer wieder, in alle Ewigkeit. Camus konstatiert: Es gibt »keine grausamere Strafe als unnütze und aussichtslose Tätigkeit«. (MS, 155) Da es sich als unmöglich erweist, das gesetzte Ziel zu erreichen, ist Sisyphos' Leben absolut sinnlos. Seine Anstrengungen sind von vornherein zum Scheitern verurteilt; nicht weil die Mittel unzulänglich sind – seine Kraft reicht ja aus, um den Stein zu bewegen –, sondern weil das Ziel außerhalb seiner Reichweite liegt. Solange also Sisyphos sein Handeln gemäß seinem ursprünglichen Freiheitsverständnis nach dem linearen Ziel-Mittel-Modell auffasst, ist er unglücklich. Und genau dies hatten die Götter für ihn vorgesehen.

Vermag Sisyphos die Absicht der Götter zu durchkreuzen? Camus interessiert sich für die Gedanken, die Sisyphos beim

Abstieg vom Gipfel durch den Kopf gehen. »Ich sehe, wie dieser Mann schwerfälligen, aber gleichmäßigen Schrittes zu der Qual hinuntergeht, deren Ende er nicht kennt. Diese Stunde, die gleichsam ein Aufatmen ist und ebenso zuverlässig wiederkehrt wie sein Unheil, ist die Stunde des Bewußtseins.« (MS, 157) Das Stichwort, das Camus gibt, um anzudeuten, wodurch Sisyphos sich als seinem Schicksal überlegen erweist, ist »Verachtung«. (MS, 158)

Hatte er in seinem vorherigen Leben die Götter *miss*achtet, indem er Thanatos – den Gott des Todes – fesselte und damit die Unsterblichkeit, welche die Götter als ihr Privileg erachteten, den Menschen zukommen ließ, so beginnt er sie nun zu *ver*achten. Seine Verachtung bewirkt, dass er ihre Kompetenz in Frage stellt und die Voraussetzung ablehnt, unter welcher ihre Absicht, ihn zu bestrafen, erfolgreich ist: Er weist das lineare Handlungsmodell zurück und entscheidet sich für das zyklische. Aber was ist damit gewonnen? Gibt er damit nicht alles preis, was den Menschen zum Menschen macht?

In Camus' Deutung des Sisyphos-Mythos öffnet die Befreiung vom Verdikt der Götter den Weg zum Glück. Die Götter können ihm nur verwehren, sich von seinem Stein abzuwenden, aber sie können nicht verhindern, dass er sein Tun anders bewertet. Für ihn liegt von nun an das Ziel seines Weges nicht mehr auf dem Gipfel, sondern er setzt den Weg als Ziel. Und jeder Schritt, den er tut, gelingt. Zwar hat er nicht die Wahl, die Bahn zu verlassen, aber das ist nicht seine Schuld, sondern absurde Tatsache. Doch er kann die Bahn mit einem Sinn erfüllen, den er ihr gibt. Er ist nicht mehr angewiesen auf ein göttliches Sinnkonzept, sondern richtet sich nach seinen eigenen Bedürfnissen. Er geht nun um des Gehens willen und nicht mehr, um anzukommen. »Man entdeckt das Absurde nicht, ohne in Versuchung zu geraten, irgendein Handbuch des Glücks zu schreiben ... Es gibt aber nur eine Welt. Glück und Absurdität sind Kinder ein und derselben Erde. Sie sind untrennbar.« (MS, 158 f.)

Nachdem Sisyphos die Götter aus dem Universum gestrichen hat, verändert sich sein Verhältnis zum Stein und zur Natur. War der Stein zuerst ein Hassobjekt, weil er sich im Bewusstsein der Vergeblichkeit an ihm abarbeitete, so wird er nun zum Partner, mit dem er in inniger Vereinigung einen beschwerlichen Weg zurücklegt, an dessen Ende der Felsbrocken wieder seiner Eigengesetzlichkeit folgt. Sisyphos lässt ihn los, anstatt sich gegen sein Hinabrollen zu stemmen. Er geht ins Tal zurück, nicht mehr frustriert, sondern als Herr der Lage. »Darin besteht die verborgene Freude des Sisyphos. Sein Schicksal gehört ihm. Sein Fels ist seine Sache.« (MS, 159) Wenn man Sisyphos von außen beobachtet, hat sich nichts geändert. Er verausgabt sich nach wie vor im Wälzen des Steins und befindet sich damit im Strafvollzug der Götter. Aus seiner eigenen Perspektive jedoch spielen die Götter keine Rolle mehr, denn er betrachtet seine Tätigkeit als eine unter seiner eigenen Regie erbrachte Leistung, die ihren Sinn in sich trägt. Welche Folge dies für sein Lebensgefühl hat, wird klar, wenn man die Entstehungsgeschichte des Wortes »Sinn« heranzieht. Das neuhochdeutsche Verb »*sinnan*« bedeutet »reisen, streben, gehen«. Dabei handelt es sich um eine zielgerichtete Fortbewegung, die um ihrer selbst willen geschieht und deshalb kreisförmig ist.

Der alte Ausdruck »im Uhrzeigersinn« greift noch diesen doppelten Aspekt auf: Die Zeit schreitet fort, indem sie sich um sich selbst dreht, die Sekunden in die Minute, die Minuten in die Stunde und so fort einschließt. Nimmt man noch die Bedeutung des mittelhochdeutschen Verbs »*sinnen*« mit hinzu: »mit den Sinnen wahrnehmen«, dann wird vollends klar, wie es Sisyphos gelingt, Sinn zu stiften. Indem er dem Berg seine Kreise einschreibt, macht er ihn zu seinem Lebensraum. Seine Umgebung, die ihm unter dem Druck der absurden Verhältnisse als eine tote Einöde erschien, belebt sich auf Grund seiner veränderten Wahrnehmung: »Im Universum ... werden die tausend kleinen, höchst verwunderten Stimmen der Erde laut.« (MS, 159) Sisyphos schafft sich seine eigene Welt, in der er zu Hause ist und um die sich alles dreht. Das Bild einer anderen, jenseitigen Welt, in welcher der Stein oben liegen bleibt, verblasst. Sie ist gar nicht mehr erstrebenswert, weil in ihr die Bewegung zum Stillstand kommt und der Mensch nicht mehr herausgefordert ist, Sinn zu stiften:»Der Kampf gegen Gipfel vermag ein Menschenherz auszufüllen. Wir müssen uns Sisyphos als einen glücklichen Menschen vorstellen.« (MS, 160)

Anmerkungen:

1. Tartaros: Abgrund, in den Zeus seine Gegner stürzte.

Literatur:

- Camus, Albert: Der Mythos des Sisyphos. Rowohlt Verlag, Reinbek 2000. Im Text angegeben mit: MS, Seitenzahl
- Nietzsche, Friedrich: Also sprach Zarathustra. In: Sämtliche Werke, Kritische Studienausgabe, Band 4, München 1980. Im Text angegeben mit: KSA, Band, Seitenzahl

Zur Vertiefung empfohlen:

- Pieper, Annemarie: Glückssache. Die Kunst, gut zu leben. Verlag Hoffmann & Campe, Hamburg 2001

RÜDIGER SAFRANSKI

Jenseits des Glücks

Lebenskunst im Anschluss an Nietzsche

»Der Mensch strebt nicht nach Glück, nur der Engländer thut das.« (6,61) Das ist einer der provozierenden Sätze Nietzsches. Zweifellos ist er interpretationsbedürftig. Er richtete sich gegen eine gängige, nicht nur in England heimische, aber im angelsächsischen Utilitarismus philosophisch geadelte Vorstellung. Anzustreben ist nach dieser auch unter der Bezeichung Nützlichkeitsethik bekannt gewordenen Denkrichtung das größtmögliche Glück für die größtmögliche Anzahl von Menschen.

Für den Utilitarismus ist Glück das Überwiegen von Lustgefühlen in einer Lebensspanne. Der Mensch, so heißt es, strebt nach solchen Lustgefühlen und vermeidet Unlust. Darum dreht sich alles Begehren, das ist der zentrale Antrieb. Solches Denken tendiert dazu, Situationen, Gegenstände und Handlungen zu nivellieren unter dem einzigen Gesichtspunkt, ob sie Lust oder Unlust bringen. Die Lust macht alles gleich: die Mozart-Arie und die *Big-Brother*-Show. Schon Platon musste sich mit solchen Argumenten herumschlagen. Er wählte noch drastischere Beispiele. Da hat jemand einen quälenden Hautausschlag, die Krätze. Um sich Linderung zu verschaffen, kratzt er sich. Im Vergleich zum Leiden zuvor stellt sich dadurch gewiss Erleichterung oder sogar Lust ein. Ist diese »Lust«, so lässt Platon Sokrates fragen, nun gleichrangig mit der Lust, beispielsweise ein schönes gehaltvolles Gespräch zu führen?

Das indirekte Glück

Machen wir ein Gedankenexperiment (Robert Spaemann hat es einmal angestellt). Ein Mensch wird festgeschnallt und in einen

Dämmerzustand versetzt. Der Weltkontakt also wird abgebrochen. Dann injiziert man ein Mittel, das ihn in einen irgendwie euphorischen, lustvollen Zustand versetzt. Ist dieser Mensch glücklich zu nennen? Würde er es im Rückblick von sich selbst sagen, wenn er aufgewacht ist? Wohl kaum. Warum weigern wir uns, die injizierte Euphorie des Gefesselten einen glücklichen, lustvollen Zustand zu nennen – obwohl doch dieses Verfahren gewissermaßen den direkten, kürzesten Weg zur Herstellung von Lustzuständen darstellt? Wohl gerade deshalb, weil er der direkte Weg ist. Kein Umweg durch die Welt, keine Begegnung, kein Tun, kein Rückbezug auf das eigene Dasein. Aus diesem Gedankenexperiment – das nicht ganz unrealistisch ist, denken wir an die Drogenkultur – ziehe ich einen Schluss, den auch Friedrich Nietzsche gezogen hätte: Das Glück ist nicht etwas, das wir auf direktem Weg erreichen können. Wir lieben einen Menschen nicht, um glücklich zu sein, sondern wir lieben ihn, und sind dann und deshalb glücklich. Oder: Eine bestimmte Arbeit, ein bestimmtes Werk verrichten wir nicht, um glücklich zu sein; sondern wir verrichten dieses Werk, diese Arbeit, und wenn es uns gelingt, werden wir dabei glücklich sein. Deshalb konnte Nietzsche sagen: »Ich will nicht das Glück, sondern mein Werk.«

Damit sind wir bereits beim ersten Grundsatz von Nietzsches Lebenskunst: Das Glück ist nicht in direkter Intention (Absicht) zu ergreifen. In diesem Sinne soll man nicht nach Glück streben, sondern etwas gestalten, am besten: das eigene Leben gestalten. Alle diese Denkweisen, schreibt Nietzsche, »welche nach Lust und Leid, das heisst nach Begleitzuständen und Nebensachen den Werth der Dinge messen, sind Vordergrunds-Denkweisen und Naivitäten, auf welche ein Jeder, der sich gestaltender Kräfte und eines Künstler-Gewissens bewusst ist, nicht ohne Spott ... herabblicken wird.« (5,160)

Das menschliche Leben ist eine Angelegenheit, aus der man etwas machen kann. Die Begleitumstände können dabei Glück und Lust sein, aber der Schmerz und das Unglück werden nie fehlen – sie sollen auch nicht fehlen. Der Schmerz ist eine Voraussetzung des gelingenden Lebens und des gelingenden Werks.

Die schöne Gestalt des Lebens

Sehr früh schon entwickelte Nietzsche ein werkhaftes Verhältnis zu seinem Leben. Während seiner Schul- und Studienzeit, zwischen 1858 und 1868, erzählt sich Nietzsche neunmal den Roman seines Lebens. Es wird immer ein Bildungsroman daraus nach dem Muster: »Wie ich wurde, was ich bin«. Wer so früh damit beginnt, über sein Leben zu schreiben, ist nicht einfach selbstverliebt oder muss sich auch nicht als besonders problematisch empfinden. Solche Konstellationen sind dafür nicht sonderlich günstig, weil es dem Problemverstrickten oder dem Selbstverliebten zumeist an der nötigen Selbstdistanz mangelt. Das Schreiben über sich selbst setzt die Erfahrung voraus, die Nietzsche später als die Fähigkeit bezeichnet, sich nicht nur als *Individuum*, sondern als *Dividuum* (2,76), also nicht nur als etwas Unteilbares, sondern als etwas Teilbares zu erleben. Eine mächtige Tradition spricht vom »Individuum«, also vom unteilbaren Kern des Menschen. Nietzsche aber hat schon sehr früh mit der Kernspaltung des Individuums experimentiert. Über »sich« schreibt, wem die Unterscheidung zwischen »Ich« und »sich« überhaupt etwas zu denken gibt. Das ist nicht immer und nicht bei jedem so. Neugier, überschüssiges Denken muss im Spiel sein und wohl auch erlebte Brüche und Trennungen, welche die Selbstzerteilung des Unteilbaren, die Dividualisierung des Individuums, begünstigen oder herausfordern. Jedenfalls erfährt sich Nietzsche als zerteilt genug, um sich zu sich selbst verhalten zu müssen. Später wird er verkündigen, man solle das Selbstverhalten nutzen zur Selbstgestaltung: »Wir aber wollen die Dichter unseres Lebens sein.« (3,538)

In seinen entscheidenden, charakteristischen Zügen will Nietzsche es sich selbst verdanken, was er ist und wozu er sich gemacht hat. Es fasziniert ihn, wie das gelebte Leben sich in ein Buch verwandeln lässt. So hält man das verfließende Leben fest und – mehr noch – man lässt das Gegenwärtige im Lichte künftiger Bedeutung erglänzen. An dieser Methode, dem Leben eine Gestalt zu geben, wird Nietzsche auch später festhalten. Er wird sich nicht damit begnügen, zitierfähige Sätze zu produzieren, sondern er wird sein Leben so einrichten, dass es zur zitierfähigen Unterlage für sein Denken wird. Jeder denkt über sein Leben nach, aber Nietzsche will sein Leben so führen, dass er etwas daran zu denken bekommt. Das Leben als Experimentieranordnung für das Denken, Essayismus als Lebensform.

Vor allem will er durch solche Autorschaft erreichen, dass das Schlimme, Quälende ihn nicht niederdrückt. Er will darüber triumphieren. Man müsse, schreibt der 17-Jährige, mit Hilfe des Schreibens die Fähigkeit schulen, »alles was uns trifft als ein Bildungselement zu erkennen und an sich zu verwerthen«. (3,343) Mit dem Gesichtspunkt der Verwertung schlägt er eine Brücke zwischen Schreiben und Leben. Denn das Schreiben hilft, das Leiden in den individuellen Lebensgang zu integrieren. Und so kann man mit dem Schmerz leben, wenn man ihn nur reden und seine Geschichte erzählen lässt. Man kann die Dinge sogar so weit treiben, dass man leiden will, um schreiben und denken zu können. Selbstversuche dieser Art waren für Nietzsche tatsächlich eine Versuchung. Darin wirkt Nietzsches Begriff von emphatischer Erkenntnis. Erkenntnis in diesem Sinne bedeutet: vom Erkannten berührt werden bis zum Schmerz. Das ist das Pathos der Erkenntnis. Also impliziert die Erkenntnis, wenn sie denn eine Leidenschaft ist, die Bereitschaft zum Schmerz.

Intensität des Erlebens statt Schmerzvermeidung

Nietzsches Lebenskunst orientiert sich an Intensität, nicht an Schmerzvermeidung. Lebenskunst bedeutet nicht, Leid und Unglück partout vermeiden zu wollen, sondern auf intensive Erfahrungen, auf Intensität, erpicht zu sein. Wer aber intensive Freude empfinden kann, wird auch besonders schmerzempfindlich sein. Versucht man, die Schmerzempfindlichkeit zu dämpfen, mindert man auch die Fähigkeit zur Freude. Also: Wer Intensität will, darf dem Schmerz nicht aus dem Weg gehen: »Wie, wenn nun Lust und Unlust so mit einem Strick zusammengeknüpft wären, dass, wer möglichst viel von der einen haben will, auch möglichst viel von der anderen haben muss.« (3,383)

Dieser einfache Gedanke ist für Nietzsche höchst folgenreich. Er löst sich damit von einer ganzen philosophischen Tradition, die Unlustvermeidung als das immer noch Beste ansieht, was man im Leben erreichen kann. Klassische Formulierungen dieser Tradition findet man bei Schopenhauer, der dem Menschen rät, auf Vermeidung von Schmerzen statt auf Gewinnung von Genüssen aus zu sein und sich zufrieden zu geben mit einer »kleinen feuerfesten Stube«. Nur für eine kurze Zeit hat sich Nietzsche, unter dem Einfluss Schopenhauers, dem Prinzip der Schmerzvermeidung verschrieben. Bei Schopenhauer fand er den Satz, »demnach nun hat das glücklichste Loos Der, welcher sein Leben ohne übergroße Schmerzen, sowohl geistige, als körperliche, hinbringt«. Das leuchtete ihm zunächst so ein, dass er wenige Tage nach dem großen Leseerlebnis vom Herbst 1865 an seine Mutter schrieb: »Man weiß, daß das Leben elend ist, man weiß, daß wir die Sklaven des Lebens sind, je mehr wir es genießen wollen, also man entäußert sich der Güter des Lebens, man übt sich in der Enthaltsamkeit« (5.11.1865) Aber es dauert nicht lange, bis Nietzsche auf die ihm gemäße Weise seinen Schopenhauer versteht oder besser: uminterpretiert. Was bedeutet denn, fragt er, sich in der Enthaltsamkeit zu üben, was bedeutet Askese? Ist es wirklich ein Ausweichen vor dem Schmerz durch Herabstimmung des Lebenswillens? So hat es Schopenhauer verstanden. Aber Nietzsche versteht es anders: Askese bedeutet, sich selbst beherrschen können; also ein Triumph des Willens. Der Asket mag zu einigen Genüssen Nein sagen, aber er bejaht und genießt gerade in diesem Nein seine Macht der Selbstbeherrschung. Er nimmt den Schmerz der Askese auf sich, um die Macht über sich selbst zu genießen; der Asket ist nur vordergründig ein Entsagender, in Wirklichkeit erlebt und genießt er die Intensität der Selbststeigerung. So jedenfalls hat sich Nietzsche das Asketentum vorgestellt und in diesem Sinne wollte auch er ein Asket sein.

Ein gelingendes Leben gibt es nach Nietzsche nur unter Schmerzen – ein großes Gelingen gibt es nur bei großen Schmerzen, die man ausgehalten und überwunden hat. Das gilt lebenspraktisch ebenso wie kulturtheoretisch. Man könnte sagen, Nietzsches Werk beschreibt die Geburt von Kultur aus dem Geist des Schmerzes.

Sein Buch über die Geburt der Tragödie geht der Frage nach, woher der kulturelle Zauber des antiken Griechenlands kommt. Seine Antwort: aus dem Schmerz und dem Leiden. Nietzsche porträtiert eine ganze Kultur, um den Nachweis zu führen, wie Entsetzen umschlagen kann in Entzücken. Er bedient sich drastischer Bilder. Einmal vergleicht er das Schauspiel der griechischen Tragödie mit den Visionen eines Gefolterten, der in Halluzinationen Zuflucht sucht vor den quälenden und anders nicht auszuhaltenden Schmerzen. Nietzsches Tragödienbuch endet mit der Frage: »Wieviel mußte dies Volk leiden, um so schön werden zu können.« Um welches Leiden handelt es sich dabei?

Schieben wir die Beantwortung der Frage noch einen Augenblick auf und halten lediglich fest, dass er den Schrecken und das Leid zum *dionysischen* Untergrund und Triebgrund des Lebens rechnet. Es gehört zum Ungeheuren.

Mit dem Gedanken, dass Kulturen Sichtblenden vor dem Ungeheuren sind, beginnt die philosophische Karriere Nietzsches. Er entwickelt eine Art Typologie der Kulturen unter dem Gesichtspunkt, wie es gelingt, das Leben angesichts des Ungeheuren zu organisieren. Die Fragestellung lautet: Auf welchem System von Sichtblenden beruht die jeweilige Kultur? Nietzsche stellt diese Frage mit dem Bewusstsein, damit am Betriebsgeheimnis der Kultur zu rühren. Er spürt den Schleichwegen des Lebenswillens nach, und entdeckt, wie kulturell erfinderisch er ist. Um seine Geschöpfe »im Leben festzuhalten«, (1,115) hüllt er sie in einen Wahn, in Illusionen. Die einen lässt er den »Schönheitsschleier der Kunst« wählen, die anderen suchen in Religionen und Philosophie den metaphysischen Trost; wieder andere lassen sich von dem Wahn betören, es könnte das Erkennen »die ewige Wunde des Daseins heilen«. (1,115) Aus diesen Ingredienzien ist alles gemischt, was wir Kultur nennen. Und je nach den Proportionen der Mischung gibt es eine eher künstlerische Kultur, wie die des antiken Griechenlands, oder eine religiös-metaphysische, wie in der hohen Zeit des christlichen Abendlands und der östlich-buddhistischen Welt, oder eine (sokratische) Kultur der Erkenntnis und der Wissenschaften. Der zuletzt genannte Kulturtyp ist in der Moderne herrschend geworden. Festzuhalten bleibt, dass die genannten Kulturtypen unterschiedliche Schutzvorkehrungen errichten gegen den ungeheuren, den *dionysischen* Lebensprozess.

Was ist denn eigentlich so entsetzlich an dieser dionysischen Tiefenschicht des Lebens? Mit dieser Frage kommen sofort wieder Nietzsches eigene Erfahrungen in den Blick. Welche Schmerzen und welches Leid muss die Lebenskunst aushalten, vielleicht sogar aufsuchen, integrieren, verwerten?

Der Brennpunkt des Schmerzes – ist der eigene Leib, ist die am eigenen Leib verkörperte Natur. Das erwachende Bewusstsein findet sich in einem bestimmten Körper vor. Diese Erfahrung ist alles andere als trivial. Der Geist ist beweglich, bewohnt viele imaginäre Räume, ist hier und anderswo, aber bei alledem bleibt man eingeschlossen in die Grenzen des Körpers, den man nicht gewählt hat. Er ist einem zugefallen. Es ist der erste große »Zufall«, in dessen Bann jeder bleibt. Der Körper ist das Schicksal. Man kann mit seinem Körper-Schicksal hadern, weil er nicht schön genug, nicht geschickt genug, nicht stark genug, nicht gesund genug ist. Nietzsche hat mit seinem Körperschicksal gehadert. Er wäre gern größer, stattlicher, in den Schultern breiter gewesen, die Stimme hätte er sich volltönender gewünscht. Der Mund war ihm zu weich und weiblich, deshalb verhängt er ihn mit dem riesigen Schnauzer. Der eigene Körper – man hat ihn sich nicht ausgesucht, er ist Zufall, Schicksal, vielleicht sogar ist man mit ihm geschlagen oder an ihn geschlagen wie an ein Kreuz. So hat ihn Nietzsche zeitweilig erlebt. Er litt unter rasenden Kopfschmerzen, die periodisch auftraten und ihn so quälten, dass er mehrere Male nahe daran war, sich das Leben zu nehmen. Einmal (September 1881) schrieb er an Franz Overbeck: »Der Schmerz besiegt Leben und Willen ... Ich habe soviele Martern des Körpers erfahren, wie ich am Himmel Wechsel sah. In jeder Wolke ist etwas von einem Blitz verborgen, das mich mit unvermuteter Gewalt treffen und mich Unglücklichen gänzlich zugrunde richten kann. Fünfmal bereits hab ich als Arzt den Tod gerufen und hoffte, der gestrige Tag sei der letzte gewesen – ich hab es vergebens gehofft...«

Der Körper mit seiner schicksalhaften Gestalt und seinen Schmerzattacken ist also das Ungeheure, das einem am nächsten ist: Es schließt einen vollkommen ein. Nietzsche hat genau beschrieben, wie es dabei zugeht, wenn der Welthorizont sich zusammenzieht auf den einen, den einzigen Punkt, wo der Schmerz brennt. Der Schmerz vereinzelt. Man kann sich nicht darüber hinwegtäuschen, dass man unverwechselbar ein Einzelner ist.

An solchem Schmerz aber entzündet sich Nietzsches geistige Leidenschaft, die nach Auswegen aus der Schmerzhölle sucht. Der Schmerz ist vital, der Geist aber ist es auch. Es ist Nietzsches Stolz zu beweisen, dass die Vitalität seines Geistes stark genug ist, um der Vitalität des Schmerzes die Waage zu halten. Daraus ergibt sich Nietzsches inneres Wahrheitskriterium bei der Verfertigung von Gedanken. Für ihn ist ein Gedanke dann »wahr«, wenn er erregend genug ist, um den schmerzgeplagten Körper ertragen zu können. Auf dem Schauplatz eigener Körpererfahrung muss der Gedanke eine Wahrheitsprobe bestehen, die zugleich eine Vitalitätsprobe ist. Es sind nicht die »reinen« Gedanken, die diesen Test bestehen, es muss mehr dazukommen: die Sprachgestalt, der Rhythmus, das Melos (gr.: Lied, Gesang), kurz: der *Stil*. In der Schmerzhölle ist Stil bei Nietzsche schon fast eine Überlebensfrage. Herausgefordert von seinem Körperschicksal wird Nietzsche zu einem Hochleistungsathleten des Geistes und der Sprache – und er kostet seinen Triumph aus.

Was man mit seinen Körperschicksalen macht – darin zeigt sich der existenzielle, leibnahe Aspekt des Willens zur Macht. Nicht flüchten, sondern standhalten. Das sagt sich so leicht. Für Nietzsche aber steckt darin das ganze Programm seines Anti-Platonismus. Platoniker träumen von der Umsiedlung der Seele: den hinfälligen Körper verlassen und mit dem Denken eingehen in die virtuelle Welt der Ideen. Nietzsche schneidet sich diesen platonischen Fluchtweg ab, und als Arzt der Kultur, als welcher er sich versteht, will er auch seinem immer noch christlichen Zeitalter diesen Fluchtweg abschneiden. Man muss sich, sagt Nietzsche, mit seinem Körper befreunden. Seine Formel dafür: *Amor fati*, das Schicksal lieben. Nietzsche entwickelt aus seinem Willen zur Körperbefreundung eine ganze Diät, die Ernährungsfragen, aber auch sonstige Lebensgewohnheiten betrifft. Es gibt einen Text, in dem Nietzsche sein Philosophieren als Sublimierungsform (hier: Verfeinerung) einer solchen Diät beschreibt: »Wohin will diese ganze Philosophie mit all ihren Umwegen? Thut sie mehr, als einen stäten und starken Trieb gleichsam in Vernunft zu übersetzen, einen Trieb nach milder Sonne, heller und bewegter Luft, südlichen Pflanzen, Meeres-Athem, flüchtiger Fleisch-, Eier- und Früchtenahrung … kurz nach allen Dingen, die gerade mir am besten schmecken, gerade mir am zuträglichsten sind? Eine Philosophie, welche im Grunde der Instinct für eine persönliche Diät ist? Ein Instinct, welcher nach meiner Luft, meiner Höhe, meiner Witterung, meiner Art Gesundheit durch den Umweg meines Kopfes sucht?« (3,323) Philosophie wird bei Nietzsche fast schon zu einer Art Leibeserziehung und Leibesübung. Nietzsche spricht von der »schauerlichen Hellsichtigkeit« des Schmerzes und gibt davon die Erläuterung: »Die ungeheure Spannung des Intellectes, welcher dem Schmerz Widerpart halten will, macht, das Alles, worauf er nun blickt, in einem neuen Lichte leuchtet.« (3,105)

Im Zustand solch schauerlicher Hellsichtigkeit ist der weiche Flaum auf den Dingen, der gemütvolle Nebel der lebbaren Undeutlichkeit, die heimatliche Atmosphäre – das alles ist verschwunden, und es zeigt sich eine unversöhnliche, genaue, unwirtliche, kalte Welt. Illusionslos blickt man auf das Stirb und Werde, das Fressen und Gefressenwerden, die Macht des Zufalls, die Sinn- und Zwecklosigkeit des Ganzen. Auf dieser ungeheuren Bühne sind Mensch und Menschheit nur eine winzige Episode in einer großen Geschichte. Alles ist darauf angelegt, dem vom körperlichen Schmerz Geplagten nun auch noch den geistigen Schmerz über die vollkommene Belanglosigkeit seiner Existenz inmitten dieses monströsen Ganzen zuzufügen. Krank wie er ist, erfährt er nun auch noch die große geistige Kränkung, für die Nietzsche in seiner Schrift *Ueber Wahrheit und Lüge im aussermoralischen Sinne* die klassische Formulierung gefunden hat: »In irgend einem abgelegenen Winkel des in zahllosen Sonnensystemen flimmernd ausgegossenen Weltalls gab es einmal ein Gestirn, auf dem kluge Thiere das Erkennen erfanden. Es war die hochmüthigste und verlogenste Minute der ,Weltgeschichte': aber doch nur eine Minute. Nach wenigen Athemzügen der Natur erstarrte das Gestirn, und die klugen Thiere mußten sterben.« (1,875)

Die Klarsicht des Schmerzes blickt unversöhnlich auf das Ganze, zu dem man gehört, ohne darin geborgen zu sein. Den Schmerz empfindet Nietzsche als das Ungeheure am eigenen Leib, und durch den Schmerz hindurch erfährt er die Welt als das Ungeheure.

Das ist keine spezielle Bewegung bei Nietzsche. Wahrscheinlich geht es uns allen so. Für jeden, der leidet, ist die Welt aus den Fugen. Der Schmerz stellt immer wieder die eine Frage: Warum muss ausgerechnet ich leiden, warum geschieht es mir? Warum ich? In dieser Erfahrung ist alles darauf angelegt, den Menschen zu *demütigen*, denn man kann nicht umhin, sich als ein schmerzerfülltes Atom zu erfahren, bedeutunglos verloren in einem gleichgültigen, ungerechten Universum.

Das Zentrum von Nietzsches Philosophie der Lebenskunst liegt hier, bei dem energischen Sichaufbäumen gegen diese vollkommene Demütigung durch den körperlichen oder geistigen Schmerz. Das schmerzgeplagte Individuum erklärt: Ich leide, die Welt ist aus den Fugen, aber das wird mich nicht umbringen. Das energetische Zentrum von Nietzsches Lebenskunst ist der *Stolz*.

Bei Kant gibt es den Stolz der Vernunft: Der Mensch empfindet sich als winzig angesichts der erhabenen Übergewalt der Natur – das Meer, der Weltraum, das Hochgebirge und so weiter –, und dann besinnt er sich auf seine Vernunft, die doch auch ihre eigene Erhabenheit hat: das Sternenzelt über mir und das Sittengesetz in mir – so formuliert Kant den Stolz der Vernunft.

Aber das ist nicht der Stolz Nietzsches. Denn jene sittliche Vernunft Kants lebt noch aus einer religiösen Bindung, die es für Nietzsche so nicht mehr gibt. Um Nietzsches Stolz zu verstehen, muss man an eine andere Tradition erinnern. Es ist die Wertschätzung der seelischen Regung, welche die griechische Antike *thymos* nannte, was man mit Beherztheit, Kühnheit, Mut vielleicht auch Ehrgeiz übersetzen kann. Die griechische Antike spricht von drei Seelenteilen. Das Begehren (Hunger, Durst, Sexualität,...) das Erkennen-Wollen und eben den *thymos*, den Mut, die Kühnheit. Die Quelle von *thymos* ist die *Selbstachtung*.

Es lohnt sich, einen Augenblick bei dieser antiken Seelenordnung zu verweilen. Die Konzeption von *thymos* hat eine provozierende, für manchen sicherlich eine Schwindel erregende Konsequenz: Man definiert den Menschen gerne als ein Wesen, dem es, wie den anderen Lebewesen auch, in erster Linie um Selbsterhaltung geht. Im antiken Verständnis aber ist Selbsterhaltung ebendarum, weil wir sie mit den anderen Lebewesen teilen, unser bloß tierischer Anteil. Zum Menschen aber werden wir erst dadurch, dass wir zur Selbstachtung befähigt sind. Selbstachtung ist nicht nur etwas anderes als Selbsterhaltung. Selbstachtung kann uns sogar in einen Gegensatz zur Selbsterhaltung bringen. Es kann sein, dass die Selbstachtung gebietet, das Selbst zu opfern. Und umgekehrt kann man Selbsterhaltung um den Preis der Selbstachtung betreiben. Für die Antike war ein solches Verhalten schändlich, ein Ausdruck der Knechts-Natur. In Hegels tiefgründiger Erkundung des Herr- und Knechtsverhältnisses kehrt dieser Gedanke wieder.

Für Hegel ist die fundamentale, einzigartige Eigenschaft des Menschen, die Eigenschaft, die seine Identität ausmacht, die Fähigkeit, sein Leben zu riskieren. Die Bereitschaft, das eigene Leben daranzugeben, ist der Extremfall der Freiheit und darum zugleich der Augenblick der Wahrheit. Die Freiheit triumphiert über die animalische Selbsterhaltung. Überleben ist eben nicht das höchste Lebensgut. Hegel hatte in seinem berühmten Herr- und Knecht-Kapitel in der *Phänomenologie des Geistes* die modellhafte Urszene eines Kampfs geschildert, wo jemand zum Herrn wird, weil ihm die Selbstachtung gebietet, das Leben zu riskieren und umgekehrt jemand dadurch zum Knecht wird, weil er das Risiko scheut und deshalb unterliegt. Viel schlimmer aber ist – und dadurch erst wird er zum Knecht, dass er durch seine Feigheit die Selbstachtung verliert. Für Hegel ist Selbsterhaltung ohne Selbstachtung Ausdruck von knechtischer Natur. Er nimmt hiermit das antike Konzept des thymotischen Menschen wieder auf. Und es ist dann wieder Nietzsche, der, ohne auf Hegel einzugehen, seinerseits an das antike Bild vom thymotischen Menschen anknüpft. Der thymotische Mensch heißt bei Nietzsche: der *Vornehme*. Und woran bemisst sich solche Vornehmheit? Nicht an der sozialen Stellung, sondern daran, wie jemand mit dem Schmerz des Daseins umgeht. Wen der Schmerz und das Leid nicht verbittert und anklägerisch macht, sondern stolz – den nennt Nietzsche *vornehm*. Der Vornehme hat es nicht nötig, die Welt anzuklagen, bloß weil es ihm schlecht geht. Er verwendet den Schmerz und das Leid zum Mittel der Selbstgestaltung.

Der vornehme Mensch

Es kommt bei der Lebenskunst nicht darauf an, geschickt durchs Leben zu manövrieren, sondern darauf, dass man ein vornehmer Mensch wird. Wie wird man das? Indem man sich dazu macht. Wie macht man das? Indem man begreift, dass das Individuum für sich selbst von unendlicher Bedeutung ist, und zwar nicht im Sinne der bloß egoistischen Selbstbehauptung, sondern der *Selbstgestaltung.*

Gestalt ist etwas Sichtbares. Bei der Selbstgestaltung sind die Bühne des Lebens und die Blicke der anderen wenigstens imaginär mit dabei. Auch im intimen Selbstbezug gibt es die imaginäre Öffentlichkeit. Der einsame Nietzsche jedenfalls hat stets diese imaginäre Öffentlichkeit vor Augen. Mit seinen Selbstgestaltungsversuchen war er ein Denker auf der Bühne. Er wollte uns nicht zur bloßen Selbsterhaltung, sondern zur stolzen Selbstachtung ermuntern. Und nur wer sich selbst gestaltet, kann sich selbst achten.

Mit der Selbstgestaltung wird im individuellen Fall über die Zukunft der Kultur entschieden. Was man gesellschaftliche Verwahrlosung nennt, ist eine Entwicklung, die das Unterlassen von Selbstgestaltung und den Verzicht auf Selbstachtung begünstigt.

In Platons Werk *Politeia*, in dem es auch um *thymos* und Selbstachtung geht, hört ein gewisser Leontinos davon, dass man beim Henker einen ganzen Berg Leichen anschauen könne. »Da erfaßte ihn die Begierde, sie zu sehen, gleichzeitig aber regte sich in ihm der Unwille und hieß ihn sich abwenden; und eine Zeit lang kämpfte er mit sich und verhüllte sich; dann aber lief er, von der Begierde überwältigt, die Augen weit aufgerissen, an den Leichname heran mit dem Ruf: ‚Nun habt ihr euern Willen, ihr Unholde, seht euch satt an dem herrlichen Anblick.'«

Die Schaulust bei den Leichenbergen kann als Parabel für die moderne Unterhaltungsindustrie gesehen werden. Platons Leontos ist zornig auf die nekrophile Schaulust seiner Augen (Nekrophilie: Vorliebe für Totes/Tote). Er beschimpft sie und rettet so wenigstens noch einen Rest seiner Selbstachtung. Doch wie können wir heute unsere Selbstachtung bewahren in einer Medienkultur, wo der Pöbel den Pöbel unterhält?

Doch zurück zu Nietzsches Ideal der Vornehmheit. Sie ist im Kern nichts anderes als die thymotische Leidenschaft der Selbstachtung. Der Vornehme will die Selbstachtung nicht verlieren – um alles in der Welt nicht. Das ist seine thymotische Leidenschaft. Nietzsche nimmt dabei Maß an Goethe, von dem er sagt: »Goethe concipirte einen starken, hochgebildeten, in allen Leiblichkeiten geschickten, sich selbst im Zaume haltenden, vor sich selbst ehrfürchtigen Menschen, der sich den ganzen Umfang und Reichthum der Natürlichkeit zu gönnen wagen darf, der stark genug für diese Freiheit ist.« (6,151)

Lebenskunst im vornehmen Sinne bedeutet bei Nietzsche, sich von dem schädlichsten, dem heimtückischen, dem ins Kapillarensystem unseres Denkens und Fühlens tief eindringenden Gift zu befreien. Es handelt sich um das Gift des *Ressentiments* oder, wie Nietzsche den Ausdruck übersetzt, um Rachsucht.

Es war Nietzsches große Entdeckung, die Wurzel des Ressentiments aufzuspüren in einer Erfahrung, die jeder irgendwann einmal macht: Die Natur, aber auch die Gesellschaft entspricht nicht oder nur unzureichend den Vorstellungen von Gerechtigkeit. Die Lebens- und Entwicklungschancen variieren dramatisch je nach Region, Begabung, körperlicher Ausstattung, sozialem Milieu, geschichtlichen Konstellationen – alles das sind für den Betroffenen »Zufälle«. Heidegger nannte es die »Geworfenheit«. Mit seiner Formel *Amor fati* wollte Nietzsche die Bereitschaft wecken, die eigene Geworfenheit zu akzeptieren und das Beste daraus zu machen. Natürlich können die realen Ungleichheiten gesellschaftlich ein Stück weit ausgeglichen werden. Aber eine Gleichheit vor dem Gesetz und auch eine energische Durchsetzung von Chancengleichheit werden es niemals dahin bringen, dass es wirkliche Gleichheit gibt. Wer mit den Zufällen der Geburt und seinem sonstigen Schicksal unzufrieden ist, wird mit der großen Unordnung der Welt, als deren Opfer er sich empfindet, hadern und, falls er keinen Gott oder Teufel dafür verantwortlich machen kann, wird er andere Schuldige ausfindig machen: Er wälzt seine Unzufriedenheit auf andere ab, er hadert mit sich und schließlich mit der ganzen Welt. Er wird neidisch und rachsüchtig in Bezug auf diejenigen, denen es vermeintlich oder auch wirklich besser geht – die Erfolgreichen. Er empfindet sich selbst als schlecht gelungen und wird schließlich von einem untergründigen Hass auf alles Gelungene verzehrt. Das nennt Nietzsche: die Vergiftung durch Ressentiment.

Ressentiment ist also in Nietzsches Verständnis Rachsucht, Neid, Übelwollen gegen andere – aber dies alles zumeist unter einer tugendhaften Maske. Unter der Maske der Gleichheitsforderung zum Beispiel. Der gelöste, der freie, der lebenskluge Mensch ist für Nietzsche ein Mensch, der sich vom Gift des Ressentiments befreit hat. Deshalb lässt Nietzsche seinen Zarathustra sagen: »Denn dass der Mensch erlöst werde von der Rache: das ist mir die Brücke zur höchsten Hoffnung und ein Regenbogen nach langen Unwettern…«

Literatur:

– Colli, G.; Montinari, M. (Hrsg.): Friedrich Nietzsche. Kritische Studienausgabe. dtv, München 1999. Zitierweise: (Band, Seitenzahl)

STEFAN GAMMEL

Unglück für Anfänger, Fortgeschrittene und Profis

Eine Anleitung

»Jeder ist seines Glückes Schmied«, weiß der Volksmund, und an Ratgebern, die dem Glückssucher hilfreich zur Seite stehen, mangelt es nicht. Doch auch das eigene Unglück darf man nicht dem Zufall überlassen, wenn es gelingen und auch höheren Ansprüchen genügen soll.

Masochisten wussten es schon immer: Das einzig wahre Glück ist das Unglück, wir müssen es nur einsehen. »Er will helfen und denkt nicht daran, dass es eine persönliche Notwendigkeit des Unglücks gibt, dass mir und dir Schrecken, Entbehrungen, Verarmungen ... so nötig sind wie ihr Gegenteil, ja dass, um mich mystisch auszudrücken, der Pfad zum eigenen Himmel immer durch die Wollust der eigenen Hölle geht«[1], klagt Nietzsche in der *Fröhlichen Wissenschaft* über den Mitleidigen und beantwortet damit die Frage, warum man überhaupt unglücklich sein sollte: Es fördert die Charaktergröße. Der »Wille zum Leiden« ist die Bedingung dafür, nicht in den niederen Gefilden der Sinneslust stecken zu bleiben. »Besser ein unbefriedigter Sokrates als ein befriedigter Thor«[2], formulierte J. S. Mill.

Vertiefen wir uns in »jene Spannung der Seele im Unglück, welche ihr die Stärke anzüchtet«[3], doch hüten wir uns davor, dabei blind und hilflos auf von außen an uns herangetragenes Unglück zu vertrauen. Edler ist es, »von innen her sich eine eigene, selbsteigene Not zu schaffen«, denn »unsere Erfindungen könnten dann feiner sein, und ihre Befriedigungen könnten wie gute Musik klingen«[4]. Doch wie schaffen wir uns eine solche selbsteigene Not? Wie befreien wir sie von der Patina der alltäglichen kleinen Miseren, führen im gewohnten Schattenboxen mit der Welt jeden Schlag gezielt gegen uns selbst, so dass unser gesamtes Universum darin erzittern möge? Prinzipiell gilt: Jeder kann auf dem Weg zum Unglück Meisterschaft erlangen; jeder kann lernen, sein eigenes Leiden als Beispiel des Ganzen zu betrachten, das heißt seinen Schmerz zum Allgemeinen zu erheben.

Eine grundsätzliche Übung für alle, die ihr Unglück suchen, ist eine intensive Beschäftigung mit dem Glück. Dabei sollte man sich (wie wir später noch deutlicher zeigen werden) davor hüten, sich in irgendwelchen konkreten Aktivitäten zu verlieren, sondern mit nichts weniger zufrieden sein als mit einer *bedingungslosen* Klärung der Frage: Was ist das Glück an sich? Solcherart davor abgesichert, jemals dem gefährlichen Zustand innerer Ausgeglichenheit anheim zu fallen, mögen wir mit vollen Händen das Salz dieser Welt in unsere Wunden streuen.

Wer den Weg ins Unglück noch nicht sehr weit gegangen ist, wird aus mangelnder Erfahrung nicht erkennen, dass die ganze Weisheit der Überlegung für den Eingeweihten bereits in der obigen Grundanweisung beschlossen liegt und braucht daher Anweisungen für erste Schritte.

Einfache Techniken für den Alltag

Hier empfiehlt sich ein Blick in Paul Watzlawicks *Anleitung zum Unglücklichsein*. Watzlawick bemerkt in seinem Büchlein, dass der Sozialstaat das zunehmende Unglücklichsein seiner Bevölkerung brauche, um seine aufgeblähten Institutionen am Leben zu erhalten und die Pharmakonzerne zu bereichern – dazu wolle der Autor seinen Beitrag leisten.

Grob gesagt können Watzlawicks Ratschläge in folgende Kategorien eingeteilt werden: Unglück in der Beziehung zu anderen Menschen, Unglück im Umgang mit den persönlichen Lebensumständen und das gekonnte Scheitern an der Welt an sich. Letzteres ist leicht zu bewerkstelligen: Man muss sich nur beständig vor Augen halten, dass das Leben so viel leichter sein könnte – wenn die *anderen* es nur zuließen. Wie steht es zum Beispiel mit Ihrem Lebenspartner? Wie oft beteuert er oder sie Ihnen innigste Gefühle? Geschieht dies nur ab und zu, so ist das ein sicheres Zeichen dafür, dass die Beziehung langsam erkaltet. Geschieht dies nie, ist die Liebe sowieso erloschen oder, noch viel wahrscheinlicher, nie wirklich empfunden, sondern schon immer geheuchelt gewesen. Es geschieht oft? Nur bedauernswert naive Zeitgenossen würden dahinter nicht den mühsam kaschierten Treuebruch erkennen. Wer wirklich unglücklich werden will, konfrontiert seinen Partner mit dessen Verhalten und verlangt eine Rechtfertigung! Dem mit Fantasie begabten Leser sei es nun freigestellt, das genannte Beispiel auf die Beziehung zu Freunden, Verwandten, Arbeitskollegen… zu übertragen.

Auch die persönlichen Lebensumstände eignen sich immer dazu, als fatal empfunden zu werden: Schicksalsschläge, auf die man keinerlei Einfluss hat, zerstören das Lebensglück. Gefahren, denen man hilflos ausgeliefert ist, lauern überall: Das beste Mittel, von diesen Gefahren niedergerissen zu werden, ist allemal, alles Erdenkliche zu tun, um sich vor ihnen zu schützen.

Gerade Anfängern sei zum Beispiel Folgendes empfohlen: Kontrollieren sie vor dem Verlassen des Hauses mindestens zehnmal, ob alle Wasserhähne zugedreht und alle Elektrogeräte vom Netz sind – bei einem der zehn Kontrollgänge werden sie bestimmt eine Überschwemmung verursachen. Seien sie kreativ! Grobschlächtige Gemüter sollten es tunlichst vermeiden, sich über den eigenen Anteil an der Misere Rechenschaft abzulegen – mangels Einsicht würde sie dies in ihrem Fortschreiten zum Unglücksprofi (engl.: master of misfortune and disaster) nur aufhalten. Sensibleren Gemütern hingegen mag ebendieser eigene Anteil schmerzlich vor Augen führen, wie tragisch und unausweichlich es ist, in dieser Welt auch noch Schuld am eigenen Unglück auf sich laden zu *müssen* (man hat keine andere Wahl), schuldlos schuldig zu werden.

Bei gewissenhaftem Vorgehen kann der talentierte Unglücks-
aspirant im Kleinen durchaus gekonnt an der Welt im Ganzen
scheitern. Es gibt in der Tat unzählige Möglichkeiten, durch rei-
fes und wissendes Verhalten im Alltag der Welt alles an Unglück
abzugewinnen, was sie zu bieten hat (und das ist nicht wenig!).
Wir wollen uns hier nicht weiter mit derartigen – letztendlich
trivialen – Vorgehensweisen beschäftigen; für weitere Details sei
auf Watzlawick verwiesen.

Wer die Grundlagen des Unglücklichseins im Alltag beherrscht, wird jedoch – im Kontrast zum Unglück der einfachen
Leute, denen der Schleier der Unwissenheit gnädig das ganze
Ausmaß der Tragödie verbirgt – nach prinzipielleren und ver-
feinerten Methoden fragen, die es erlauben, das eigene Unglück
anspruchsvoller und somit umso schmerzlicher zu gestalten.
Gleichsam induktiv[5] aus vielen geschickt arrangierten Einzelde-
sastern zur schwarzen Galle des Lebens an sich fortzuschreiten
ist der Weg von Briefmarkensammlern und Buchhaltern des Lebens – Könner beherrschen die Kunst, aus wenigen abstrakten
Prinzipien (wenn nicht gar aus dem höchsten Übel an sich) elegant wie aus einem Guss die innere Verdorbenheit und Fäulnis
jedes beliebigen Gegenstands und Handelns abzuleiten.

Fortgeschrittene Lebensplanung mit Aristoteles

Als erste Einübung für diese fortgeschrittenen Bemühungen
wenden wir uns Aristoteles zu, der uns mit seiner Konzeption
eines gelungenen Lebens unfreiwillig den Weg in die Verzweiflung weist, indem er uns vorgaukeln will, es gäbe einen anderen.

Wenn Menschen handeln, haben sie Aristoteles zufolge immer
ein Ziel vor Augen. Um dieses Ziel zu erreichen, genügt selten
eine einfache Anstrengung, sondern es ist oft eine beschwerli-
che Reihe von Zwischenetappen nötig, die abgearbeitet werden
müssen, ehe man sein Ziel erreicht. Um beispielsweise mit einer
Dame oder einem Herrn Ihres Herzens einen lang ersehnten

Opernabend zu erleben, müssen Sie eventuell erst einmal die passende Garderobe besorgen. Nicht genug: Um alles perfekt zu machen, muss die Kleidung auch noch gereinigt und gebügelt werden. Dann müssen Sie Karten erwerben und dafür auch noch extra in die Stadt fahren und wertvolle Zeit opfern. Schließlich ist der Abend gekommen und – das Objekt Ihrer Begierde sagt ab! Schade, sicherlich! Aber war es nicht auch so mal wieder fällig, die Abendgarderobe aufzupolieren? War der Ausflug in die Stadt nicht auch an sich amüsant? Und – last but not least – die Oper auch ohne Begleitung eine gelungene Darbietung? Liegt das Gelingen des Lebens allgemein nicht im *Vollzug*, in jedem gelingenden Tun und nicht in irgendwelchen Fernzielen, die zu erreichen ein recht unsicheres Unterfangen ist? – Vergessen Sie das! Oder überzeugt Sie dieses Räsonieren für Schwächlinge und Es-ist-doch-alles-gar-nicht-so-schlimm-Planscher im Nichtschwimmerbecken? Nein, es *ist* schlimm! Sollen wir uns, auf dem Weg zum Gipfel schon am Fuße des Berges zusammengesunken, die Chance vergeben, das Unglück unseres Scheiterns, unseres Scheitern-Müssens voll auszukosten? Noch einmal: Nein!

Der Fortgeschrittene auf dem Weg zum Unglück wird also leicht unter Beachtung folgender Regeln seine Kunst verfeinern: Stecken Sie sich Ziele, hohe Ziele, die zu erreichen eine beträchtliche Anzahl möglichst mühseliger Zwischenschritte erfordern. Machen Sie sich bewusst, wie vergeblich, leer und wertlos alle unternommenen Bemühungen waren, wenn das Endziel nicht erreicht wird, *fühlen* Sie, wie solchermaßen sinnlos ein Großteil des Lebens vergeudet wird.

Meisterlich, wem es gelingt, das Ziel, sollte es doch einmal erreicht werden, als fad, leer und der Mühen nicht wert vorzufinden. Diese Erfahrung ein ums andere Mal wiederholt ist ein wirksames Mittel gegen den größten Feind des Unglücks, die Hoffnung. Am Beginn der Unternehmung gleich ein geeignet dimensioniertes Ungleichgewicht zwischen Ziel und nötigem Aufwand einzurichten wirkt hierbei erleichternd.

Eminent wichtig ist, durch fortwährende *Einübung* das Gelernte zu vertiefen, um es schließlich durch Erfahrung aus dem Status der bloßen Meinung in den des Wissens zu überführen. Wie die alten Griechen schon wussten, genügt es hinsichtlich grundlegender Wahrheiten der persönlichen Lebenserfahrung nicht, zu einer rationalen Einsicht zu gelangen – man muss sie auch verinnerlichen.

Erst wenn die Unglückseligkeit der Welt sich in evidenten Prämissen, das heißt in nicht weiter in Frage zu stellenden, selbsteinsichtigen Voraussetzungen manifestiert, kann der Meister des Unglücks aus diesen *more geometrico*[6] demonstrieren, dass das *ganze* menschliche Leben nichts weiter ist als ein Faltenwurf einer einzigen Substanz: des Unglücks. »Er steht erst dann wirklich ehrwürdig da, wann sein Blick sich vom Einzelnen zum Allgemeinen erhoben hat, wann er sein eigenes Leiden nur als Beispiel des Ganzen betrachtet.«[7]

Die hohe Kunst der Abstraktion

An dieser Stelle wollen wir uns einem Aufsatz Hegels zuwenden. *Wer denkt abstrakt?* ist der Titel dieser Schrift aus dem Jahre 1807. Hegel beantwortet seine Frage auf den ersten Blick recht überraschend: »Der ungebildete Mensch, nicht der gebildete (denkt abstrakt).«

Er belegt seine Behauptung recht anschaulich: Da ist zum Beispiel der Mörder, der zum Richtplatz geführt wird. Einige gebildete Damen machen die Bemerkung, er sei aber nichtsdestotrotz ein recht ansehnlicher Mann und man müsse überdies den Einfluss seiner Jugend auf den späteren Werdegang berücksichtigen, worauf das Volk sich empört, wie man denn einen Mörder schön nennen oder nach seiner Jugend fragen könne. »Dies heißt abstrakt gedacht, in dem Mörder nichts als dies Abstrakte, dass er ein Mörder ist, zu sehen und durch diese einfache Qualität alles übrige menschliche Wesen an ihm zu vertilgen«, so Hegel.

Ein weiteres Beispiel ist die Hökersfrau, die von einer Einkäuferin darauf hingewiesen wird, dass ihre Eier faul seien. Flugs abstrahiert sie sowohl von ihren tatsächlich faulen Eiern als auch von der konkreten Situation und greift die Einkäuferin, in der sie nun schlicht eine Feindin erkannt hat, auf breiter Front mit Beleidigungen an, die gar nichts mehr mit der Sache zu tun haben.

Genug. Man sieht, dass der gemeine Hang zur Abstraktion einerseits den Menschen ins Glück stürzen kann, indem er sein Weltbild erfreulich einfach und übersichtlich gestaltet, andererseits aber auch zu viel versprechenden unglücklichen Komplikationen führt.

Die Sache bedarf also weiterer Klärung, und zu diesem Zwekke nehmen wir die hegelsche Einkäuferin, die wir nicht minder mit der Gabe der Abstraktion gesegnet annehmen wollen, bei der Hand und führen sie weiter über den Markt, um Obst zu kaufen.

Sie verlangt also an einem Stand zwei Kilo Obst. Die Verkäuferin bietet ihr Äpfel, aber sie lehnt dankend ab – sie will Obst. Die Verkäuferin unternimmt weitere Versuche mit Pflaumen und Kirschen, steigert damit aber nur den Unmut der Einkäuferin, denn diese will – *Obst*. Sie geht schließlich völlig frustriert nach Hause, in dem Bewusstsein, dass ihr auf dem Markt selbst so etwas Simples wie Obst verweigert wurde.

Natürlich, werden Sie sagen, denn »Obst« ist nichts weiter als ein Wort, das verschiedene Elemente aus einer Menge M auf Grund ausgewählter übereinstimmender Merkmale in einem Begriff bezeichnet und von allen nicht übereinstimmenden Merkmalen abstrahiert. Selbst ein eingefleischter Platoniker würde zugeben, dass wir zumindest in der sinnlich wahrnehmbaren Welt diesem Begriff *in carne*, das heißt als »Fleisch gewordene« Entsprechung, nicht begegnen können. Aber müssen wir uns damit zufrieden geben? Der Kenner wird das Potenzial zum Unglücklichsein, das hierin beschlossen liegt, ohne Schwierigkeiten erkennen.

Kurz: Wir müssen uns gerade in *den* Dingen auf die berühmte Suche nach der blauen Blume begeben, die sich am wenigsten dazu eignen. Wer gibt sich mit Bananen zufrieden, wenn er Obst will? Wer würde das Risiko eingehen, mit einem »normalen« Partner, der seine Macken hat, glücklich werden zu wollen, wenn er (oder sie) auf der Suche nach der einen, wahren Liebe ist? Wer kann das Unglück voll auskosten, der nicht auf der Suche nach *dem* Glück ist? Hüte sich wer kann vor billigen Abstraktionen, welche die Welt über Gebühr vereinfachen. Wahres Unglück liegt in der Bemühung, Abstrakta *an sich* fassen zu wollen. Denn diesen kann man nur in schalen Konkreta habhaft werden, die gerade mit den Eigenschaften jedem Ideal boshaft ins Gesicht lachen, die ihnen zuvor wegabstrahiert wurden.

Doch die Abstraktion ist nicht immer die Freundin des Unglücklichen. Begleiten wir die Einkäuferin weiter. Sie hat sich eine Zeitung mitgebracht – Hungersnöte, Kriege, Flutkatastrophen, Folter und vieles mehr stürmen auf sie ein, Bilder von abgemagerten Kindern, finstren Schergen und verwüsteten Landschaften in allen Erdteilen verfolgen sie bis in den Schlaf. Um einer Verminderung des Unglücks vorzubeugen, müssen wir zupacken und einer Abstumpfung des menschlichen Mitgefühls entgegenwirken. Wer sein Unglück voll auskosten will, darf solche Tragödien nicht unter dem allgemeinen menschlichen Elend subsumieren, darf nicht von Millionen von Einzelschicksalen derart abstrahieren, dass ihm nicht mehr als ein unbestimmtes Unbehagen bleibt. Falsch wäre es allerdings, nun zu schließen, dass man sich einzelne Gebiete auswählen müsse, die es zuließen, konkret zu handeln. Bewahre! Alles oder nichts muss es heißen! Allzu billig wäre es, Unglück aus der eigenen moralischen Unzulänglichkeit zu ziehen, die einen gegenüber dem Leiden der Welt kalt ließe. Besser, in einem heroischen Akt das ganze Elend auf die eigenen Schultern zu laden und die Beben des Makrokosmos seismografisch im eigenen Mikrokosmos 1:1 zu durchleben. Das ist wahres Mit-Leiden, das ist wahres

Zugrundegehen an der Welt: Sie nicht durch den Filter der Abstraktion wahrzunehmen, sondern jeden konkreten Stachel auch ganz konkret im eigenen Fleische stecken zu fühlen. Die daraus folgende völlige Überforderung des Individuums, die Lähmung, überhaupt noch irgendwie zu handeln, ist die krönende Finsternis am Ende des Tunnels.

Dem wahren Profi in der Kunst des Unglücklichseins fällt es daher leicht, die verschiedenen bisher angesprochenen Aspekte des Unglücks in ein harmonisches Ganzes zu fügen: zu leiden, weil Träume nicht erreicht werden können, weil man im Leben nicht *das* Glück finden kann, weil einem die vielen Leidensbilder aus aller Welt den Schlaf rauben *müssen* (es in einer solchen Welt sowieso unanständig wäre, Glück zu empfinden) und weil die Obdachlosen unter der Brücke täglich von den eigenen Steuern Taschengeld ausbezahlt bekommen, obwohl alle Penner stinken und abgrundtief faul sind. Anfänger mögen nun nicht verzagen – mit etwas Geduld und gutem Willen können auch weniger Begabte zu einer solchermaßen runden Persönlichkeit werden.

Schließlich bliebe zu fragen, ob es darüber hinaus noch vollkommenere Formen des Unglücks gibt und wie diese zu erreichen seien. Hierzu müssen wir eine Vorsichtsmaßnahme, die wir für Anfänger eingeführt haben, wieder aufheben. Denn wer erst einmal so weit gekommen ist, muss sich nun nicht mehr davor fürchten, durch einen Blick auf die Eigenerzeugungsmechanismen des Unglücks in seinen Bemühungen zurückgeworfen zu werden. Er muss auch nicht die zahlreichen platten Anleitungen zum Glücklichsein fürchten oder neunmalkluge Anleitungen zum Unglücklichsein.

Im Paradies des Unglücks

Wer sich an Kleists kleine Schrift zum Marionettentheater erinnert und vor Interpretationen nicht zurückscheut, wird ahnen, was gemeint ist. Kleist berichtet von einem Treffen mit einem berühmten Operntänzer, der sich überraschenderweise für einfaches Marionettentheater begeistert. Die Marionetten, so der Tänzer, bewegten sich nicht geziert, sondern durch wenige Manipulationen des Puppenspielers so einfach und elegant, wie es einem Menschen niemals gelingen könnte, allenfalls einem Gott. Dies liege daran, dass die Glieder der an Fäden geführten Puppen nicht jedes für sich bewegt würden, sondern gleichsam mechanisch der Bahn des Schwerpunkts folgten. Der Tänzer sagt, »dass es dem Menschen schlechthin unmöglich wäre, den Gliedermann ... (in seiner Grazie) auch nur zu erreichen. Nur ein Gott könne sich, auf diesem Felde, mit der Materie messen; und hier sei der Punkt, wo die beiden Enden der ringförmigen Welt ineinandergriffen.«

Es ist nicht schwer, dem Tänzer weiter zu folgen, wenn er schließlich auf das dritte Kapitel des ersten Buchs Mose verweist: Im Sündenfall, in dem der Mensch unerlaubterweise den berühmten Apfel vom Baum der Erkenntnis isst, erlangt er Bewusstsein, Reflexionsfähigkeit, verliert die natürliche Grazie der »Materie«, die einfach ist, wie sie ist. Das ist auch gut so, denn woher nähmen wir sonst unser Unglück, das (was schon die alten Griechen wussten) nicht in den Dingen an sich liegt, sondern in den Meinungen, die wir uns über sie bilden.

Lösen wir uns von ästhetischen Kategorien und kommen wir zum Punkt: Sobald wir Bewusstsein erlangt haben, können wir Wissen anhäufen. Von allem wissen wir etwas: genug, um uns ins Unglück zu stürzen, zu wenig, um (was wir vermeiden wollen) darüber hinaus zu gelangen. Erst »wenn die Erkenntnis gleichsam durch ein Unendliches gegangen ist, (findet sich) die Grazie wieder ein; so, dass sie, zu gleicher Zeit, in demjenigen Körperbau am reinsten erscheint, der entweder gar keins, oder ein unendliches Bewusstsein hat, d. h. in dem Gliedermann, oder in dem Gott.«

Müssen wir als Unglücksaspiranten uns wie der Teufel vor dem Weihwasser davor hüten, dass unser Bewusstsein am Ende zufällig das Unendliche durchschreitet und unversehens durch eine Hintertür ins (vermeintlich!) glückliche Paradies zurückstolpert?

Ja und nein. Richtig ist, dass alle bisher beschriebenen Wege ins Unglück letztendlich ohne den Sündenfall nicht offen lägen, dass gerade das edle Scheitern zunächst die *Möglichkeit* des Scheiterns voraussetzt – und noch viel mehr die *Möglichkeit* des Gelingens. Andererseits müssen wir, ohne dem Tänzer oder gar Kleist zu nahe treten zu wollen, feststellen, dass es nicht nur *ein* Paradies gibt.

So trifft der Unglückssucher auf seinem beschwerlichen Weg viele, die sich in einem eigens für sie geschaffenen *paradisus ex machina*, das heißt einem die Situation vor dem Sündenfall durchaus funktionell nachahmenden Trugbild, einer besonderen Art von Glück ausliefern: Eine durchaus überschaubare Anzahl von Fäden aus Werbemanipulationen, Konsumangeboten, Lustbefriedigungsmechanismen und primitiven Talkshows führt diese Menschen in einer für uns tieftraurigen Grazie gleichsam am Schwerpunkt ihrer Triebe durch das Marionettentheater des Lebens.

Weit davon entfernt, in dieses Treiben verstrickt zu werden, ist dieses Schauspiel für uns vielmehr ein weiterer Beweis für die hoffnungslose Lage des Menschen, der nur im Regress sein Unglück betäuben kann. Wir hingegen wollen an der Hintertür des wahren Paradieses rütteln, freilich unter der Bedingung, dass sie verschlossen ist oder wir sie nicht finden. Dies ist eine Übung für Genießer, denen der Obstkauf bei einer Hökersfrau nicht anspruchsvoll genug erscheint.

Nur ganz wenige Unglücksritter schaffen es letztlich, ihr eigenes *paradisus ex machina* zu finden. Es ist das Reich der süßen Melancholie, in dem jenseits aller Reflexion die fahle Sonne der Vergeblichkeit die Welt und das Gemüt durchstrahlt, in dem das Bewusstsein in seinem Unglück und das Unglück im Bewusstsein Unendlichkeit erreicht hat. Hier kann ein Gott des Unglücks das Leid in seinem Leiden und die Illusionisten des Glücks in ihrem Beschränktsein begleiten und alle seine Kinder heißen.

Nur einem solchen Gott gebührt es, sie zu ernten, die süßen Früchte des Wahnsinns.

Anmerkungen:

1. Nietzsche, Friedrich: Die fröhliche Wissenschaft. Werke in drei Bänden. Hrsg. von Karl Schlechta. Band 2, Hanser Verlag, München 1954, Seite 199

2. Mill, John Stuart: Gesammelte Werke. Herausgegeben von Theodor Gomperz. Band 1, Scientia Verlag, Aalen 1968, Seite 137

3. Nietzsche, Friedrich: Jenseits von Gut und Böse. Werke in drei Bänden. Hrsg. von Karl Schlechta. Band 2, Hanser Verlag, München 1954, Seite 689

4. Nietzsche, Friedrich: Die fröhliche Wissenschaft. Werke in drei Bänden. Hrsg. von Karl Schlechta. Band 2, Hanser Verlag, München 1954, Seite 74 f.

5. Induktion: Herleitung allgemeiner Regeln aus Einzelfällen.

6. Mos geometricus: Wissenschaftliche Methode der Begründung, bei der wie in der Geometrie Euklids aus unbedingt gültigen Sätzen Schlüsse abgeleitet werden, die bei fehlerloser Ableitung die gleiche Gültigkeit aufweisen wie die Ausgangssätze. Spinoza bediente sich dieser Methode für seine Ethik.

7. Schopenhauer, Arthur: Die Welt als Wille und Vorstellung. Zürcher Ausgabe. Werke in zehn Bänden. Band 2, Diogenes Verlag, Zürich 1977, Seite 489

Literatur:

– Watzlawick, Paul: Anleitung zum Unglücklichsein. Piper Verlag, München 1983

Glück und Faulheit

Glück und Faulheit wurzeln vorgeblich im Paradies. Doch gleichgültig, ob das Paradies theologisch abgesichert, zum Urparadies der nicht arbeitenden Arbeiter und Bauern säkularisiert oder als märchenhaftes Schlaraffenland trivialisiert wird – zahlreiche Heilsgeschichten menschlicher Seins- und Selbstbestimmung beginnen mit einer Arbeitsmoral, die Faulheit bekämpft, den Schlendrian austreibt und nur in homöopathischen Dosen für Privilegierte Muße und Gemächlichkeit zulässt. Nach dem Genuss der verbotenen Frucht ist die unermüdliche Naturbeherrschung zur göttlich verordneten Überlebensfrage einer Menschheit geworden, die Faulheit mit dem Ausschluss aus der Gemeinschaft bestraft: Wer nicht arbeitet, soll auch nicht essen.

Kultur ist Ackerbau. Das kurze Glück der Ernte nach harter Mühsal avanciert zur Voraussetzung des Fortschritts einer Menschheit, die sich erst wieder das verdienen muss, was sie im Paradies einst so mühelos besaß, ohne in jenen seligen Tagen ein Bewusstsein vom Glück der Faulheit gehabt zu haben.

Die Faulheit gerät zum Widersacher auf der Rückkehr zum Paradies und unterscheidet den Menschen vom Tier: »Wenn Alles nur auf die Lust hinausläuft, so werden wir weit von den Thieren übertroffen, denn die Erde selbst giebt ihnen mancherlei und reiche Weide ohne Arbeit, während wir kaum, ja nicht einmal kaum mit vieler Arbeit das erreichen können.«[1] Es braucht keine protestantische Wertethik, weder puritanischen Fleiß noch calvinistische Segnungen der Arbeit, um die Faulheit schon vorindustriell, also in den Zeiten zu diskreditieren, die sich noch nicht über den Fleiß definierten. Selbst wer sich – auf dem krummen Rücken von Sklaven, Bediensteten, Lohnarbeitern – Muße leisten kann, entzieht sich mit allen Leibeskräften dem Makel, faul zu sein. Lange vor Erfindung der Freizeit widmet sich die antike »Leisure Class« Sport, Spiel und Tanz oder stählt ihre Körper zur Wehrertüchtigung.

Wer faul ist, fault schon zu Lebzeiten – so wie die Fäulnis auch das Glück nur mit beschränkter Halbwertszeit gewährt: »Wahrlich, du Thörichtster aller Sterblichen: wenn das Glück beständig wird, so hört es auf, Glück zu sein!«[2] Glück ist also nicht mehr als eine schlecht zu lagernde Frucht, allein zum Sofortverzehr geeignet. Fäulnis und Faulheit trennt keine diskrete Grenze. Faulheit ist ein undelikater Zustand und allein in Muße, *Vita contemplativa*, Gemächlichkeit oder Bedächtigkeit wird das trügerische Glück der Faulheit entschärft und unsichtbar gemacht. Faulheit und Unglück, Faulheit und Dummheit gehen inzestuöse Beziehungen ein: »Hier steht der ausgestopfte Schnick; – Wer dick und faul, hat selten Glück.«[3]

Das industrialisierte Denken

Das Denken befleißigte sich, der Faulheit jede Hoffnung auf ein respektables Ruhelager in der Gesellschaft auszutreiben: »Faulheit und Feigheit sind die Ursachen, warum ein so großer Teil der Menschen, nachdem sie die Natur längst von fremder Leitung frei gesprochen (*naturaliter maiorennes*), dennoch gerne zeitlebens unmündig bleiben; und warum es anderen so leicht wird, sich zu deren Vormündern aufzuwerfen. Es ist so bequem, unmündig zu sein.«[4] Kant bringt die Faulheit in Misskredit und klärt damit über eine Aufklärung auf, die sich nicht als Reflexion des kontemplativen Menschen anstrengungslos vollzieht, sondern einen beschwerlichen, zugleich unabdingbaren Königsweg aufzeigt. Der »Auszug« aus der selbst verschuldeten Unmündigkeit ist mühselig und nicht zu vergleichen mit buddhistischem Liegen unter dem Bodhi-Baum, bis sich die Erleuchtung jenseits der zweckrationalen Alltagsgeschäftigkeit einstellt. Auch Leibniz wettert gegen »die faule Vernunft«, welche sich die Überlegung erspart und wenigstens zum Teil als die »Quelle für das abergläubische Handwerk der Wahrsager, auf welches die Leute sich ebenso, wie auf den Stein der Weisen verlassen; denn sie mögen gern einen kurzen Weg, auf dem sie ohne Mühe das Glück erreichen können«.[5] Entsprechend wird die Faulheit vor dem eigenen Selbst denunziert, das nicht naturwüchsig im göttlich vorgegebenen Zustand belassen werden darf, sondern permanent an sich arbeiten soll. Mit der Behauptung gegen das denkfaule Selbst, dass Erkenntnisarbeit nicht weniger Fleiß voraussetze als körperliche Arbeit, rechtfertigen Philosophen listig ihre eigene Disziplin im mehrfachen Sinne des Worts.

So steht vor dem Fließband für die vielen zunächst noch die Würde des aufgeklärten Selbstentwurfs. Die Saint-Simonisten (Frühsozialisten in der Nachfolge des französischen Sozialtheoretikers C. H. de Saint-Simon) totalisieren aber dann – ohne Ansehung der Qualität der Arbeit, ihrer Entfremdung und gesellschaftlichen Zwänge – das Glück zu einem einzigen Zustand: »Der glücklichste Mensch ist der, der arbeitet.« Und was dem Einzelnen frommt, macht selbstverständlich auch das Kollektiv glücklich: »Die glücklichste Nation ist die, in der es am wenigsten Müßiggänger gibt.«[6]

Den Physiokraten (siehe Erläuterungen) gelten die Saboteure des Leistungsprinzips als *ennemi de l´ordre* (Feinde der Ordnung), die ordnungspolitisch zur Räson gebracht werden müssen. Wo gute Vorsätze und Ermahnungen nicht helfen, müssen also die Korrekturinstrumente herausgeholt werden. *Zero Tolerance* (null Toleranz) für Unverbesserliche, denn Faulheit ist heilbar. Wer jetzt noch verblendet glaubt, sich auf die faule Seite des Glücks retten zu können, landet in Erziehungsanstalten, Zucht- und Arbeitshäusern. Mit den Disziplinierungs- und Überwachungsagenturen, die Michel Foucault beschrieben hat, verliert zugleich auch die unterschiedliche Bedeutung der Begriffe Faulheit und Arbeit ihre beherrschende Stellung. Die neuen Gesellschaften sind so selbstverständlich Arbeitsgesellschaften, dass jeder Widerstand als Erziehungsfehler und später als Krankheit aufgefasst wird und die Betreffenden bis zur »Besserung« weggesperrt werden. Strafende Schulmeister werden die »radikalen Faulheitsaustreiber«[7], deren gesellschaftlich wertvolle Arbeit fortan von Psychotherapien, Psychoanalysen oder Motivationspsychologien ergänzt und weitergeführt wird, um kranke Menschen gesund, kurz: glücklich zu machen. In den Fabriken des zum »fleißigen« erkorenen Zeitalters wird die Faulheit als humane Kategorie eines zwanglosen Selbst vertrieben. Faulheit ist ein behebbares Systemversagen, mit Unglück, Elend, Dummheit und gesellschaftlichem Ausschluss gleichgeschaltet. Wer zu spät kommt, den bestraft die Stechuhr.

Das Recht auf Faulheit

Der kubanische Sozialist und Schwiegersohn von Karl Marx, Paul Lafargue, widersetzt sich der internationalen Übereinkunft, in der Kapitalisten und Proletarier jenseits ihrer gesellschaftlichen Gräben einmütig die Arbeit adelten. Sein Buch *Recht auf Faulheit* (*Le droit à la Paresse*, 1883) wollte den Betrug entlarven, mit dem sich die Proletarier um das Glück des Nichtstuns bringen.[8] Für Lafargue war die Liebe zur Arbeit eine geistige Verwirrung. Bereits der unbotmäßige Partisan der Faulheit, Georg Büchner, wollte die dem Glückseligkeitsprogramm der Menschheit ausgetriebene Faulheit wieder herstellen und lässt seinen »Valerio« verkünden: »Und ich werde Staatsminister und es wird ein Dekret erlassen, dass wer sich Schwielen in die Hände schafft unter Kuratel gestellt wird, dass wer sich krank arbeitet kriminalistisch strafbar ist, dass Jeder der sich rühmt sein Brod im Schweiße seines Angesichts zu essen, für verrückt und der menschlichen Gesellschaft gefährlich erklärt wird und dann legen wir uns in den Schatten und bitten Gott um Makkaroni, Melonen und Feigen, um musikalische Kehlen, klassische Leiber und eine kommode Religion!«[9]

Der so faul ausgestreckte Mensch in Schlaraffia, Cucania und anderen Utopien der rundum versorgten Nichtstuer interessiert sich nicht mehr für seine Selbstwerdung, weder für die aufwendigen Programme der Geschichte, der Aufklärung, der relativen Erlösung in der Selbstdisziplinierung noch für alle übrigen Leimruten der Seelen- und Bewusstseinsindustrien, die in zahllosen Varianten doch immer nur »Arbeit« buchstabieren. Valerio wurde indes nicht Staatsminister, weil es gar zu unwahrscheinlich ist, dass Gott nach seinem alttestamentarischen Arbeitsprogramm nun eine kommode Religion oder Faulpelzen gar einen klassischen Körper spendiert. Die amtierenden Staatsminister, Fabrikherren, Moralisten, reflektierte wie romantische Utopisten waren sich weitgehend einig, dass die neue Religion – nicht nur die der Massen – »Arbeit« heißt.

Paul Lafargues Faulheitslob auf dem Weg zum wahren Glück gibt sich dagegen so subversiv wie kämpferisch: »Aber damit ihm seine Kraft bewusst wird, muss das Proletariat die Vorurteile der christlichen, ökonomischen und liberalistischen Moral überwinden; es muss zu seinen natürlichen Instinkten zurückkehren, muss die Faulheitsrechte ausrufen, die tausendfach edler und heiliger sind als die schwindsüchtigen Menschenrechte, die von den metaphysischen Advokaten der bürgerlichen Revolution wiedergekäut werden; es muss sich zwingen, nicht mehr als drei Stunden täglich zu arbeiten, um den Rest des Tages und der Nacht müßig zu gehen und flott zu leben.«[8] Allerdings ist das antichristliche Ressentiment nicht mehr als einen Steinwurf vom Plädoyer der Bergpredigt für die Faulheit entfernt: »Sehet die Lilien auf dem Felde, wie sie wachsen; sie arbeiten nicht, auch spinnen sie nicht, und doch sage ich Euch, dass Salomo in all' seiner Pracht nicht herrlicher gekleidet war.« (Matthäus 6, 28 und 29) Lafargues Rechtsanspruch vertraut weniger auf die biblischen Spuren löblicher Faulheit als auf die Verheißungen der Automation: »Die blinde, wahnsinnige und menschenmörderische Arbeitssucht hat die Maschine aus einem Befreiungsinstrument in ein Instrument zur Knechtung freier Menschen umgewandelt: die Produktionskraft der Maschine verarmt die Menschen.«[8]

Auch seine fröhlich-kämpferische Entgegensetzung von Arbeit und Faulheit beschreibt nur vordergründig zwei feindliche Reiche, die im immer währenden Krieg liegen. Seine Provokation gilt der sinnlosen Arbeit, der stumpfen Zwangsarbeit, mithin einer Arbeit, die nicht die Vorteile der Automatisierung, der Mechanisierung und der gerechten Verteilung reflektiert. Die wohldosierte Arbeit wird zur Würze der Alltagsexistenz, wie schon der frühe Marx das Lob der nicht entfremdeten Arbeit singt. Bereits in Tommaso Campanellas *Sonnenstaat* sollte die Arbeit nicht vier Stunden überschreiten. Aber während Campanellas Reich in der Utopie angesiedelt wird – die ihre Verlockungen nicht technologisch und soziologisch begründen muss – sollen Lafargues Faulheitsrechte eingreifen, die »schwindsüchtigen Menschenrechte« als Verrat an der Faulheitsnatur des Menschen zu entlarven.

Lafargue vertraut dabei auf Friedrich Schlegels Wissen, dass die Faulheit das letzte Gut ist, das uns vom Paradies übrig geblieben ist: »Will man in unserem zivilisierten Europa noch eine Spur der ursprünglichen Schönheit des Menschen finden, so muss man zu den Nationen gehen, bei denen das ökonomische Vorurteil den Hass wider die Arbeit noch nicht ausgerottet hat.«[8] Lafargue verschiebt die Faulheit also nicht in das güldene Zeitalter, sondern reklamiert sie als einklagbares Menschenrecht, weil ihr Glücksversprechen in manchen Nationen tatsächlich eingelöst wird. Die Verhältnisse – auch in Europa – könnten längst anders sein, wenn die humanen Potenziale der Mechanisierung nicht dem sturen Glauben an das entfremdete Glück der Arbeit geopfert würden.

Die Saat Lafargues, dass das wankelmütige Glück nur jenseits der krank machenden Mensch-Maschinen-Symbiosen gedeihen könne, ging aber nicht auf. Auch Lafargues Faulheitsprogramm kann sich nicht dem Paradox entziehen, dass eine Faulheit, die zum schweißtreibenden Kampf für ihr Recht aufruft, keine mehr ist. Die Faulheit hat ihrem Wesen nach kein Agens und braucht mächtige Verbündete, wenn sie prall und fett werden will: »O Faulheit, erbarme Du Dich des unendlichen Elends! O Faulheit, Mutter der Künste und der edlen Tugenden, sei Du der Balsam für die Schmerzen der Menschheit!«[8] Das Recht auf Faulheit verkümmert zu einem karitativen Heilmittel, das heißt zu einer Vorstellung von Faulheit, derzufolge Fortuna bloß ihr Füllhorn ausschütten soll. Diese Vorstellung ist nicht mehr erfüllt von dem marxistischen Anspruch, die gesellschaftlichen Bewegungsgesetze wissenschaftlich begreifen zu wollen.

Faulheit auf Rezept

Lafargues Programm avancierte nicht zur anarchischen Faulheitsmoral, das Nichtstun als Waffe gegen die Ausbeuter einzusetzen, obschon Heinrich Droege 1933 noch glaubte, Lafargue überbieten zu können: »Wir haben nicht nur ein Recht auf Faulheit, wir haben die Pflicht zur Faulheit.« Zu den beherrschenden Differenzen der Gegenwart wurden stattdessen Arbeit und Freizeit, Arbeit und Arbeitslosigkeit.[7] Diese Differenzen beschreiben indes keine echte Spannung, sondern stehen unter dem Primat der Arbeit. Arbeitslosigkeit ist kein fröhlicher Ausnahmezustand des von allen Zwängen befreiten Menschen, sondern ein sozialstaatliches Stigma, immer verdächtig, der Faulheit zu folgen. »Es gibt kein Recht auf Faulheit«, erklärt Bundeskanzler Gerhard Schröder im Blick auf Arbeitslose, und schon reduzieren sich komplexe Weltwirtschaftslagen zwischen Globalisierung, europäischer Einigung, schwankenden Nationalökonomien und struktureller Arbeitslosigkeit auf einen alten Charakterfehler, bestenfalls auf eine Fehlauslegung der Menschenrechte, der mit verkürzter Sozialhilfe jederzeit beizukommen ist.

Zum Ausgleichsprogramm der Arbeit wird Freizeit, die sich indes nahtlos in eine andere Körper- und Seelenfron verwandelt. Die Freizeitindustrie motiviert zur ultimativen Fitness, zur Erlebnisgesellschaft. Selbst der Erlebnisurlaub wird zum arbeitsintensiven Gipfelsturm. Auch wenn die industrielle Produktion längst viel umfassender automatisiert ist als zu Lafargues Zeiten, darf die Freiheit gerade in der Freizeit nicht zur Faulheit werden, da sonst die überlieferten Bedingungen einer unermüdlichen Arbeitsgesellschaft selbst infiziert würden.

Der postindustrielle Fleiß verlagert sich aber nicht nur in Fitnessstudios oder in die künstlich geschaffenen Widerstände einer aufregenden Freizeitwelt; die imperialistische Arbeitsmoral kolonisiert auch solche Lebenswelten, die vordem als tendenziell schicksalshafte, dem gestaltenden Zugriff entzogene Zustände der Existenz gegolten haben. Die Aufforderung zu »Beziehungsarbeit«, »Gedächtnisarbeit«, »Trauerarbeit« bestreitet den Menschen das Recht, die Verhältnisse faul bis ergeben so zu belassen, wie sie ihnen das unberechenbare Schicksal anbietet.

Der von Richard Sennett charakterisierte Mensch muss seine Flexibilität nicht nur gegenüber einer umtriebigen Wirtschaftsgesellschaft erweisen, die im Heute schon das Morgen will und Bodenhaftung als Widerstand gegen die Zukunft interpretiert.[10] Alles ist fabrizierbar, wenn jeder nur seines Glückes Schmied sein will und sich nicht auf der faulen Haut seiner Gewohnheiten ausruht.

Aber Stress, Herzinfarkt, Burn-out-Syndrom und andere Körperstrafen der rasenden Jetztzeit unterminieren die Arbeitsmoral, die menschliche Rhythmen dem Tempo der Maschinen anpassen will. Der Medizinstudent Georg Büchner formulierte seine medi-zynische Faulheitslogik schon für ungleich gemächlichere Zeiten so: »Denn wer arbeitet ist ein subtiler Selbstmörder, und ein Selbstmörder ist ein Verbrecher und ein Verbrecher ist ein Schuft, also, wer arbeitet ist ein Schuft.«[9] Medizin, Wellness- und Lebensratgeber haben mit unterschiedlichem Anspruch inzwischen die von Lenin verachtete »*Oblomowerei*« wiederentdeckt.[11] Faulheit wird heute als lebensverlängerndes Rezept gegen die von Büchner entlarvte tödliche Arbeitswut verschrieben.[12] Aus der Krankheit wird wundersam die Therapie, aus dem nicht einklagbaren Recht Lafargues das Rezept. Entschleunigung, Auskopplung aus geschwindigkeitsberauschten Verhältnissen gelten nicht länger als eine verfemte Glückskondition des uneinsichtigen Unzeitgenossen, sondern prägen die neuen Konturen der Eigenzeit. Inzwischen umschmeichelt gar eine ganze Industrie die so schmählich gescholtene Faulheit, um *Smartworld* zu errichten: Ein technologisches Panorama menschlicher Bedürfnisbefriedigung zwischen voll automatisierten Häusern, freundlich servilen Robotern und verzögerungsloser Kommunikation. Breughels Schlaraffenland soll nicht länger als Vorschein einer himmlischen Erlösung hinausgezögert oder verspottet, sondern volldigital verwirklicht werden.

Die intelligente Verfügbarkeit der Welt, der ergonomisch, aber auch moralisch menschengerechte Automatismus werden in neuen Smarttechnologien versprochen, die auf Fingerzeig und *Voice-Control* die vormals so widerständige Welt der Faulheit »anbequemen«. Hier schließt sich der Kreis zu dem über die Epochen gejagten Faulenzer, der sich den Verhältnissen entzieht, über den Wassern schwebt, der nichts tut, weil alles für ihn getan wird, dem gebratene Tauben in den Mund fliegen und appetitliche Glücksschweine über den Weg laufen. »Die Faulheit allein ist göttlich – sie wurde von den Dichtern besungen. Sie ist die Schöpferin glücklicher Träume und lustvoller Gedanken.« (Anatole France, 1914) Aber genau das ist nicht mehr vorstellbar in Zeiten, die sich dem technologischen Traum verschrieben haben, alle Träume zu verwirklichen – auch den der Faulheit.

Anmerkungen:

1. Cicero, Marcus Tullius: Fünf Bücher über das höchste Gut und Übel. Leipzig, 1874, Seite 133

2. Boethius, Anicius Manlius Severinus: Die Tröstungen der Philosophie. Leipzig, ohne Jahr, Seite 32

3. Busch, Wilhelm: Die Strafe der Faulheit. 1866

4. Kant, Immanuel: Beantwortung der Frage: Was ist Aufklärung? Frankfurt am Main, 1964, Band 11, Seite 53

5. Leibniz, Gottfried Wilhelm: Die Theodicee. Leipzig 1879, Seite 10

6. Nach Fetscher, Iring: Arbeit und Spiel. Stuttgart 1983, Seite 68

7. Luhmann, Niklas: Die Wirtschaft der Gesellschaft. Frankfurt am Main, 1994, Seite 219

8. Lafargue, Paul: Das Recht auf Faulheit – Widerlegung des »Rechts auf Arbeit« von 1848 (»Le droit à la Paresse«, französische Originalausgabe 1883). Grafenau 2001 (2. Aufl.). Im Folgenden: Seite 33, 35, 21, 54

9. Büchner, Georg: Leonce und Lena. In: Sämtliche Werke und Briefe. Historisch-kritische Ausgabe mit Kommentar. 2 Bände, Hamburg 1967 und 1971, CD-Rom X-libris, Seite 67 und Seite 74

10. Sennett, Richard: Der flexible Mensch. Die Kultur des neuen Kapitalismus. Berlin 1998

11. Nach Iwan Gontscharows Romanhelden »Oblomow« (1859), der es vorzog, träge im Bett zu bleiben und zur Metapher der russischen Volksseele wurde.

12. Axt, Peter; Axt, Michaela: Vom Glück der Faulheit. Lebensenergie richtig einteilen. München 2001

Literatur:

– Benz, Ernst: Das Recht auf Faulheit oder die friedliche Beendigung des Klassenkampfes. Stuttgart 1974

Glück als Ernst des Lebens

»Wenn ich mich mitunter darangemacht habe«, so heißt es in
den *Pensées* des Blaise Pascal, »die vielfältige Geschäftigkeit
der Menschen zu betrachten, die Gefahren und Mühsale, denen
sie sich aussetzten, bei Hofe, im Kriege, woraus so viel Händel
erwachsen, so viel Leidenschaften, so viele verwegene und oft
schlimme Unternehmungen usw., habe ich entdeckt, dass alles
Unglück der Menschen von einem Einzigen herkommt: dass
sie es nämlich nicht verstehen, in Ruhe in einem Zimmer zu
bleiben.«[1] Das Glück, das Pascal hier umreißt, ist eines, das
alle akademischen Orte dieser Welt wohl gekannt haben: das
Glück im Studierzimmer, mit dem Rücken zur Welt. Glück mit
Sitzfleisch, sozusagen.

Das »Zimmer« und die »Welt« haben immer wieder um das
Glück konkurriert. Denn im Lauf der Geschichte gab es viele,
die *nicht* in Ruhe in ihrem Zimmer bleiben wollten. Achill, der
Königssohn, ist ein Inbild des Glücks: schön, stark, reich, so göt-
tergleich wie ein Sterblicher nur sein kann, unverwundbar bis
auf die berühmte Ferse. Nur lebt er unter einem Schatten, denn
ein früher Tod in der Schlacht ist ihm geweissagt. So könnte
man meinen, er stünde vor einer Wahl. Hielte er sich fern vom
Krieg, so wäre ein langes Leben durchaus denkbar; zieht er in die
Schlacht, so steht ihm ein kurzes, aber ehrenvolles Leben bevor.
Die Wahl aber ist eigentlich keine; denn ein Achill, der ruhig in
seinem Zimmer bliebe, wäre nicht Achill, auf ihn träfe die Weis-
sagung nicht zu, und wir hätten nie von ihm gehört. Achill ver-
lässt das Zimmer, stürzt sich in den Kampf, tötet Hektor, obwohl
er weiß, dass er diesem bald folgen wird.

Als er danach allein im Zelt ist, tritt Priamos ein, trojanischer
König und Vater des Hektor. Der Vater bittet um den Leichnam

seines Sohns, indem er Achill mahnt, an dessen eigenen Vater zu denken. Da beginnt Achill im Angesicht des eigenen Todes um seinen Vater zu weinen – den er nicht mehr sehen wird –, wie Priamos um den Sohn weint: »Es erscholl von Jammertönen die Wohnung.«[2] Dann formuliert Achill die Situation, in der sich beide Feinde, die, weil sie gemeinsam weinen, vielleicht keine Feinde mehr sind, befinden: »Also bestimmten die Götter der elenden Sterblichen Schicksal, / Bang in Gram zu leben; allein sie selber sind sorglos.«[2]

Heute, fast 3000 Jahre später, haben wir nicht nur zeitliche Distanz zu Achill. Hören wir einen, der nicht in seinem Zimmer geblieben ist – bleiben konnte, der aber auch nicht überallhin gehen wollte:

»Liebe Eltern!
Ich muss Euch eine traurige Nachricht mitteilen, dass ich zum Tode verurteilt wurde, ich und Gustav G. Wir haben es nicht unterschrieben zur SS, da haben sie uns zum Tode verurteilt. Ihr habt mir doch geschrieben, ich soll nicht zur SS gehen, mein Kamerad Gustav G. hat es auch nicht unterschrieben. Wir beide wollen lieber sterben als unser Gewissen mit so Greueltaten zu beflecken. Ich weiß, was die SS ausführen muss. Ach, liebe Eltern, so schwer es für mich ist und für Euch ist, verzeiht mir alles, wenn ich euch beleidigt habe, bitte verzeiht mir und betet für mich. Wenn ich im Kriege fallen würde und hätte ein böses Gewissen, das wäre auch traurig für Euch. Es werden noch viele Eltern ihre Kinder verlieren. Es fallen SS-Männer auch viel. Ich danke Euch für alles, was Ihr mir seit meiner Kindheit Gutes getan habt, verzeiht mir, betet für mich…«[3]

Es ist kein Achill, dessen Stimme uns hier erreicht; es ist ein unbekannter und unbekannt gebliebener Bauernsohn aus dem Sudetenland, kaum des Schreibens mächtig. Hier ist nicht nur der zeitliche Abstand geringer, und der namenlose Bauernsohn ist in seiner ganzen literarischen Hilflosigkeit eine erschütternd starke Figur. Nicht der SS beizutreten erscheint uns heute moralisch akzeptabler als grausam Rache für den Tod des Freundes zu üben. Dennoch sind die *Formen* der Handlungen durchaus ähnlich: Beide tun, was aus unterschiedlichen Gründen nötig erscheint, obwohl ihr Schicksal damit besiegelt ist.

Zwei Unglückliche haben wir hier vor uns, einen Königssohn und einen Bauernsohn, die, so könnte man meinen, tatsächlich besser in Ruhe in ihrem Zimmer geblieben wären. Aber vielleicht standen sie – in ganz unterschiedlicher Weise – gar nicht vor der Wahl.

In dieser Frage des Wählens zeigt sich die historische Distanz zwischen dem Achill der antiken griechischen Dichtung und dem jungen Mann in der deutschen historischen Krise des 20. Jahrhunderts: Der moderne Mensch hat, anders als Achill, Wahlmöglichkeiten, auch wenn sie nicht zur realen Wirklichkeit werden. Die Rückzugsargumentation des Briefs – die Bitte um Verzeihung und die Rationalisierung, dass ja auch SS-Männer im Krieg fallen, der Gewinn, den die Unterschrift verspricht, also ein höchst unsicherer ist –, spricht diese Sprache. Achill folgt seinem vorgezeichneten Schicksalsweg, der auf beiden Seiten durch einen eigenen Ehrenkodex eingezäunt ist. Die Augenblicke, in denen es möglich erscheint, diesem Schicksal zu entrinnen, in eine Seitenstraße abzubiegen, werden zu den epischen Höhepunkten der Dichtung, obwohl oder weil der Ausgang von vornherein klar ist. Die Situation des Bauernsohns ist eine andere. Denn eines der Kennzeichen der Moderne ist, dass aus dem Schicksal in vielen Zusammenhängen Wahl geworden ist. So fällt das, was vorige Zeitalter oder vorige Generationen als Schicksal bezeichneten, als moralische Frage auf uns zurück. Das Glück ist nicht mehr primär ein von den Göttern oder Gott geschenktes oder verweigertes Glück, sondern ein von Menschen erstrebtes und herzustellendes. In den individualisierten Lebensentwürfen der Gegenwart verschärft sich damit die Frage nach dem Glück auf neue Weise. Auch für den Bauernsohn stellt sich die Schicksalsfrage in Gestalt einer moralischen Frage und lautet dann: Opfert er sein Glück einer moralischen Einstellung, auch wenn dieses Glück vielleicht zukünftig und hypothetisch ist: eine Liebe, eine Familie, eine Aufgabe?

Glück oder Moral?

Die Frage, wie sich Moral und Glück zueinander verhalten, ist eines der großen Themen der Philosophiegeschichte; es ist die Frage, in welcher der Verdacht mitschwingt, dass die Moral vielleicht doch auf Kosten des Glücks gehe. In ihrer ganzen Disparatheit ist die abendländische Geistesgeschichte hier von zwei mächtigen Positionen geprägt. Die eine verbindet sich mit dem Namen Platons und beharrt auf dem eigentlichen Zusammenfallen von Glück und Moral – dem Zusammenfallen im Eigentlichen.

»Den tugendhaften Mann wie auch das tugendhafte Weib nenne ich glücklich, den ungerechten und frevelhaften dagegen unglücklich«, so hören wir durch Platon im Dialog *Gorgias* Sokrates' Stimme.[4] Im wahrhaft guten Leben verschwindet der Unterschied von Glück und Moral. Das moralische Leben ist immer glücklich und das wahrhaft glückliche auch immer moralisch – und beides auch, wie in Sokrates' eigenem Leben, im Angesicht eines ungerechten Todesurteils.

Nun ist diese traumhafte Einheit von Glück und Moral nicht umsonst zu haben. Den Preis, der dafür zu entrichten ist, benennt die platonische Ideenlehre. Weil das Wahre, Ewige, Unvergängliche sich nicht in der Welt der Dinge, der Sinnenwelt, befindet, ist auch das, was wir normalerweise Glück nennen, nur ein unvollkommenes Abbild seiner Idee. Was wir unter Glück verstehen mögen – keine Schmerzen zu haben, nicht verachtet zu werden, Bedürfnisse erfüllt zu bekommen, »die zerbrechlichen Geschenke des Zufalls«[5], wie Kleist sie nennt – verdient damit den Namen nicht. Das platonische Ineinsfallen von Glück und Moral geschieht so unter der Voraussetzung, dass das Glück eine leiblose Idee ist, keine körperliche, zeitliche, zufällige Wirklichkeit, denn es ist unbeeinflussbar durch äußere Umstände und Dinge. Das Glück ist innen – und das in einer sehr viel radikaleren Innerlichkeit als in Pascals Studierzimmer. Die Überzeugung, der Tugendhafte sei immer glücklich und die Schlechte immer unglücklich, wird erkauft durch die Abstraktheit des Glücks. Andernfalls, so Sokrates, und er soll hier vorläufig das letzte Wort behalten, müsste man denjenigen als glücklichsten Menschen schätzen, der die Krätze hat und sich immer kratzen kann.[6]

Die andere mächtige Position der Philosophiegeschichte in Sachen Glück und Moral verbindet sich mit dem Namen Kant. 1804 stirbt er in Königsberg, und seine letzten Worte, so wird überliefert, seien gewesen: »Es ist gut.« Kant, der ein typisch deutscher Gelehrter gewesen sein muss, pedantisch, pünktlich, umständlich, ist es nun, der die lange und nicht immer ganz vorbildliche Ehe zwischen Glück und Moral für beendet erklärt; er fordert lauthals die Scheidung. »Man muss bedauern«, so heißt es in seiner *Kritik der praktischen Vernunft*, »dass die Scharfsinnigkeit dieser Männer … unglücklich angewandt war, zwischen äußerst ungleichartigen Begriffen, dem der Glückseligkeit und dem der Tugend, Identität zu ergrübeln.«[7] Was Kant hier äußert, ist aber mehr als nur höfliches Bedauern; denn schon zuvor heißt es scharf: »Die Ehrwürdigkeit der Pflicht hat nichts mit Lebensgenuss zu schaffen; sie hat ihr eigentümliches Gesetz, auch ihr eigentümliches Gericht, und wenn man auch beide noch zu sehr zusammenschütteln wollte, um sie vermischt, gleichsam als Arzneimittel, der kranken Seele zuzureichen, so scheiden sie sich doch alsbald von selbst, und, tun sie es nicht, so wirkt das erste gar nicht, wenn aber auch das physische Leben hiebei einige Kraft gewönne, so würde doch das moralische ohne Rettung dahin schwinden.«[7]

Was als Arzneimittel für die kranke Seele gedacht ist, die Vermischung von Glück und Moral, ist also in Wirklichkeit deren

Todesstoß. Denn das Glück ist ein so unbestimmter Begriff, dass er nicht dazu taugt, sein Leben nach ihm auszurichten.

Damit gibt Kant das Glück nicht auf – er weist ihm lediglich einen neuen Platz zu: Die Ansprüche auf Glückseligkeit solle man nicht aufgeben – »nur, so bald von Pflicht die Rede ist, darauf gar nicht Rücksicht nehmen«.[7] Das »nur« darf nicht unterschätzt werden: Es ist nichts weniger als eine »negative Formulierung des Kategorischen Imperativs.«[8]

Nun gibt es aktuelle Stimmen in der Philosophie und Theologie, welche die abendländische Tradition kritisieren, durch die das Glück unmoralisch und damit die Moral tendenziell lebensfeindlich geworden ist. Das Glück soll wieder in sein Recht eingesetzt werden – auch und gerade innerhalb des moralischen Diskurses. Im Zuge dieser Wiederansiedlung des Glücks aber wird deutlich, dass dann, wenn man außer dem Reich der Ideen noch ein anderes, profaneres Reich bewohnt, die Menschenwelt etwa, der Konflikt zwischen Glück und Moral bleibt. Bei Martin Seel wird dieser Konflikt gedeutet als Konflikt zwischen dem, was ich will, und dem, was die anderen wollen, als Konflikt der Bedürfnisstrukturen.[9] Dabei geht es nicht mehr entweder um die Identität oder die Trennung von Glück und Moral, sondern um das Aushalten der Spannung, die zwischen beiden entsteht. Die »agonale«, die kriegerische Ethik, wie Martin Seel sie nennt, sieht im Konflikt zwischen Glück und Moral gerade keinen Angriff auf die Moral, sondern das Kennzeichen von Moral überhaupt: »In einem Konflikt *zwischen* moralischem und Eigeninteresse«, so heißt es bei Seel, »kann daher überhaupt nur stehen, wer fähig ist, Interessenkonflikte auf *moralische* Weise wahrzunehmen und auszutragen…«[9] Diesen Konflikt gilt es, so die Grundthese der agonalen Ethik, nicht zu beseitigen, sondern zu bewältigen.

Diese aktuelle Fortschreibung eines philosophiegeschichtlichen Problems ist in zwei Richtungen bedenklich. Zum einen steht Martin Seel mit seiner Deutung des Glück-Moral-Konflikts als Konflikt zwischen Eigeninteresse und Fremdinteresse in einer spezifischen philosophischen Tradition. Deren Zentrum ist die Auseinandersetzung mit dem als autonom (eigenständig) gedachten Ich, für das und dessen Grenzen und dessen Glück der andere Mensch eine Bedrohung ist – ein autonomes Ich, das grundsätzlich als männliches Ich erscheint. Die Geschichte des autonomen männlichen Selbst dreht sich um den Verlust, der aus dem Dasein anderer Menschen erwächst und um die Bewältigung dieses Verlusts. Moral besteht aus dem gründlichen Abwägen der eigenen Rechtsansprüche mit den Rechtsansprüchen anderer, die als agonal (kriegerisch, kämpferisch) gedacht werden. Martin Seels agonale Ethik zeigt sich so als postmoderne und individualisierte Variante des Gesellschaftsvertrags, die das Glück an die Stelle des Rechts setzt. Fortuna (Göttin des Glücks) und Justitia (Göttin des Rechts), die beiden Damen mit den Binden auf den Augen, haben lediglich die Plätze getauscht.

Zum anderen – das ist der zweite bedenkliche Punkt der agonalen Glücksmoral – wird deren zeitgenössischer Kontext interessant. Wenn wir das Zimmer verlassen, das Studier- und Philosophierzimmer, dann erscheint Seels Behauptung, dass das Glück ein Gewicht habe »gegenüber einer blinden Befolgung jener sozialer Normen, die seiner Verwirklichung entgegenstehen«[9], ein klein wenig lächerlich. In der Philosophie wird an einem großen Diskurs gestrickt und geschrieben, der ähnlich angelegt ist wie der Diskurs, den Foucault für die Sexualität beschrieben hat: Alle reden vom Verschweigen – des Glücks in diesem Fall – und beklagen dieses Verschweigen wortreich. Gleichzeitig aber hat sich draußen – vor dem Fenster des Zimmers – der Glücksbegriff in einer neuen Weise emanzipiert. Vor dem Fenster findet das Leben statt, das von einer Vielfalt neuer Therapieformen und neuer religiöser Formen geprägt ist und das in einer umfassenden Kommerzialisierung und Ästhetisierung des Lebens den Zwang zum Glück verordnet – als Zwang zur Verwirklichung des Selbst, zur Erkenntnis der eigenen Bedürfnisse, zum Ausleben der eigenen Wünsche. Vor diesem Hintergrund, der zunehmend zum Vordergrund geworden ist, erscheinen einige der modernen philosophischen Glücksritter als Don-Quichotte-Figuren, die eigentlich merken müssten, dass die Prinzessin, die sie aus dem Schlaf erwecken wollen, längst auf allen Hochzeiten tanzt.

Die Ausbürgerung des Glücks

Der theoretischen Ausgrenzung des Glücks folgte deren Auswanderung aus dem philosophisch-theologischen Diskurs in die *popular culture*, die Popkultur. Heute findet der Glücksdiskurs in der Popmusik, den Fernsehserien und der Werbung statt und zeigt sich dort als Diskurs, der das Glück so vollkommen und abstrakt präsentiert, dass man meinen könne, es sei das platonische Glück – nur mit Preisschildern versehen und häufig im Sonderangebot.

Das theoretisch ausgegrenzte Glück findet sich häufig im Kontext der aus überlieferten Ordnungen ausbrechenden, »befreiten« Sexualität wieder. Die Sexualität, die – mit Foucault zu reden – nach dem Tod Gottes und durch diesen Tod zur Sprache kommt, wird mit Heilsansprüchen und umfassenden Glücksverheißungen versehen, mit denen sie das Erbe der Religiosität antritt. Sexualität erscheint als der Ort, an dem Menschsein definitiv glücken kann und auch zu glücken hat.

Es sind im Wesentlichen zwei Diskurse, durch die Sexualität als Glücksverheißung etabliert wurde. Der eine Diskurs ist ein politischer, der selbst mit dem Anspruch auftrat, alle Lebensbereiche zu durchdringen. Hier wurde Sexualität als Form der Befreiung zur Sprache gebracht: der Weg zur politischen Emanzipation führt über die sexuelle. Der andere Diskurs ist ein human- und sozialwissenschaftlicher, als dessen Bestandteil Sexualität auf ihre Rationalität hin befragt wurde. Hier wurde die Orgasmologie als Kernpunkt einer bestimmten Richtung der Sexualwissenschaften zur Anweisung zum seligen Leben erhoben.

Die damit doppelt – politisch und rational – befreite Sexualität aber konnte und kann die an sie gestellten Glücksansprüche nicht erfüllen und findet sich unversehens als kommerzialisierte Sexualität wieder. Die umfassende Glücksverheißung der Sexualität wird an den Kommerz gebunden; gleichzeitig schöpft der Kommerz die Kraft, mit der er die Waren als Güter erscheinen lässt, aus den Versprechungen der befreiten Sexualität. Indem Sexualität so sehr die *popular culture* durchdringt, dass die Werbung von ihr lebt, wird sie als Teil des abstrakten Glücksdiskurses selbst abstrakt – gleichzeitig perfekt und banal.

Wie also orientieren wir uns in einer Situation, in der weder das platonisch-abstrakte, von äußeren Umständen unabhängige Glück, noch das kantisch-private, für die rechte Lebensführung irrelevante Glück und auch nicht das Glück der Kaffee- und Margarinewerbung als verheißungsvoll erscheinen?

Die Versuchung, diese Ausbürgerung und Auswanderung der Frage nach dem Glück aus philosophischen und theologischen Anthropologien (Lehren vom Menschen) als gegeben hinzunehmen, ist groß; denn die populäre Konkurrenz erscheint übermächtig. Die Relevanz des anthropologischen, philosophischen und theologischen Diskurses entscheidet sich aber letztlich daran, ob hier Strukturen vorhanden sind oder geschaffen werden, die in der Lage sind, die Grundfragen des Menschlichen in ihrer Veränderung wahrzunehmen. Gleichzeitig entsteht nur in diesem Wahrnehmen die Möglichkeit, Einfluss zu nehmen und sich einzumischen, aktuelle Kulturen kritisch zu konfrontieren mit anderen, vielleicht unmodischen Wertmaßstäben.

Ein *theologischer* Beitrag zur Frage nach Glück und Moral ist dadurch erschwert, dass die Theologie in einer eigenen Tradition der Abschiebung des Glücksbegriffs steht. Es ist eine – theologisch zwar bruchstückhafte, frömmigkeitsgeschichtlich aber relevante – Tradition, die nicht nur das *Glück im Unglück* würdigt, sondern auch das *Glück als Unglück*.[10] Hier hat sich eine bestimmte Form der Kreuzestheologie verselbstständigt, die durch das Ereignis die Geschichte auslöscht, die zu dem Ereignis geführt hat, und damit eine Mystik des Leidens hervorbringt, welche die Mystik der Nachfolge vereinnahmt. In dieser Spiritualisierung des *Glücks als Unglück* geht es nicht um im Glauben ertragenes Leid, sondern um eine komplizierte Werte- und Emotionsverschiebung, die es zulässt, dass sowohl beim leiblichen Vater – wie in Freuds Deutung – als auch beim himmlischen Vater aus dessen Züchtigung auf dessen Liebe geschlossen werden kann. Die Frage nach dem Glück wurde in unterschiedlichen frömmigkeitsgeschichtlichen und theologischen Traditionen zeitlich und perspektivisch verschoben: Je stärker das gegenwärtige Leid auf zukünftige Freude hindeutet, desto eher wird ein Lernprozess in Gang gesetzt, der die Vorwegnahme der Freude – auch schon im Zustand tiefsten Leids – mit der Freude selbst gleichzusetzen vermag. Diese Verschiebung hat weitreichende Folgen: Sie verhindert eine Spiritualisierung sinnlicher Freuden – der Wärme, Berührung, Sättigung – zu Gunsten deren Gegenteil; und sie verändert den Text, der als Glücksbotschaft des Christentums gelten könnte: die Seligpreisungen. Aus der endzeitlichen Glückszusage an die Armen, Hungernden und Traurigen wird so eine zweckrationale Aussage, die das Armsein, Hungern und Trauern als moralische Verpflichtung deutet, aus der heraus erst der Zuspruch Gottes wirksam werden kann. Wir stehen damit in einer Tradition der Ausbürgerung des Glücks ins Abstrakte, ins Beliebige oder ins Jenseitige. In der gegenwärtigen *popular culture* bekommt das Glück gleichzeitig immer deutlicher ein narzisstisches und/oder käufliches Gesicht (Narzissmus: übersteigerte Selbstliebe). Die große Sehnsucht nach Glück aber, welche die moderne Alltagskultur bestimmt, muss auch in der Reflexion auf den Menschen aufgefangen werden.

Die Erdung des Glücks

Wenn wir uns dieser Herausforderung stellen wollen, dann geht es zunächst um die grundlegende Frage, was denn das Glück sei, wenn es nicht abstrakt, nicht beliebig, nicht jenseitig, aber auch nicht narzisstisch und nicht käuflich ist. Und hier bekommen wir noch einmal Denkhilfen aus einer anderen Zeit. Das Glück sei nicht etwas, das dem Leben wie ein Mantel umgehängt oder wie ein Schmuckstück hinzugefügt wird, heißt es in der *Nikomachischen Ethik*[11]. Aristoteles, der die Wahrheit nicht *hinter*, sondern *in* den Dingen sucht, erzählt in seinem biologisch/anatomischen Buch *Über die Teile der Tiere* die Anekdote über den berühmten Heraklit, den die Besucher, seinem Status völlig unangemessen, in der Küche finden und zögern, ihn anzusprechen. Tretet ein, ermuntert er sie, habt keine Angst, auch hier sind die Götter.[12]

In dieser Anekdote zeigt sich die philosophische Grundentscheidung des Aristoteles, und in Entsprechung dazu wird bei Aristoteles auch das Glück geerdet. Der Küchengeruch, der dem Glück damit möglicherweise anhaftet, hat nichts Unrühmliches mehr. Aristoteles' Glücksbegriff der *eudaimonia* wird in der Regel als »Glückseligkeit« übersetzt, im Englischen als *happiness*. Diese Übersetzung ist problematisch, denn sie deutet an, die aristotelische *eudaimonia* sei ein Gefühl, ein psychischer Zustand der Euphorie etwa. *Eudaimonia*, das Glück, aber ist für Aristoteles das höchste von allen Gütern, das man durch Handeln erreichen kann, eine Aktivität. Das Glück der *eudaimonia* ließe sich damit eher übersetzen als »ein gutes Leben führen«, als »menschliches Gedeihen«.[13] Eine solche Erdung des Glücks hat Konsequenzen: Betrachten wir das Glück als Aktivität, als menschliches Gedeihen, dann ist der Konflikt zwischen Glück und Moral schon in den Glücksbegriff hineingenommen. Der und die andere in seinen/ihren Bedürfnissen und Rechten ist nicht ein Faktor, der von außen auf das Glück zukommt und es entweder respektiert oder bedroht, sondern die Substanz des Glücks. Glück und Moral existieren nicht in einer ausgehaltenen Spannung nebeneinander, sondern ineinander – ein Ineinander ohne Identität, zwei verschiedenfarbige Fäden im selben Stoff. Moralische Konflikthaftigkeit gehört damit zur Grundstruktur des Glücks.

Die zweite Konsequenz: Das geerdete Glück wird verletzbar. Anders als das abstrakte oder jenseitige Glück grenzt es jederzeit an das Unglück und ist ihm jenseits aller moralischen Rechtschaffenheit ausgesetzt. Dass man nur gut zu sein braucht, um glücklich zu werden, ist eine Rechnung, die nicht mehr aufgeht. Glückseligkeit als *eudaimonia* ist damit, wie der englische Rhetoriker und Bischof des 19. Jahrhunderts, Richard Whately, formuliert, *nichts zum Lachen*[14] – jedenfalls nicht immer und andauernd; zu sehr gefährdet ist sie. Dennoch ist sie der einzige Ort, an dem das Lachen denkbar ist: Dem platonischen Glück ließe sich allenfalls ein entrücktes Lächeln entringen, das kantische Glück kann vor lauter Vorsicht nicht lachen, und das Glück der agonalen Ethik ist noch dabei, verbissen sein theoretisches Recht auf das Lachen zu verteidigen. Glück ist damit nicht etwas, das, wenn der Ernst des Lebens erledigt ist, das Nötige und Lästige, als Zugabe dazukommt. Es ist nicht der Mantel und nicht das Schmuckstück; es ist der Ernst des Lebens selbst: das gefährdete, bedrohte, manchmal auch bedrohliche menschliche Gedeihen.

Die dritte Konsequenz aus dem Glücksbegriff der *eudaimonia* bezieht sich auf den Ort der Wissenschaft, innerhalb derer das Glück relevant werden könnte. Es ist kein Ort jenseits der Welt und kein Ort im Studierzimmer mit dem Rücken zur Welt. Es ist ein Ort, der sich die Auszeit der Reflexion zugesteht, diese eigene Reflexion aber der Welt aussetzt, sie mit der Welt und die Welt mit ihr konfrontiert und sie nicht aus Angst vor Korrosion, Wasserflecken oder Vandalismus allenfalls hinter Glas ausgewählten Betrachtern präsentiert.

Das Glück der Sterblichen

Es sind die Dichter, deren Thema die *eudaimonia* ist, das zutiefst menschliche Glück in dieser Welt, das, weil es in dieser Welt ist, nicht absolut und unendlich, sondern verletzbar und gefährdet ist.

Gehen wir also noch einmal zurück an den Beginn der europäischen Literaturgeschichte; der andere, der genauso wenig wie Achill ruhig in seinem Zimmer geblieben ist, ist Odysseus. Er befindet sich aber, als das Epos beginnt, an einem Ort, der eigentlich noch besser ist – auf einer Insel der Seligen sozusagen, auf der Insel der Göttin Kalypso, die sich ihn zum Gemahl wünscht. Kalypso versucht, ihn zum Bleiben zu überreden, indem sie ihm die Unsterblichkeit anbietet, sich selbst – zu ihrem Vorteil – mit Penelope vergleicht und ihm die Leiden, die ihm auf der Heimfahrt drohen, vorhersagt. »Zürne mir darum nicht, ehrwürdige Göttin!«, antwortet ihr Odysseus: »Ich weiß es selber zu gut, wie sehr der klugen Penelopeia Reiz vor deiner Gestalt und erhabenen Größe verschwindet; denn sie ist nur sterblich, und dich schmückt ewige Jugend. Aber ich wünsche dennoch und sehne mich täglich von Herzen, wieder nach Hause zu gehen und zu schaun den Tag der Zurückkunft.«[15] Odysseus, für den der Glückstraum der ganzen Menschheit zum Greifen nahe ist – Unsterblichkeit, ewige Jugend, dauernde Freude, unversiegbare Lust – wählt stattdessen das ganze menschliche Paket: Sterblichkeit, Gefahr und Risiko, Schmerz, eine nicht perfekte und sterbliche Frau.

Pascal, misstrauisch gegen das Glück, meint, es könne nur im Vergessen der eigenen Sterblichkeit liegen. Gerade eine theologische Anthropologie aber in der Nachfolge des Thomas von Aquin, die einen Ort der Transzendenz (des Göttlichen oder Heiligen) kennt – die Gottesfrage –, könnte sich auf das Wagnis einlassen, das der Welt innewohnende, unvollkommene, gefährdete Glück des Menschlichen zu beschreiben, zu schätzen und zu fördern; es zu befreien von der Last des Ewigen und es damit zurückzuholen aus dem Reich des Abstrakten, Beliebigen oder Jenseitigen. Das zufällige Glück, das Glück des sterblichen Menschen, ist das Glück als Ernst des Lebens, das in seinem Ernst vielleicht auf die Güte und Ästhetik des Zufalls verweist.

WIDMUNG: FÜR THOMAS

Anmerkungen:

1. Pascal, Blaise: Gedanken. Übertragen von Wolfgang Rüttenauer. Bremen [6]1964, Seite 72 f. (Nr. 178: »Zerstreuung«)

2. Homer: Ilias. In der Übertragung von Johann Heinrich Voß (1793). XXIV. Gesang, V. 512 / V. 525 f. München [5]1988, Seite 430

3. Abgedruckt in: Gollwitzer, Helmut u. a. (Hrsg.): Du hast mich heimgesucht bei Nacht. Abschiedsbriefe und Aufzeichnungen des Widerstandes 1933– 1945. Gütersloh [8]1994, Seite 146

4. Platon: Gorgias. Übersetzt und erläutert von Otto Apelt. Hamburg 1955, Seite 67

5. Kleist, Heinrich von: Aufsatz, den sichern Weg des Glücks zu finden und ungestört – auch unter den grössten Drangsalen des Lebens – ihn zu geniessen! In: Sämtliche Werke und Briefe 2. Hrsg. von Heinrich Sembdner. München [6] 1977, Seite 301–315; Seite 306

6. Zitiert nach Spaemann, Robert: Philosophie als Lehre vom glücklichen Leben. In: Bien, Günther (Hrsg.): Die Frage nach dem Glück. Stuttgart 1978, Seite 1–19; Seite 8

7. Kant, Immanuel: Kritik der praktischen Vernunft. Werke. Hrsg. von Wilhelm Weischedel, Bd. VII. Wiesbaden 1956, Seite 240 (A 201); Seite 212 (A158); Seite 217 (A 167)

8. Quinn, Thomas Paul: Heinrich von Kleist und die Frage nach Gott. Ann Arbour 1986, Seite 190

9. Seel, Martin: Versuch über die Form des Glücks. Studien zur Ethik. Frankfurt/ Main 1995, Seite 20; Seite 45; Seite 40

10. Vgl. dazu Marquard, Odo: Glück im Unglück. Zur Theorie des indirekten Glücks zwischen Theodizee und Geschichtsphilosophie. In: Bien, Günther (Hrsg.): Die Frage nach dem Glück. Stuttgart 1978, Seite 93–111

11. Aristoteles: Die Nikomachische Ethik. Hrsg. und übersetzt von Olof Gigon. München 1972, Seite 69 (I,9)

12. Aristoteles: Über die Glieder der Geschöpfe. Hrsg. und erläutert von Paul Gohlke (Lehrschriften Band 14). Paderborn 1959, Seite 42

13. Nussbaum, Martha: The Fragility of Goodness. Luck and Ethics in Greek Tragedy and Philosophy. Cambridge 1986, Seite 6 (Fn.)

14. Zitiert nach Sternberger, Dolf: Das Menschenrecht nach Glück zu streben. In: Ich wünschte ein Bürger zu sein! Neun Versuche über den Staat. Frankfurt/Main ²1970, Seite 147

15. Homer: Odysseus. In der Übertragung von Johann Heinrich Voß (1781). V. Gesang, V. 214–222. München ⁵1988, Seite 508

Geld ist besser als sein Ruf!

Nicht nur der Volksmund glaubt zu wissen, dass Geld nicht glücklich macht: Fast alle Philosophen von der Antike bis heute sind sich einig darin, dass Glück nichts mit Geld zu tun habe, oder gar, wie zum Beispiel Diogenes von Sinope, dass materieller Wohlstand dem Glück sogar abträglich sei. Doch die Werbung für die Automarke Lexus weiß es besser: »Wer meint, dass man Glück nicht kaufen kann, gibt sein Geld falsch aus.« Denn auch wenn Geld nicht alles ist, so ist ohne Geld doch fast alles nichts!

Geld hat einen schlechten Ruf! »Es ist leichter, dass ein Kamel durch ein Nadelöhr gehe, denn dass ein Reicher in den Himmel komme«, weiß schon die Bibel. Der Umfang eines Erbes, so auch die allgemeine Überzeugung, sagt nichts darüber aus, ob der Erblasser ein glückliches oder gar gelungenes Leben führte. Es ist aber nicht nur der Himmel, der es mit den Reichen nicht gut meint. Auch die Erde hat wenig für sie übrig. Denken wir nur an Michael Moore. In seinem Film *Kapitalismus: Eine Liebesgeschichte* erklärt er den Hang zum Geld zu einer verbotenen Liebe: »einer Liebe, deren Namen man nicht auszusprechen wagt«. In der Szene, in der sich Moore vor dem Gebäude einer Bank aufbaut und lauthals »Wir wollen unser Geld zurück!« brüllt, wird auch deutlich, worauf der Abscheu vor den Reichen beruht: Er beruht auf der naiven Vorstellung, dass der Reichtum dieser Welt ein Kuchen sei, dessen Stücke ungerecht verteilt wurden. Wenn die einen ein zu kleines Stück erhielten, könne dies nur daran liegen, dass sich die anderen ein zu großes Stück genommen haben.

Selbstverständlich ist die Geschichte, wonach die Reichen ihr Geld allein der Ausbeutung der Armen verdanken, ein Ammenmärchen, das nur noch selbsternannte Robin Hoods wie Michael Moore glauben. Wir brauchten uns mit dieser Mär auch gar nicht weiter zu befassen, wenn sie sich nicht unaufhörlich in immer neuem Gewande in die Diskussion schleichen würde.

In seiner neuesten Fassung findet man das linke Ammenmärchen in Richard Layards Buch *Die glückliche Gesellschaft: Kurswechsel für Politik und Wirtschaft*. Als Ökonom lässt sich Layard natürlich nicht zu der Behauptung hinreißen, dass die Reichen ihr Geld den Armen geraubt hätten. Doch er ist der Meinung, dass der Staat die Reichen guten Gewissens noch höher zugunsten der Armen besteuern dürfe. Sein Argument: All ihr Geld macht die Reichen ohnehin nicht glücklicher!

Zum Beweis führt Layard die wohlbekannte Tatsache an, dass Geld einen abnehmenden Grenznutzen hat: Für den, der gar nichts besitzt, ist ein Euro weit mehr wert als für den, der bereits 100 Euro hat, oder anders ausgedrückt: Der Unterschied zwischen einem Vermögen von sechs und einem von sieben Milliarden Euro ist kein lebensweltlich realer, sondern nur eine Rechengröße, ein reiner Zahlenunterschied. Für das Leben des Eigentümers, für dessen Möglichkeit, das Geld in sinnvollen Konsum umzusetzen, spiele die Differenz zwischen sechs und sieben Milliarden keine Rolle. Dieser abnehmende Grenznutzen sei auch der Grund dafür, dass man Glück nicht kaufen könne. Doch selbst wenn Geld nicht glücklich machen sollte, kann dies natürlich noch lange keine Rechtfertigung dafür sein, es den Reichen kurzerhand wegzunehmen. Doch stimmt es überhaupt, dass man Glück nicht kaufen kann?

Richard Layard stützt seine Behauptung auf zwei vermeintliche Fakten. Erstens: Obgleich sich das Pro-Kopf-Einkommen der westlichen Industrienationen in den vergangenen 50 Jahren mehr als verdoppelte, habe sich unser Glück doch kaum erhöht. Und zweitens: Bei einem monatlichen Nettogehalt von 2000 Euro verliere zusätzliches Geld seinen Wert. Mit anderen

Worten: Wer weniger als 2000 Euro verdient, mag durchaus unglücklicher sein, doch wer mehr als 2000 Euro verdient, sei keineswegs glücklicher – ganz gleich, ob er nun 2500, 5000 oder 10 000 Euro im Monat verdiene.

Doch lassen sich diese Fakten – wenn es denn welche sind! – nicht auch anders erklären? Tatsächlich bietet die sogenannte Glücksforschung eine viel einfachere und überzeugendere Erklärung an. Die Glücksforschung – ein noch recht junger Wissenschaftszweig, der Biologie, Psychologie und Soziologie miteinander verbindet – beruht auf vier Theoremen. Diese vier Theoreme sind der »Sollwert«, das »Anpassungsprinzip«, das »relative Einkommen« und die »hedonistische Tretmühle«.

Hinter dem Sollwert-Theorem verbirgt sich die Beobachtung, dass wir offenbar über eine genetisch fixierte Bandbreite subjektiven Wohlbefindens verfügen. Wie die Intelligenz, so ist auch unser Glücksempfinden zum weitaus überwiegenden Teil erblich festgelegt. Ähnlich wie sich ein Intelligenzquotient ermitteln lässt, könnte man daher für jeden Menschen im Prinzip auch einen »Glücksquotienten« errechnen.

Wenn wir etwa eine Skala von 1 bis 100 zugrunde legen, könnte jemand beispielsweise einen Sollwert von, sagen wir, 75 haben. Insofern der Sollwert nicht so sehr einem Punkt als vielmehr einer Verteilung entspricht, ließe sich das durchschnittliche Wohlbefinden eines Menschen mit einem Sollwert von 75 im günstigsten Fall auf 80 erhöhen oder im ungünstigsten Fall auf 70 verringern.

Die Erkenntnis, dass unser Glücksempfinden weitgehend genetisch determiniert ist, beruht auf den Ergebnissen der Zwillingsforschung. David T. Lykken, der gemeinsam mit Thomas Bouchard das MISTRA-Projekt (Minnesota Study of Twins Reared Apart; die »Minnesota-Studie getrennt aufgewachsener Zwillinge«) leitet, hat rund 1500 erwachsene Zwillingspaare auf ihr durchschnittliches Wohlbefinden untersucht. Unter diesen 1500 Paaren befanden sich 663 eineiige Zwillingspaare, die gemeinsam, und 69 eineiige Zwillingspaare, die getrennt voneinander aufgewachsen sind. Obgleich die eineiigen Zwillinge, die nach der Geburt getrennt worden waren, unter ganz verschiedenen Adoptiveltern und ganz verschiedenen Lebensbedingungen aufgewachsen sind, verfügten sie doch über nahezu denselben Grad subjektiven Wohlbefindens.

Das zweite Theorem der Glücksforschung, das »Anpassungsprinzip«, besagt, dass wir nahezu unabhängig davon, was uns widerfährt, recht rasch wieder zu unserem ursprünglichen Sollwert zurückkehren. Das Anpassungsprinzip beinhaltet daher sowohl eine gute als auch eine schlechte Nachricht. Die schlechte Nachricht ist, dass diejenigen, die etwa das Glück haben, Millionen in der Lotterie zu gewinnen, nach einer nur kurzen Phase der Euphorie wieder auf ihr früheres Maß subjektiven Wohlbefindens zurückfallen. Die gute Nachricht jedoch ist, dass diejenigen, die etwa das Pech haben, nach einem Unfall querschnittsgelähmt im Rollstuhl zu landen, nach einer kurzen Phase der Depression ebenfalls wieder zu ihrem früheren Maß subjektiven Wohlbefindens zurückfinden.

Der Anpassungsprozess beträgt im Mittel etwa ein Jahr. Wie bereits erwähnt, muss man sich den Sollwert eher als Bandbreite denn als Punkt denken. So gesehen, können wir uns beispielsweise vorstellen, dass das subjektive Wohlbefinden eines Menschen mit einem »Glücksquotienten« von 75 nach einer Querschnittslähmung vielleicht für immer auf 70 abfällt und nach einem Lotteriegewinn für immer auf 80 ansteigt.

Das dritte Theorem der Glücksforschung ist das »relative Einkommen«. Danach neigen wir dazu, unseren eigenen Wohlstand am Wohlstand anderer zu messen. Wenn alle um uns herum ärmer sind als wir, fühlen wir uns reich; wenn alle um uns herum reicher sind, fühlen wir uns arm. Wie groß die Rolle des relativen Einkommens ist, hat ein Experiment gezeigt, bei dem Studenten der Harvard-Universität die Wahl zwischen »zwei Welten« hatten. Sie sind gefragt worden, ob sie lieber in einer Welt leben wollten, in der sie 50 000 Dollar im Jahr verdienten und alle anderen nur 25 000 Dollar; oder in einer Welt, in der sie 100 000 Dollar im Jahr erhielten, alle anderen aber 250 000 Dollar. Obgleich es nur schwer zu glauben ist, hat sich die Mehrheit der Studenten doch tatsächlich für ein Leben in der ersten Welt entschieden. Das heißt, sie verzichteten auf ein doppelt so hohes Einkommen, nur um nicht »ärmer« als die anderen zu sein.

Mit »hedonistische Tretmühle« wird das vierte Theorem der Glücksforschung bezeichnet: Da sich Menschen rasch an einen höheren Lebensstandard gewöhnen, verblasst das Glück, das ihnen materieller Wohlstand bringt, schnell. Um wieder so glücklich zu sein, wie sie es beim Kauf einer teuren Uhr waren, bedarf es jetzt eines teureren Anzugs, dann eines noch teureren Autos, eines Hauses, einer Yacht und so weiter. Kurz, es ist wie bei einer Sucht. Es bedarf ständig eines neuen und höheren Reizes, um dieselbe Wirkung zu erzielen. So rennen und rennen sie in ihrem Hamsterrad, ohne einen einzigen Schritt voranzukommen.

Die vier Theoreme der Glücksforschung erklären nun auch Layards »Faktum«, dass die Menschen heute nicht viel glücklicher sind als vor 50 Jahren. Dass sich unser Wohlbefinden trotz einer Verdopplung unseres Pro-Kopf-Einkommens kaum erhöht hat, ist schließlich alles andere als verwunderlich, wenn wir über ein weitgehend genetisch fixiertes Maß an Glück verfügen, uns rasch an neue Lebensbedingungen anpassen, unser Einkommen stets an dem anderer messen und uns im Kampf gegen das Verblassen des Glücks in der hedonistischen Tretmühle verfangen.

Wie unsinnig das Bild vom Kosten und Nutzen kalkulierenden *homo oeconomicus* (wörtlich: Wirtschaftsmensch) ist, wird spätestens dann deutlich, wenn man sich folgende Frage vorlegt: Würde irgendjemand, der erfährt, dass sich das Jahreseinkommen der Japaner zwischen 1958 und 1987 verfünffacht hat, allen Ernstes annehmen, dass sie nun auch fünfmal so glücklich seien? Wohl kaum!

Doch zurück zum lieben Geld. Da unser Glück weitgehend in den Genen liegt und wir uns rasch an den Reichtum gewöhnen, darf man vom Geld tatsächlich keine Wunder erwarten. Aber dass Geld nur einen kleinen Effekt auf unser Wohlergehen hat, bedeutet selbstverständlich nicht, dass es gar keinen Effekt hat. Und so stimmt es denn auch schlicht und einfach nicht, dass Geld ab einem monatlichen Nettoverdienst von 2000 Euro kein Glück mehr kaufen könnte.

Wie eine aktuelle Untersuchung von Richard Lucas und Ulrich Schimmack zeigt, ist der abnehmende Grenznutzen des Geldes keineswegs so hoch wie von Layard behauptet. In ihrer Untersuchung von über 20000 deutschen Haushalten zeigte sich nicht nur, dass diejenigen, die monatlich 3000 Euro verdienten, durchaus zufriedener waren als diejenigen, die nur 2000 Euro verdienten, sondern dass das Glück mit dem Gehalt auch weiter kontinuierlich steigt: Ein mittleres Einkommen macht glücklicher als ein niedriges Einkommen, aber ein hohes Einkommen macht nachweislich auch glücklicher als ein mittleres Einkommen.

Soll das bedeuten, dass Geld tatsächlich glücklich macht? Ja! Doch wie die Werbetexter der Luxusautomarke Lexus wissen, hängt dies immer davon ab, wofür man sein Geld ausgibt.

Um zu veranschaulichen, wie Geld zum Glück beitragen kann, lohnt es sich, auf eine weitere Annahme der Glücksforschung zurückzugreifen. Nach Martin Seligman, einem Pionier der Glücksforschung, setzt sich ein glückliches Leben aus dreierlei zusammen: aus einem »angenehmen Leben«, einem »guten Leben« und einem »sinnvollen Leben«. Ein angenehmes Leben führt man, wenn man viel Freude hat. Ein gutes Leben führt man, wenn man sich die Achtung anderer erworben hat. Und ein sinnvolles Leben führt man, wenn man sich einer nützlichen Aufgabe verschrieben hat.

Geld kann zu allen drei Teilen des glücklichen Lebens beitragen. Geradezu offensichtlich ist dies für das »angenehme Leben«. Geld erlaubt ein Leben ohne finanzielle Sorgen und Nöte. Zudem gestattet es uns, das Leben zu genießen, sei es durch den Gang ins Restaurant, den Besuch eines Theaters oder Reisen in ferne Länder.

Nur wenige werden ihre Erfüllung darin finden, in Saus und Braus zu leben oder sich mit Prunk und Pomp zu umgeben. Doch Geld kann auch zu einem »guten Leben« beitragen. So erlaubt es uns beispielsweise, unsere Familie zu ernähren, unseren Kindern eine gute Ausbildung zu verschaffen oder unseren Freunden finanziell auszuhelfen.

Und schließlich kann Geld natürlich auch zu einem »sinnvollen Leben« beitragen. Ganz gleich, ob man sein Leben nun dem Sport, der Kunst oder der Wissenschaft verschrieben hat: Geld ermöglicht es uns, die Sache, für die wir uns einsetzen, zu unterstützen, sei es durch eine bloße Mitgliedschaft, großzügige Spenden oder gar die Schaffung einer eigenen Stiftung.

Wer den ganzen Tag damit beschäftigt ist, das Geld für das bloße Überleben zu verdienen, der hat weder die Zeit, sich die Achtung der anderen zu verdienen, noch seinem Leben einen anderen Sinn zu geben als den des puren Überlebens. Auch lässt sich mit Geld viel Lästiges vom Hals halten: Wer genug Geld hat, sich eine Haushälterin zu leisten, ist von zeitraubenden Putzarbeiten befreit und kann sich derweil sinnstiftenderen Tätigkeiten widmen, allfällige Streitereien mit Vermietern zum Beispiel kann man einen teuren Rechtsanwalt regeln lassen, mit Geld lassen sich gesunde Lebensmittel kaufen, die das Krankheitsrisiko vermindern und das Leben verlängern helfen, Geld kauft die besten Ärzte und die besten Medikamente und so weiter und so fort. Wer würde auch ernstlich der Einsicht Dagobert Ducks widersprechen wollen, dass es besser sei, reich und gesund zu sein, als arm und krank? Zumal Armut ein großes Krankheitsrisiko in sich birgt. Die meisten Philosophen waren sich bedauerlicherweise zu fein, um den Wert des Geldes zu erwähnen. Eine der wenigen Ausnahmen bildete Arthur Schopenhauer, der in seinen berühmten Aphorismen zur Lebensweisheit schrieb: »Ich glaube keineswegs etwas meiner Feder Unwürdiges zu thun, indem ich hier die Sorge für die Erhaltung eines erworbenen oder ererbten Vermögens anempfehle. Denn von Hause aus so viel zu besitzen, daß man, ohne zu arbeiten, bequem leben kann, ist ein unschätzbarer Vorzug: denn es ist die Exemtion (Freistellung) und die Immunität von der dem menschlichen Leben anhängenden Bedürftigkeit und Plage, also die Emancipation vom allgemeinen Frohndienst, diesem naturgemäßen Loose des Erdensohns. Nur unter dieser Begünstigung des Schicksals ist man als ein wahrer Freier geboren: denn nur so ist man eigentlich sein eigener Herr, Herr seiner Zeit und seiner Kräfte, und darf jeden Morgen sagen: ,Der Tag ist mein.‘«

Mit anderen Worten: Der wahre Wert des Geldes besteht darin, dass es in Freiheit konvertierbar ist. Oder, wie es der von Schopenhauer beeinflusste russische Schriftsteller Fjodor Dostojewski einmal treffend ausdrückte: »Geld ist in Münzen gegossene Freiheit.«

Literatur:

- Diener, Ed; Biswas, Robert: Diener Happiness: Unlocking the Mysteries of Psychological Wealth. Blackwell, Oxford 2008
- Haidt, Jonathan: Die Glückshypothese: Die Quintessenz aus antikem Wissen und moderner Glücksforschung. VAK, Kirchzarten 2007
- Hecht, Jennifer M.: The Happiness Myth: Why What We Think is Right is Wrong. Harper Collins, San Francisco 2007
- Layard, Richard: Die glückliche Gesellschaft: Kurswechsel für Politik und Wirtschaft. Campus, Frankfurt am Main 2005
- McMahon, Darrin: The Pursuit of Happiness: A History from the Greeks to the Present. Penguin, London 2007

- Schopenhauer, Arthur: Aphorismen zur Lebensweisheit. Diogenes, Zürich 1987
- Seligman, Martin: Der Glücks-Faktor: Warum Optimisten länger leben. Lübbe, München 2005
- Lucas, Richard E.; Schimmack, Ulrich: Income and Well-Being. How Big is the Gap Between the Rich and the Poor? Journal of Research in Personality 43: 75–78, 2009

PASCAL BRUCKNER

Verdammt zum Glück

Das Glück, die uralte Sehnsucht des Menschen, hat sich in der modernen Welt gewandelt: von der flüchtigen Fortuna und paradiesischer Glückseligkeit zum unerbittlichen Schergen, der uns mit goldener Peitsche über die Rennbahn des Lebens zu immer neuen Höchstleistungen treibt.

Der große Vorzug des Unglücks gegenüber dem Glück liegt darin, dass es uns ein Schicksal liefert, dass es uns eine Identität verleiht, die kostbarer nicht sein könnte, nämlich die des Opfers. Wenn so viele Personen ihr eigenes Unglück mehr oder weniger freiwillig schaffen, wie Peter Watzlawick treffend formulierte, dann deshalb, weil Not auf einem gewissen Niveau Sicherheit gibt: Indem wir wissen, wer uns zerstört, wissen wir auch, wer wir sind. Wir kämpfen mit einem konkreten Feind, mit Krankheit, mit Bosheit anderer, mit Schicksalsschlägen und so weiter. Mit dem Glück ist das ganz anders: Dieser so sehr ersehnte Zustand ist die abstrakteste Sache, die es gibt. Das eigene Unglück festzustellen ist nicht schwer, doch wer könnte schon mit absoluter Sicherheit behaupten, glücklich zu sein? Hier beginnen die Schwierigkeiten.

Entkräften wir gleich die Theorie von Schopenhauer, die besagt, dass Glück nichts weiter als die Abwesenheit von Unglück bedeutet: nicht zu leiden, weder Hunger noch Durst zu haben, nicht von Bedauern, Nostalgie, Erwartungen gequält zu werden. All dies wären, nach den Worten des berühmten Pessimisten, die Bedingungen der Glückseligkeit. Wie jedoch Gesundheit nicht die simple Negation von Krankheit ist, so ist das Glück eben nicht das Gegenteil von Unglück: Es ist ein anderer Zustand, der sich vom alltäglichen unterscheidet, ein substanzielles Merkmal der Existenz, das von der gewöhnlichen abweicht. Es bleibt nichts anderes übrig, als festzustellen, dass das Glück eine höchst unzugängliche Sache ist: Die einen meinen, es in der Kontemplation zu finden, andere in der entschlossenen Tat, wieder andere in der Libertinage (Ausschweifung), der einzigen Liebe, der Hingabe für andere und so weiter. Jeder hat seine eigene Vorstellung vom Glück. Es kann in allen Bereichen des Lebens gefunden werden und mit einem weiten Spektrum von Gefühlen verbunden sein, da es sich in keinem Einzelnen wirklich fassen lässt. Das ist denn auch das Problem: Für den Calvinisten[1] existieren nicht mehr sichere Signale, die ihn als Auserwählten Gottes auszeichnen, als für uns ein allgemein gültiger Merkbogen existiert, der uns – und vor allem unseren Mitmenschen – versichert, zum kleinen Volk der vom Glück Begünstigten zu gehören.

Auf dieses Problem hatte der Philosoph Alain am Anfang des letzten Jahrhunderts in seinen *Propos* (1925) auf geistreiche Weise geantwortet: Man solle aus dem Glück einen Anhang des Anstands machen. Ein Programm, das ganz und gar mit dem Ausdruck »eine gute Figur machen« zusammengefasst werden könne. Weil die Melancholie aus einer Laune des Körpers heraus entsteht, auf Grund von Kopfschmerzen, schlechter Verdauung oder Haltung, solle man sie verjagen, um daraus Nutzen zu ziehen: an erster Stelle durch körperliches Training zum Lächeln, zur Fröhlichkeit im Alltag. Man müsse lernen, sich nicht im Zug zu langweilen, sich nicht über den Regen zu beklagen und nicht über einen schmalen Geldbeutel betrübt zu sein. Gegen das Gejammer, das uns die Existenz verdirbt, solle man »schwören, glücklich zu sein«, und diese Kunst den Kindern lehren. Die Menschen, die für die Heiterkeit Partei ergreifen, sollten die Orden und Medaillen des Staats erhalten.

1914, ungeachtet der Tragödie des Kriegs, die sich gerade abspielte, nimmt Alain die kantische Wendung von der »Pflicht zum Glück« wieder auf, macht daraus aber einen Anhang der Höflichkeit: »Es ist höflich, fröhlich zu sein« (Marie Curie), nicht vor anderen das eigene Unglück auszubreiten, nicht ständig zu seufzen, sondern bei allen Anlässen eine angenehme Geselligkeit beizubehalten.

Heute sorgen wir uns nicht mehr darum, um jeden Preis freundlich zu anderen zu sein, denn wir schätzen vor allem Authentizität und Aufrichtigkeit. Dennoch haben wir von Alain und seinem etwas geschraubten Lächeln eine wesentliche Idee behalten: die der Verstellung. Aus mangelnder Sicherheit, mein Glück zu empfinden, muss ich es permanent spielen und in Szene setzen. Denn mein Gegenüber ist nicht immer auch mein Verbündeter – er kann mit einem einzigen vertraulichen Wort meine Zufriedenheit zerstören, mich wieder auf mein Elend und meine armselige Selbsteinschätzung zurückwerfen. (Es gibt kein Phänomen, das mehr Neid hervorruft, als das Glück der anderen: Man kann sie um ihren Lebensstil, ihre Reichtümer, ihre Liebespartner und sogar um ihre Krankheiten beneiden, wenn diese über mehr »Chic« verfügen als die unseren.)

Damit mein Glück also von anderen anerkannt wird, muss ich es zur Schau stellen, ich muss es – im doppelten Sinne des Wortes – produzieren, das heißt künstlich hervorbringen und die Früchte meiner Mühen auf dem Jahrmarkt der Eitelkeiten präsentieren. Hier beginnt die eigentliche, moderne Perversion, die darin besteht, unsere glücklichen Momente wie Waren auszubreiten, in ein Spektakel umzuformen und auf ein imaginäres Podium hinaufzusetzen. So wie die Sexualität für viele eine Theorie der Höchstleistung geworden ist, plakatieren wir öffentlich unsere Scheibchen Glück wie andere früher ihr bisschen Adel. Reichtum genügt nicht mehr, man muss außerdem den Anschein geben, in Form zu sein: eine neue Diskriminierung, die diejenige des Geldes überlagert. All das folgt der Ethik, sich als jemanden zu präsentieren, der sich wohl in seiner Haut fühlt, und wird von der Öffentlichkeit und dem kommerziellen Diskurs trunken unterstützt. Es ist ein endloser Kampf, uns und den anderen zu beweisen, dass wir es endlich geschafft haben, dass wir an den Küsten des Zauberreichs angelangt sind. Nichts kann die drängende Eitelkeit befrieden, die uns den Seelenfrieden verdirbt und sich in verzehrende Sorge verwandelt.

Je mehr sich das Glück als alleiniges, universelles Lebensziel aufdrängt, desto mehr entleert es sich seines Inhalts. Die Unklarheit seiner Botschaft ist zugleich sein Fluch und seine Stärke. Deshalb kann man all die aufrichtig bedauern, die übermäßige Energie in den Erwerb dieses rätselhaften Guts investieren und sich betrogen glauben, wenn es ihnen nicht sofort zufällt. Je mehr die Gesellschaft das Glück als ultimative Forderung darstellt, von jedem freudiges Vergnügtsein und absolute Leistungsbereitschaft erwartet, desto mehr erzeugt sie Enttäuschung, Scham und Depression. Das Ideal, andauernd Kraft und wachsende Spannung an den Tag zu legen, ist so hoch, dass man schon im Voraus entmutigt aufgibt, hat man einmal festgestellt, dass man seine Unvollkommenheit niemals überwinden würde. In der Pflicht zum Glück, die unsere heutige Zeit kennzeichnet, liegt ein Prometheismus[2], der früher nur die Welt der Technik kennzeichnete. Unsere Religion der Selbstverwirklichung ist beseelt von der Idee, alles zu meistern: als wären wir die Meister unseres Schicksals wie unserer Verzückung, fähig sie nach Lust und Laune zu erschaffen und herbeizurufen. Anstatt zuzugeben, dass Glück die Kunst des Indirekten ist, die sich über sekundäre Ziele einstellt oder nicht, bietet man es uns an wie eine Instant-Tütensuppe, die Gebrauchsanweisung gleich mit dabei. Welches auch immer die gewählte Methode der Glücksjagd sei, ob nach psychischer, somatischer, chemischer oder spiritueller Art vorgegangen wird: Vorausgesetzt wird immer die Vorstellung, dass Zufriedenheit für jeden erschwinglich ist, wenn man die Mittel dazu kennt. Schon vor langer Zeit verließ das Glück der Massen den Bereich der seichten Sentimentalitäten, der leichten Literatur und der Ärzteromane. Es ist hart, fordernd und mitleidlos. Es hat seine Helden und seine Märtyrer, auch wenn diese Lehre unter der Maske der Sympathie und der Anmut an uns herantritt und uns befiehlt, niemals mit unserer Situation zufrieden zu sein. Zum einzigen Sinnhorizont unserer Demokratien geworden, ist es künftig abhängig von der geleisteten Arbeit und von der Willensstärke – und nur einem selbst ist ein Scheitern zuzuschreiben. Unglück ist das Stigma der Versager und Faulen. Auf alle Fälle muss man seine glitzernde Fassade aufrechterhalten und verlorenes Ansehen um jeden Preis zurückgewinnen. Immer beunruhigt mich mein Glück, vergiftet mein Dasein durch nicht realisierbare Gebote.

Daher wird unser Hedonismus[3] – weit davon entfernt, ein gediegener Epikureismus[4] zu sein – von der Idee des Fehlschlags und der Angst, nicht auf der Höhe zu sein, heimgesucht. So gute Schüler wir auch sein mögen, unser Körper hört nicht auf, uns zu betrügen, das Alter nicht, uns zu zeichnen, Krankheiten treffen uns zu Unrecht, und das Vergnügen berührt uns oder flieht uns, ganz nach einem von unserer Wachsamkeit und Entschlossenheit unabhängigen Rhythmus. Gegen das derzeitige Bestreben, aus dem Glück den dauernden Aufenthaltsort und die Heimat des demokratischen Menschen zu machen, müssen wir uns eingestehen, dass wir weder die Meister noch die Eigentümer des flüchtigen Glücks sind: Es entweicht unseren Händen, sobald wir es greifen wollen, und zeigt sich uns, wenn wir es am wenigsten erwarten.

Mehr als die Bestrebung, am Menschen das auszumerzen, was schwach, zerbrechlich und mürbe an seinem Körper und Geist ist, mehr als Traurigkeit, Sorge und leere Lebenspassagen auszustreichen – mehr als all das will die Weisheit, dass wir unsere Endlichkeit erkennen und dass der Mensch sich nicht manipulieren lässt wie irgendein Werkstoff. Auf dass das Glück weder ein moralisches Dogma noch ein soziales Statussymbol und schon gar nicht ein Recht in gleicher Hinsicht wie Gesundheit und Arbeit sei; aber eine wunderbare, für alle offene Chance, bei der der Zufall den größten Anteil hat, auch wenn unser Genie darauf beruht, diesen jedes Mal zu unserem Vorteil zu nutzen und das Ganze dann Glücksfall, Gnade oder Heimsuchung zu taufen.

Aus dem Französischen übersetzt von Angelika Baur und Stefan Gammel.

Anmerkungen:

1. Calvinist: Anhänger der Lehre Johannes Calvins (evangelisch-reformierte Glaubenslehre), der zufolge der Erfolg eines Menschen ein Zeichen für seine Auserwähltheit ist.

2. Prometheismus: Grundhaltung, die sich an der griechischen Sagengestalt Prometheus orientiert. Dieser steht symbolisch für den wissenschaftlich-technischen Fortschritt der Menschheit im Kampf gegen göttliche beziehungsweise kirchliche Grenzziehungen.

3. Hedonismus: Ethische Grundposition, welche die Maximierung der Lust als obersten Wert setzt.

4. Epikureismus: Lehre Epikurs (341–270), der zufolge nicht die einzelne Lust als höchstes Gut bestimmt wird, sondern das lustvolle Leben als Ganzes (die Glückseligkeit; gr.: eudaimonia).

Literatur:

– Alain (eigentlich: Émile Auguste Chartier): Les propos. Paris 1908 ff.

Zur Vertiefung empfohlen:

– Bruckner, Pascal: Verdammt zum Glück. Aufbau Verlag, Berlin 2001

RÜDIGER VAAS

Pech gehabt!

**Jeder redet vom Glück – doch eine philosophische Ausein-
andersetzung mit Pech, das den meisten Menschen öfter zu
widerfahren scheint als Glück, erfolgte bisher lediglich im
Zusammenhang mit anderen Fragestellungen und dann auch
nur am Rande.**

In den einschlägigen philosophischen Wörterbüchern fehlt das
Stichwort völlig; ebenso in fast allen klassischen Werken der
Philosophie bis ins 20. Jahrhundert, wo allenfalls sinngemäß von
»Unglück« die Rede ist. Selbst die modisch gewordenen Bücher
über die Philosophie(n) der Lebenskunst drücken sich auffällig
vor dem Pech. Diese Ignoranz verwundert, dürfte doch eine
Lebens- oder Existenzphilosophie des Menschen Pech genauso
wenig ausblenden wie die zahlreichen metaphysischen[1] und
theologischen Versuche, die das Wesen des Seins als Ganzes zu
begreifen vorgeben – auch wenn oder gerade weil nicht einmal
klar ist, ob Pech letztlich als eigenständige Wesenheit überhaupt
existiert.

I

Das Wort Pech – mittelhochdeutsch *bech* oder *pech*, althoch-
deutsch *beh* oder *peh* – stammt vom lateinischen *pix* ab (urver-
wandt mit griechisch *píssa*) und bezeichnete ursprünglich nur
den dunklen, zähklebrigen, teerartigen Rückstand bei der De-
stillation organischer Stoffgemenge. Seit dem 18. Jahrhundert
wird das Wort auch im übertragenen Sinn von »Missgeschick,
Unglück« und so weiter gebraucht: »Pech haben«, »Pechsträh-
ne«, »Pechvogel«. Grund dafür war einerseits die schon im
Althochdeutschen bezeugte symbolische Nebenbedeutung von

Pech für »Höllenfeuer, Hölle«, andererseits die klebrige, besudelnde Eigenschaft des Teerpechs, das – auf so genannte Pechruten aufgebracht – zum Vogelfang diente.

II

Wesentliche Merkmale von Pech sind, dass es als negativ, subjektiv, relativ, perspektivisch, graduell und kontingent (zufällig) begriffen wird sowie häufig, aber nicht notwendig, in sozialen Zusammenhängen eine Rolle spielt.

Pech ist ein geradezu allgegenwärtiges Alltagsphänomen. Als »shit happens« und »Murphy's Law« ist es gleichsam sprichwörtlich in den Kanon zeitgenössischer menschlicher Grunderfahrungen eingegangen. Murphys Gesetz – »Wenn etwas schief gehen kann, dann wird es auch schief gehen« – ist durch Erfahrung hinreichend belegt.

Pech ist immer Pech für jemanden, also inhaltsbezogen und subjektabhängig. Und es wird von dem, der es erleiden muss, als Nachteil empfunden. Diese mehr oder weniger ausdrückliche Abwertung ist erkenntnis- und perspektivengebunden. Denn man kann nicht wissen, ob das, was einem als Pech widerfahren ist, nicht noch viel schlimmer hätte werden können: Sei es, weil andere alternative Geschehnisse noch negativer verlaufen wären, oder sei es, weil sich das vermeintliche Pech als Voraussetzung für ein großes und andernfalls nicht mögliches Glück herausstellen wird. So mag der nicht abgegebene Lottoschein, der den Hauptgewinn eingebracht hätte, Pech sein – hätte aber der Sechser im Lotto zu einem Herzinfarkt oder Raubmord geführt, wäre das Pech doch nicht so groß oder gar ein Glück gewesen.

Dass Pech nicht oder jedenfalls nicht ausschließlich eine objektive Größe ist, sondern maßgeblich von der eigenen Interpretation abhängt, verdeutlicht auch ein beinahe grausam zu nennender Witz: Ein Mann lag seit einiger Zeit im Koma, aus dem er hin und wieder erwachte. Seine Ehefrau war fast

Tag und Nacht an seinem Bett. Als er wieder einmal bei Bewusstsein war, bat er sie, näher zu kommen, und flüsterte: »In all den schlimmen Zeiten warst du stets an meiner Seite. Als ich entlassen wurde, warst du für mich da. Als mein Geschäft bankrott ging, hast du mich unterstützt. Als wir das Haus verloren haben, hieltest du zu mir. Als es dann mit meiner Gesundheit abwärts ging, da warst du stets in meiner Nähe. – Weißt du was?« Ihre Augen füllten sich mit Tränen der Rührung. »Was denn, mein Liebling?«, hauchte sie. Und er sagte: »Ich glaube, du bringst mir Pech!«

III

Pechvögel und ihre Brüder, die Unglücksraben, können als die einzigen nicht vom Aussterben bedrohten Vogelarten gelten. Dass es Glückspilze und Pechvögel gibt und immer geben wird, ist nicht verwunderlich, sondern eine Folge statistischer Wahrscheinlichkeit: Eine Normalverteilung hat eben zwei Extrembereiche. Freilich lässt sich Leben deshalb noch nicht auf statistische Häufigkeiten reduzieren, zu viele – zudem noch miteinander wechselwirkende – Faktoren spielen eine Rolle. Darüber hinaus ist Pech ein graduelles, kein Alles-oder-nichts-Phänomen, denn in jeder Situation kann man sich leicht vorstellen, noch mehr Pech zu haben.

Die Bedeutungsvielfalt des Wortes »Pech« beginnt mit der Existenz kleiner Alltagsübel. In seinem Roman *Auch einer* hat Friedrich Theodor Vischer von der »Tücke des Objekts« gesprochen und dessen Erscheinungsformen hierarchisch angeordnet: vom Ärger mit Hemdknöpfchen über das Hühnerauge bis zum Katarrh. Die Übergänge sind fließend. Und zumindest manche Menschen scheinen manchmal Pech regelrecht abonniert zu haben, was sich in Sprichwörtern wie »Vom Regen in die Traufe« und »Ein Unglück kommt selten allein« niedergeschlagen hat.

Die Relativität von Pech zeigt sich auch im Vergleich mit dem Schicksal anderer. »Wenn wir all unser Unglück auf einen gemeinsamen Haufen legten und dann jeder davon einen gleich großen Teil wieder an sich nehmen müsste, so würden die meisten Menschen zufrieden ihr eigenes Unglück zurücknehmen und davongehen«, soll Sokrates gesagt haben. Ähnlich ein afrikanisches Sprichwort: »Du weiß nicht, wie schwer die Last ist, die du nicht trägst.« Das zu erkennen bot auch für Georg Christoph Lichtenberg einen gewissen Trost: »Es gibt sehr viele Menschen, die unglücklicher sind als du. Das zu wissen gewährt zwar kein Dach, darunter zu wohnen. Allein, sich bei einem Schauer darunter zu retirieren (zurückzuziehen), ist das Sätzchen gut genug.« Und Klaus Klages pointierte: »Es ist schon Glück, nicht das Pech der anderen zu haben.«

IV

Pech hat man nicht nur, sondern man wird mehr oder weniger direkt auch davon beschädigt. Hier klingt noch die ursprüngliche Wortbedeutung nach, etwa wenn es bei Joseph von Eichendorff heißt: »Wer in Pech tritt, lässt leicht den Absatz drin stecken«, oder bei Gottfried Keller: »Wer Pech angreift, besudelt sich!« Und all dies geschieht im sozialen Raum und bleibt nur selten unbemerkt. »Schadenfreude ist die beste Freude«, sagt man, und: »Wer den Schaden hat, braucht für den Spott nicht zu sorgen.« So potenziert sich das Pech gleichsam, denn zum Pech gesellen sich nicht selten auch Häme, Hohn und Spott. »Es gibt wenige Dinge, welche so sicher die Leute in gute Laune versetzen, wie wenn man ihnen ein Unglück, von dem man kürzlich betroffen wurde, erzählt«, notierte Arthur Schopenhauer. Im medialen Zeitalter lässt sich dieser Effekt vervielfachen, so dass sich das schadenfrohe Publikum an Fernsehserien wie *Pleiten, Pech und Pannen* an eben solchen ohne Unterlass ergötzen kann. Im Extrem mag diese Neigung bis zum Sadismus

reichen – oder zur Ablenkung und Kompensation eigener Un-
zulänglichkeiten. »Missgunst ist Hass, sofern er den Menschen
so erregt, dass er sich über das Glück eines andern betrübt und
sich dagegen über das Unglück eines andern freut«, schrieb
Baruch de Spinoza in seiner *Ethik* und: »Dem Neidischen ist
nichts angenehmer als das Unglück eines andern, nichts unan-
genehmer als fremdes Glück.« Dabei wusste schon Demokrit
aus Abdera: »Es geziemt sich als Menschen über Menschen Unglück nicht zu lachen, sondern zu wehklagen.«

V

Pech ist vielleicht verringerbar, aber nicht verhinderbar. So trifft
hier ebenfalls zu, was Albert Camus allgemeiner formuliert hat:
»Auch bei seiner größten Anstrengung kann der Mensch sich
nur vornehmen, den Schmerz der Welt mengenmäßig zu vermindern. Aber Leiden und Ungerechtigkeit werden bleiben
und, wie begrenzt auch immer, nie aufhören, der Skandal zu
sein.«

Freilich gilt Pech im Gegensatz zum schwerer wiegenden und
existenzieller aufgefassten Unglück als viel weniger »tief« und
hat in seinen Ausprägungen, aber auch sozialen Reaktionen
nicht selten etwas Komisches, das karikierende und satirische
Blicke auf sich zieht. Darin liegt eine gewisse Schmach, aber auch
eine Chance für den vom Pech Getroffenen: wenn er zu lernen
vermag, sein Pech nicht herauszufordern und interpretierend
dessen Bedeutung zu überhöhen, sondern es zu relativieren
und sich somit gleichsam davon zu distanzieren. Denn zumindest viele kleinere Widrigkeiten des Alltags, die das Leben ver-
gällen, brauchen durch eine »Anleitung zum Unglücklichsein«
nicht noch gefördert zu werden, sondern – und hier helfen auch
philosophische Beiträge zu einer Lebenskunst – verdienen eher
eine augenzwinkernde Wissenschaft der Missgeschicke, denen
der Mensch nun einmal hilflos ausgeliefert ist, die er aber gelas-

sen zu ertragen zu lernen vermag. Wo das Pech die Axt tiefer ansetzt, mag freilich allenfalls helfen, sich fatalistisch im Pech einzurichten, und – mit Ludwig Marcuse – den Pessimismus als »ein Stadium der Reife« zu erkennen. Das existenzielle Unglück freilich bleibt von solchen Bewältigungsversuchen unangetastet, denn es hat Dimensionen, die dem Pech weitgehend fehlen (obwohl Unglück immer auch Pech mit einschließt). Dies ist vermutlich auch ein Hauptgrund dafür, warum Pech keine besondere Aufmerksamkeit in der Philosophie erfuhr. Dabei stellt es, über lebensphilosophische Aspekte hinausgehend, durchaus eine gewisse Herausforderung dar – insbesondere für die großen metaphysischen[1] Systeme.

VI

Pech gilt zumindest auf den ersten Blick als kontingent, das heißt zufällig sich ereignend. Es ist nicht beabsichtigt, es ist unverschuldet (abgesehen vielleicht von einem Leichtsinn), und es überkommt einen mehr oder weniger plötzlich als Wirkung undurchschaubarer oder jedenfalls nicht vorhersehbarer Ursachen. Eine solche Kausalreihe, schrieb bereits Aristoteles in seiner *Metaphysik*, »aus der sich solch ein zufälliges Zusammentreffen ergeben kann, verläuft ins Unbestimmte; sie ist deshalb für menschliche Berechnung unfassbar und bedeutet für irgendwelchen Erfolg eine nur beiläufige, keine wesentliche Verursachung. Man nennt es ein glückliches oder unglückliches Zusammentreffen, je nachdem es günstige oder ungünstige Folgen hat; die größere oder geringere Bedeutung dieser Folgen bezeichnet man dann als Glück oder Unglück.« Insofern gilt nicht: »Glück ist die Kunst, kein Pech zu haben« (Gerd Ruge) – jedenfalls nicht, wenn Kunst von Können kommt –, sondern Glück besteht so verstanden lediglich darin, zur subjektiv rechten Zeit am rechten Ort zu sein. Umgekehrt mag man Pech auch als Vorwand bemühen, um das eigene Versagen zu kaschieren, also eine in diesem Fall sehr wohl begriffene Ursache zu leugnen. »Wenn die Unfähigkeit einen Decknamen braucht, nennt sie sich Pech«, wusste schon Charles Maurice de Talleyrand.

Freilich lässt sich die Kontingenz des Pechs philosophisch aus mehreren Blickwinkeln in Frage stellen.

Herrscht ein lückenloser, blinder Determinismus[2], dann kann nichts von dem, was geschieht, auch anders oder nicht geschehen. Insofern betrifft Pech lediglich unsere (Un-)Kenntnis, das heißt es ist ein epistemisches Phänomen. Da es aber nicht unabhängig von uns und unserer Wahrnehmung existiert, ist es kein ontologisches (das Sein betreffende) Phänomen – auf der determinierten Seinsebene gibt es streng genommen keinen Zufall mehr. Zufällig bleibt jedoch, warum die kausale Abfolge überhaupt ins Dasein kam und gerade den Verlauf nahm, den sie nahm.[3]

Auch in einer optimistischen Metaphysik[1] scheint Pech keinen Platz zu haben – oder ist allenfalls Mittel zu einem höheren Zweck. Dieser Optimismus kommt in einer beschreibenden und einer wertenden Version vor, wobei Letztere die Erstere voraussetzt, nicht aber umgekehrt. Würden wir in der besten aller möglichen Welten leben, wie Gottfried Wilhelm Leibniz glaubte, dann gäbe es streng genommen kein Pech und Unglück – oder lediglich in einer für das Ganze letztlich notwendigen Form. Eine transzendente (die Sinneserfahrung übersteigende) oder der Natur innewohnende Macht hätte gleichsam alle schlechteren Welten unterdrückt. Was negativ und unnötig erscheint, ist es im Grunde also nicht. Jedenfalls nicht für das Weltganze – und vielleicht nicht einmal für den Einzelnen (obwohl das nicht offensichtlich erscheint). Denn sein Pech könnte ihm nützlich sein, indem es als Kontrastmittel oder Motivationsschub sein Glück noch steigert, indem es ihn reifen lässt, indem es mehr Erfahrungsfülle gibt, ihn als Warnschuss auf der rechten Bahn hält oder gar auf eine göttliche Probe stellt. »Das

Unglück ist der Prüfstein des Charakters«, meinte denn auch Samuel Smiles; und Hans Fallada war überzeugt: »Pech ist die Würze des Glücks.«

Die optimistische Metaphysik ist nicht nur ein Indiz dafür, wie Menschen Sinn suchen, rekonstruieren und notfalls konstruieren, sondern auch ein frommer Wunsch und zugleich der hilflose Versuch, vor der Kontingenz und somit auch Absurdität die Augen zu verschließen. Denn der optimistischen Metaphysik gelingt eine Letztbegründung ihrer Thesen genauso wenig wie ein Notwendigkeitsbeweis (mit Hilfe) des Prinzips des zureichenden Grundes (siehe Erläuterungen), womit sich allein Pech und Unglück aus der Welt hinausdisputieren lassen könnten. Und wenn gar Gott der Absender von Pech und Unglück ist, bleibt für weniger ergebene, aber (mit-)leidende Geister nur noch der Antitheismus[4].

Doch auch in zahlreichen weniger metaphysisch inspirierten Vulgärphilosophien wird Pech zum Teil einfach wegdefiniert: Etwa, wenn der Mensch ausschließlich als seines Glückes – oder eben Unglückes – Schmied gilt, sein Pech also gegebenenfalls selbst verschuldet hat. Als pädagogisches Paradigma (Leitbild) mag hier das Märchen *Goldmarie und Pechmarie* von Ludwig Bechstein dienen, worin sich Freigebigkeit, Freundlichkeit und Bescheidenheit – anders als oft im wirklichen Leben – auszahlen, nicht jedoch Neid und Habgier.

VII

»Als das Gebäude der alten Welt in Trümmer zerfiel, flüchtete sich das menschliche Herz mit seinen Wünschen hinüber in das Jenseits; dorthin übertrug es sein Glück«, zitiert Karl Marx (ohne Nennung eines Autors) in *Die deutsche Ideologie* – und kommentiert lakonisch: »Daher alles Pech der Irdischen Welt.« Doch nach dem »Tod Gottes« sind beide Welten wieder zusammengefallen, das Jenseits verschwand. Pech und Unglück aber sind noch da. »Nur weil einem etwas Gutes oder Schlechtes widerfährt, heißt das doch nicht, dass Gott dahinter stecken muss«, sagt Paul Auster: »Das ist einfach nur Glück oder Pech.« Die Kontingenz bleibt also, und letztlich ist alles – auch Glück, Gerechtigkeit und Güter – eine »Frucht aus Zufall und Notwendigkeit« (Demokrit).

In seinem philosophisch-essayistischen Roman *Der Mann ohne Eigenschaften* hat Robert Musil dieses Durcheinander des Zufalls und somit auch das Pech als Charakteristikum der menschlichen Geschichte begriffen und vom »Prinzip des unzureichenden Grundes« gesprochen. Im Leben »geschieht immer das, was eigentlich keinen rechten Grund hat«. Die Geschichte, dieses »planlos ergebene, eigentlich menschenunwürdige Mitmachen der Jahrhunderte« spiegelt bloß die »seelische Unordnung der Menschheit« wider. Das Geschehen hat keinen Sinn. »Denn zum Stattfinden gehört doch auch, dass etwas in einem bestimmten Jahr und nicht in einem anderen oder gar nicht stattfindet; und es gehört dazu, dass es selbst stattfindet und nicht am Ende bloß etwas Ähnliches oder seinesgleichen.« So lehrt die Geschichte lediglich, »dass es den wahren Glauben, die wahre Sittlichkeit und die wahre Philosophie niemals gegeben hat; dennoch haben die Kriege, Gemeinheiten und Gehässigkeiten, die ihretwegen entfesselt worden sind, die Welt fruchtbar umgestaltet.« Sogar von einer »prästabilierten Disharmonie« ist die Rede: »Die Entwicklung bleibt sich selbst überlassen, kein geistig ordnendes Gesetz wird ihr auferlegt; sie folgt scheinbar dem Zufall; und wenn dabei auch nicht das Wahre entstehen kann, so begründet dieselbe Voraussetzung doch wenigstens das Wahrscheinliche! Zugleich erklären wir, aus dem Wahrscheinlichen, aber auch die sich als einziges stabilierende Durchschnittlichkeit, die allerenden ihre doch höchst unerwünschte Zunahme fühlen lässt.« Weltgeschichte und Pechgeschichte entstehen Musil zufolge ebenso wie alle anderen Geschichten, und zwar größtenteils ohne Autoren, nicht vom Zentrum her, sondern von der Peripherie – aus kleinen Ursachen und aus Ketten von Missverständnissen: »Denn das menschliche Wesen ist ebenso leicht der Menschenfresserei fähig wie der Kritik der reinen Vernunft; es kann mit den gleichen Überzeugungen und Eigenschaften beides schaffen, wenn die Umstände danach sind, und sehr großen äußeren Unterschieden entsprechen dabei sehr kleine innere.«

VIII

Ein Optimist glaubt, dass wir in der besten aller möglichen Welten leben; ein Pessimist fürchtet, dass das wahr ist. Und wer das als notorische Schwarzseherei abtut und den Vorwurf erhebt, die Pessimisten – die eigentlich Realisten sind – wären einfach auf einem Auge blind und würden übertreiben, der sollte sich daran erinnern, dass es sich hier nicht einfach nur um eine Frage der Blickauswahl und einseitigen Aufmerksamkeit handelt, sondern dass eine nicht umkehrbare Asymmetrie herrscht. Sie kommt am besten zum Ausdruck in Arthur Schopenhauers Erkenntnis: »Wenn man einen Teelöffel Wein in ein Fass Jauche gießt, ist das Resultat Jauche. Wenn man einen Löffel Jauche in ein Fass Wein gießt, ist das Resultat ebenfalls Jauche« – Pech gehabt!

Anmerkungen:

1. Metaphysik: Philosophische Disziplin, die sich mit den über die Naturerscheinungen hinausgehenden Fragen des Seins beschäftigt; Lehre von den ersten Prinzipien und Ursachen (siehe auch unter Erläuterungen).

2. Determinismus: Lehre von der ursächlichen Notwendigkeit oder Vorherbestimmtheit allen Geschehens und Handelns.

3. Insofern wäre die Kontingenz als Voraussetzung für Pech selbst ohne unverursachte Ereignisse, wie sie die Quantenphysik beschreibt, nicht eliminiert. Und selbst wenn alles, was naturgesetzlich oder gar logisch möglich ist, auch wirklich wäre, bleibt es aus der begrenzten, subjektiven Sicht einer Person

trotzdem Pech oder Glück, dass, wie, wo und wann sie geboren wurde und leben muss. Insofern ist Pech selbst mit einem ontologischen Determinismus durchaus vereinbar.

4. Antitheismus: Auflehnung (metaphysische Revolte) gegen einen allmächtigen Gott auf Grund eines Strebens nach Selbstbestimmung oder moralischer Empörung.

Literatur:

- Bloch, Arthur: Gesammelte Gründe, warum alles schiefgeht, was schiefgehen kann! Goldmann Verlag, München 1985 (1971/1980/1982)
- Cioran, Émil M.: Vom Nachteil, geboren zu sein. Suhrkamp Verlag, Frankfurt am Main 1979 (1973)
- Marcuse, Ludwig: Philosophie des Un-Glücks. Diogenes Verlag, Zürich 2000 (1953)
- Vaas, Rüdiger: Der Riß in der Schöpfung. der blaue reiter Nr. 10, Seite 39–43 (2/1999)
- Watzlawick, Paul: Anleitung zum Unglücklichsein. Piper Verlag, München/ Zürich 2000 (1983)

OTTO-PETER OBERMEIER

Herbert Marcuses Vision von der Befreiung des Glücks

Sie kennen sie gut, die »Fast Socie-
ty«. Wir alle wissen, was Fast Food ist.
Das sind jene chemikaliengetränkten
Fritten, die man sich zwischen Bei-
schlaf und Geschäftsbesprechungen
in den Magen würgt. Natürlich gibt
es auch Fast Info – kurze, knackige,
publikumswirksame Sprüche, die

Foto: Isolde Ohlbaum

»man« heute braucht, um populistisch und intellektuell zu
bestehen, quasi geistiges Fast Food. Daher die Kurzinfo über
Herbert Marcuse: »Von Tokio bis Berlin diskutiert man den
Eindimensionalen Menschen und den *Versuch über die Befreiung*: Der Protest hatte seinen Theoretiker gefunden, der
Theoretiker seinen Adressaten.«[1] Das lesen wir auf der Rück-
seite einer schnell zusammengebastelten Sammlung seiner
frühen Aufsätze.

So würde man Marcuse heute nicht mehr ankündigen. Seine
Faszination, die er auf die westliche »Weltjugend« ausgeübt
hat, ist verblasst, seine Gegner haben ihn erfolgreich in die
üble oder utopische Ecke gedrängt. Die Jugend möge man mir
zeigen, die, wie einst, Marcuses Werk *Vernunft und Revolution* dem Hochglanzprospekt eines Cabrios vorzöge. Aber auch
diese resignierte Aussage eines »Alt-68ers« trifft nur bedingt
die Wahrheit. Gelesen haben Marcuses Kultschriften, vor allem
Vernunft und Revolution (1941), *Triebstruktur und Gesellschaft*
(1955), *Der eindimensionale Mensch* (1964) und *Versuch über
die Befreiung* (1969) auch damals nur wenige, verstanden wohl
noch weniger.[2]

Natürlich liegt der Verdacht nahe, dass die hohen Auflagen dieser Kultwerke nur zum kleinsten Teil durch bemühte Leser zustande kamen. Die revoltierende westliche Jugend in den späten 60er Jahren schlug sich nicht so sehr mit Ausdrücken wie »isolierte Reflexion«, »Totalreflexion«, »Identität von Wesen und Existenz« und so weiter herum – theoretische Grundbegriffe aus *Vernunft und Revolution*. Die revoltierende Jugend fand eher Gefallen an Sätzen wie: »Jeder Staat muß freie Menschen als mechanisches Räderwerk behandeln, und das soll er nicht; also soll er aufhören.«[3] Marcuses Kultwerke waren Identifikationspunkte, waren Symbol und Signal für die »große Weigerung« einer Jugend, die es satt hatte, die Hohlsprüche der Politik zu schlucken, das autoritäre Gehabe der Verwaltungen zu akzeptieren und die Verkündigungen der »Reklameagenten« (EM, 104)[4] in Lifestyle umzuwandeln. Die revoltierende Jugend war einer Gesellschaft überdrüssig, »in der die Programme der großen Parteien selbst im Grad der Heuchelei und im Geruch der Klischees immer ununterscheidbarer werden«. (EM, 39) Nach Marcuse war die bisherige Kritik immer nur gegen Oberflächenerscheinungen der Gesellschaft gerichtet, »während man die Grundprämissen der kritisierten Gesellschaft akzeptiert« (TuG, 256): »Die Freiheiten und Befriedigungen, die es gibt, sind (in dieser Kultur) an die Bedürfnisse der Herrschaft gebunden; sie werden selbst zu Instrumenten der Unterdrückung.« (TuG, 93)

Solch eine Gesellschaft ist obszön, also schamlos und ekelerregend, lesen wir in *Versuch über die Befreiung*, in dem Marcuse Gedanken entfaltet, die er in *Triebstruktur und Gesellschaft* und *Der eindimensionale Mensch* bereits vorgestellt hatte. Und Marcuse fährt fort: »Diese Gesellschaft ist insofern obszön, als sie einen erstickenden Überfluß an Waren produziert und schamlos zur Schau stellt, während sie draußen ihre Opfer der Lebenschance beraubt; obszön, weil sie sich und ihre Mülleimer vollstopft, während sie die kärglichen Nahrungsmittel in den Gebieten ihrer Aggression vergiftet und niederbrennt...«[5] Diese Zitate belegen die Inhalte und offenbaren die Sprache, nach der die damalige revoltierende Jugend lechzte. Sie trafen deren emotionale Stimmung und es waren ebendiese Inhalte und diese Sprache, die den großbürgerlichen Herbert Marcuse zum Staatsfeind und Bürgerschreck werden ließen.

Leben in Zahlen

Herbert Marcuse, 1898 in Berlin geboren, war – das zeigen die Zitate – kein klassischer Schulphilosoph. Er hob sich ab »von der traditionellen Universitätsgemeinde, deren Blasiertheit und Elitebewußtsein«.[6] Er gehörte als junger Mann nach dem Ersten Weltkrieg einem Soldatenrat in Berlin und der Sozialdemokratischen Partei an. Diese verließ er jedoch schon wieder 1919, da die Partei – seiner Auffassung nach – das Proletariat verraten hatte. Er studierte daraufhin in Berlin und Freiburg Philosophie und doktorierte mit einer Arbeit über den deutschen Künstlerroman. Dann versuchte er sich sechs Jahre lang als Buchhändler und Verleger in Berlin. Ab 1929 widmete er sich wieder der Philosophie, studierte bei Husserl und Heidegger in Freiburg. 1932 veröffentlichte er sein erstes Hegel-Buch, mit dem er bei Heidegger habilitieren wollte. Doch der linksorientierte Marcuse war bei dem rechtskonservativen Heidegger irgendwie fehl am Platze. Wohl auf Empfehlung Husserls und auf Fürsprache des Kurators der Univerität Frankfurt landete Marcuse 1933 im »Café Marx«, wie die Studenten das Institut für Sozialforschung damals nannten. Das politische Klima in Deutschland verfinsterte sich rasant. Ein Institut, vorwiegend mit sozialkritischen Personen jüdischer Abstammung besetzt, konnte in Deutschland nicht mehr existieren. Im April 1933 wurde Horkheimer, der Leiter des Instituts, aus dem Lehrkörper der Universität Frankfurt geworfen. Aber auch in der Schweiz, wohin sich Marcuse und weitere Institutsmitglieder abgesetzt hatten, fühlten sie sich nicht mehr sicher. Schon im Mai 1933 war vielen klar, dass »auch in der Schweiz der Faschismus große Fortschritte macht und unserem Institut auch dort neue Gefahren drohen«.[6] Und nachdem sich Frankreichs akademisches Establishment wenig dafür begeistern konnte, »die Deutschen« freundlich aufzunehmen, und auch Englands intellektuelle Elite kaum Enthusiasmus über solcherart »Dauerexilanten« zeigte, landete ein großer Teil der Institutsmitglieder, unter ihnen auch Marcuse, im Herzen der kapitalistischen Welt, in New York City. Marcuse übersiedelte im Juli 1934. Das Institut für Sozialforschung wurde der Columbia University angegliedert und in einem Gebäude dieser Universität untergebracht.

Während des Zweiten Weltkriegs arbeitete Marcuse als Nachrichtenanalyst für die U. S. Army, das Office of Stategic Services und das State Department. Dass diese Zusammenarbeit mit der »Staatsmacht« nicht unbedingt das war, was sich manche Vertreter der Frankfurter Schule als revolutionäre Praxis vorstellten, war offensichtlich. Natürlich führte diese Zusammenarbeit bei den »reinen« Linken zu harscher Kritik. Marcuse blieb im Staatsdienst bis Ende 1950 und kehrte dann als Dozent für Soziologie nach Columbia und Harvard zurück.

Ab 1954 lehrte er an der Brandeis University (1954–65). In diese Zeit fällt auch die Veröffentlichung von *Eros and Civilization* (1955) und *The One-dimensional Man* (1964). Diese Werke waren es, die Marcuses »Ruhm« im Untergrund und bei Insidern begründeten. Als dann 1968 die studentische Revolte, vor allem in Westberlin, an der New Yorker Columbia University und an der Sorbonne in Paris, ihren Höhepunkt erreichte, war Marcuse tatsächlich physisch, ideologisch und publizistisch allgegenwärtig. Sein Name war gleichsam über Nacht zum Symbol für die rebellierenden Studenten in Deutschland, Frankreich und Amerika geworden. Marcuse »fühlte sich solidarisch mit der Bewegung der zornigen Studenten, aber … keineswegs als ihr Wortführer«.[7] Und er beschrieb sein Verhältnis zu den Studenten mit den Worten: »Es ist eines der schönsten und eines der versprechendsten Anzeichen dieser neuen Bewegung, daß sie nicht auf andere angewiesen ist und nicht auf Autorität, die ihr *mots d´ordre* (also Parolen) gibt, sie findet ihre *mots d´ordre* selbst und im Kampf allein.«[7] Das war natürlich Labsal auf die antiautoritäre, establishmentfeindliche Psyche. 1965 wechselte Marcuse nach San Diego an die University of California, wo er sich 1976 aus der aktiven Lehrtätigkeit zurückzog. Marcuse starb am 29. Juli 1979 in Starnberg – in dem Land, in dem er geboren worden war.

Privatistisches Glück oder der Stachel des Hedonismus

Im Zentrum der Philosophie Marcuses stehen klassische Begriffe des bürgerlichen Individuums: Vernunft, Selbstbestimmung, Freiheit und Glück. Und Marcuse war zutiefst davon überzeugt, dass diese Begriffe deshalb so revolutionär sind, weil das, was sie versprechen, was sie an Hoffnung wecken, was in ihnen steckt, noch lange nicht Wirklichkeit geworden ist. Die Vernunft dümpelt als auf äußere Beherrschung der Natur verkommener Verstand vor sich hin und terrorisiert mit den Segnungen des Konsums die Gesellschaft. Die Selbstbestimmung wurde mit Hilfe von Marketing und Politstrategien pervertiert und hat ein fremdgesteuertes, manipuliertes, blind konsumierendes Individuum geschaffen. Freiheit ist zur rationalen, produktiven und technischen Verwaltung der Bevölkerung mutiert. Und Glück wird gleichgesetzt mit der Anhäufung und dem Konsum von äußerem Tand. Glück und manipulativer Konsum scheinen identisch.

Marcuses Ausgangspunkt ist die »dialektische Situation«, also jene Kluft, jener Widerspruch, jene Negativität, die zwischen Wirklichem und Möglichem liegt. Wenn zum Beispiel der Staat vorgibt, das Interesse der Allgemeinheit zu verteidigen, aber in

Wirklichkeit verlängerter Arm für mächtige Interessenverbände ist, dann ist es dieser Widerspruch, diese Negativität, die eine transzendierende (hier: über das Bestehende hinausweisende), sprich umwälzende Kraft erzwingt – allgemeines Interesse und individuelles Interesse müssen identisch werden. In der Vernunft sieht Marcuse die Kraft, die diesen Zusammenschluss zu leisten vermag.

Bisher wurden die Befriedigung der Bedürfnisse der Individuen, ihr Glück, als ein willkürliches, subjektives Moment angesehen, als partikulares Interesse, das der Allgemeinheit entgegen steht. (KdH, 250) Die Vernunft als Vertreterin der allgemeinen Interessen und das Glück als Repräsentant individueller Ansprüche schienen unvereinbar. Daher wurde der Hedonismus, die uralte Lehre von Lust und Glück des Menschen, von den Denkern des deutschen Idealismus bekämpft. Diese konnten es nicht ertragen, dass die Niedrigkeit des banalen individuellen Glücksstrebens in das Hier und Jetzt verlegt wurde. Glück, so argumentiert Marcuse in seinem 1938 publizierten Aufsatz *Zur Kritik des Hedonismus*, wird in den bürgerlichen Glücksvorstellungen nur als subjektiver, gleichsam privatistischer Zustand aufgefasst, auf die äußeren Güter abgeschoben und mit verächtlichen Blicken versehen. Das wahre Glück verlagert man in die Welt der Seele, des Geistes und des Jenseits. Da ist es auch wahrlich gut weggeschlossen. Aber der Anspruch auf menschliches, diesseitiges, sinnliches Glück, auf vernünftigen Genuss und vernünftigen Egoismus ist gerade die treibende Kraft, das Revolutionäre im Hedonismus. Dieser Anspruch des Individuums auf Glück demonstriert daher auch die »Dignität des Egoismus« (Dignität: Würde).

Selbst der kyrenaische Hedonismus, der nicht zwischen den einzelnen Lüsten differenzierte, der also das Glück des Säufers mit dem Glück des Rosenzüchters gleichsetzt, selbst diese banale und undifferenzierte Form des Glücksstreben hatte seine fortschrittliche Funktion. Denn wer genießen will, wer glücklich sein will, müsste sich vom Joch der Arbeit befreien – und dies wäre Marcuse zufolge nach dem Stand der jetzigen Produktion weitestgehend möglich. Glück müsste nicht nur repressiv, also den Menschen unterdrückend, in die Innerlichkeit verlagert werden. Der kyrenaische Hedonismus differenzierte nicht. Er unterschied nicht zwischen wahren und falschen Bedürfnissen, zwischen wahrem und falschem Glück: Lust ist Lust. Worauf wir unsere Lust richten, was uns glücklich macht, unsere Bedürfnisse und Interessen sind bereits Ausdruck der »Verkümmerung, Verdrängung und Unwahrheit« (KdH, 258), mit der wir in dieser Gesellschaft aufwachsen.

Das Glück, das wir dank der Agenten der Reklame in unseren Produkten zu finden glauben, die Lust, die uns der Massenkonsum, die Überflussgesellschaft über unendlichen Tand vermittelt, ist genauso undifferenziert, unreflektiert wie einst der simple kyrenaische Hedonismus.

Das Glück wird auf die Sphäre des Konsums verlegt und so auf das Subjektive, Private, Partikuläre beschränkt. Der Produktionsprozess aber entzieht sich dem privaten Zugriff. Der Einzelne bleibt Spielball dieses Prozesses, er wird, falls nötig, wegglobalisiert oder wegrationalisiert oder beides. Es wird keine vernünftige Einheit von Produktions- und Konsumptionsprozess, von Arbeit und Genuss hergestellt. (KdH, 262) Soll aber das Privatistische und Partikuläre des Glücks überwunden werden, muss sich die Arbeitswelt dem Genuss und der Genuss der Arbeitswelt annähern.

Das aber würde einer Revolutionierung des Arbeitsprozesses und einer Befreiung der Lust und des Glücks gleichkommen. Denn: Arbeit bedeutet für viele nach wie vor Maloche, Stress und Ausbeutung – ist alles andere als lustvoll. Die Reduktion der Lust und des Glücks auf Konsum verwandelt auch Kunst, Liebe und persönliche Beziehungen zu Waren, das heißt zu Commodities. Auch diese Reduktion, welche die Massenexistenz von falschem Glück erzeugt, ist aufzuheben. Wir Menschen existieren nach Marcuse zumeist und zuvörderst im Zustand des falschen, des manipulierten, des unwahren Glücks. Wir sind von falschen Bedürfnissen geknechtet und süchtig nach falschem Glück.

Wie aber ist die Objektivität, die Wahrheit und Allgemeinheit des Glücks zu retten? Und da Lust und Glück unzweifelhaft mit einer Dominanz der Sinnlichkeit zu tun haben, wie ist Erkenntnis und Wahrheit mit der Sinnlichkeit des Glücks zu verbinden? Vielleicht ist es nützlich, kurz zurückzublicken. Marcuses Denken startet fast immer aus einer dialektischen Situation heraus. Mit Lust und Begabung sucht er das kritische, das negative, das weitertreibende, das energetische Potenzial klassisch philosophischer Begriffe. Im Hedonismus war Glück insofern energetisch, die Geschichte forttreibend, als Glück mit aller Macht auf die sinnlichen, privaten und partiellen Ansprüche des Individuums gegenüber einer auf Unterdrückung ausgerichteten Gesellschaft, sprich die Allgemeinheit, gerichtet war. Auch wenn sich das Individuum mit Hilfe falscher Bedürfnisse in falsches Glück flüchtet und mit einer zutiefst auf Widersprüchen aufgebauten Gesellschaft versöhnt, es bleibt der latente Protest, der Stachel gegen einen Produktionsprozess, der das wahre Glück vereitelt.

Glück ist, wie Vernunft, kein Ausdruck, sondern ein Begriff. Er beinhaltet, wie der Hedonismus zeigt, eine Art von Wirklichkeit, von Aktualität, nämlich den Anspruch auf persönlichen, sinnlichen Genuss. Aber dieser Anspruch, so gerechtfertigt er auch gegen das Allgemeine, etwa den ausbeuterischen Produktionsprozess, gerichtet ist, fußt selbst wiederum auf krummen Beinen, auf falschen Bedürfnissen. Potenziell beinhaltet der Begriff seine Befreiung aus den Ketten des reinen Privatismus der falschen Bedürfnisse. Er beinhaltet ökonomische Freiheit, also Freiheit »von (der) Kontrolle durch ökonomische Kräfte und Verhältnisse« (EM, 24), politische Freiheit, also »die Befreiung der Individuen von der Politik, über die sie keine wirksame Kontrolle ausüben«. (EM, 24) Der Begriff des Glücks wehrt sich gegen repressive Bedürfnisse und gegen eine repressive Gesellschaft. Das ist seine Potenzialität, das ist die energetische, sprich geschichtliche Kraft des Begriffs Glück.

Aber nur, wenn wir wahre Bedürfnisse von falschen unterscheiden können, gibt es objektives, wahres Glück. Dann lassen sich privatistische Interessen mit allgemeinen Interessen vereinen. Dass dies die kritische Vernunft bewerkstelligen soll, also das Organ für das Allgemeine, wurde bereits betont. Schon Platon und Aristoteles versuchten, personelles und gesellschaftliches Glück zu vereinen. Glücklich konnte man nicht über den Egotrip werden, sondern nur im Einklang mit der »politischen Gesellschaft«, der *Polis*. Und siehe da, auch die kritische Theorie findet die Wahrheit und Allgemeinheit des Glücks bei einer »vernünftigen Organisation« der Gesellschaft.

In unserer Gesellschaft dominieren entweder Mangel – wir können uns Genuss nicht leisten – oder Überfluss und Massenabfütterung wie Sport, Film, TV. Nirgendwo wird die repressive, die unterdrückerische Macht der Gesellschaft nach Marcuse deutlicher als bei der klassischen Interpretation der Sexualität. Nur um Arbeitskräfte zu produzieren und Kriege zu führen, ist sexuelle Lust erlaubt, aber nicht um der Lust an der Lust willen. (KdH, 274) Auch hier hat uns wieder einmal die Gesellschaft die falschen Bedürfnisse aufgezwungen. Falsch sind diese Bedürfnisse, da sie »die Menschen unfreier, blinder und armseliger machen, als sie es sein müssen«. (KdH, 277)

Daher gibt es eine doppelte Befreiung zum wahren Glück: Zum einen bedeutet frei sein von falschen Bedürfnissen auch frei sein von falschen Befriedigungen, zum anderen würde das Freisein von solcher Art der Organisation unserer Gesellschaft erst die wahren Bedürfnisse zeigen und wahre Befriedigungen erzeugen. Dann würde sich auch das Schreckensbild, das die bürgerliche Kritik vom Hedonismus gezeichnet hat, erübrigen: Die Herrschaft des entfesselten Genussmenschen, der nur in sinnlichen Bedürfnissen schwelgt, wäre gebannt. Wenn »die Entfaltung der materiellen Bedürfnisse mit der Entfaltung der seelischen und geistigen Bedürfnisse zusammengehen« (KdH, 284), dann herrschen endlich Freiheit und Glück. Es wird sinnlos, Glück alleine auf sinnliche Lust zu reduzieren, der Hedonismus wäre aufgehoben. Der Begriff des Glücks hätte sich durch seine Widersprüche hindurch zur Wirklichkeit gekämpft. Freiheit, Vernunft und Glück wären eins. So weit Herbert Marcuses frühe Utopie von der Befreiung des Glücks und der zur Vernunft gebrachten Freiheit.

Das befreite Glück: eine Vision

Das war also das frühe und zugegebenermaßen abstrakte Lied vom Glück, von der Befreiung des Menschen und von der kritischen Vernunft. Dieses Lied vom befreiten Glück wird – Variationen und Modifikationen selbstredend eingeschlossen – bis in die Formulierungen und den Argumentationsductus hinein auch in *Triebstruktur und Gesellschaft*, *Der eindimensionale Mensch* und *Versuch über die Befreiung* wieder gesungen.

In *Triebstruktur und Gesellschaft*, das wohl interessanteste Werk Marcuses, setzt er sich erneut kritisch mit der westlichen Kultur auseinander. In Auseinandersetzung mit Freuds Werk – das im Zentrum dieses Buchs steht – zeichnet er einen Begriff vom Menschen, der sowohl Anklage gegen unsere Kultur als auch ihre entschiedene Verteidigung beinhaltet. Denn »Kultur beginnt dort, wo auf das primäre Ziel – nämlich die vollständige Befriedigung von Bedürfnissen – mit Erfolg verzichtet wird«. (TuG, 17) Auf den Begriff des Glücks bezogen kann dies nur heißen, wo Kultur beginnt, wird das Glück in Ketten gelegt.

Die dialektische Situation, jener Vulkan, der das Kritikspeien erst ermöglicht, findet Marcuse in Freuds Hypothese, dass sich das Lustprinzip unter dem Druck der Kultur in das Realitätsprinzip verwandelt. Was heißt dies? Schon der epikureische Hedonismus zeigte die Notwendigkeit von Umwegskonstruktionen zur Erreichung des Glücks. Augenblickliche Befriedigung führt offenbar häufig zu anhaltender Unlust und Schmerz, zu Zerstörung von Gesundheit und Seelenruhe. Wir verzichten lieber auf solche »Lüste«. Nicht Saufen, Fressen, schöne Knaben oder Weiber oder sonstige Herrlichkeiten machen ein lustvolles Leben aus, sondern sorgfältiges, nüchternes Abwägen und Entscheiden führt zur Glück bringenden »Seelenruhe«. Seelenruhe lässt sich nur auf dem Umweg über Vernunft verwirklichen. Lust wird daher häufig in Unlust, Freude und Spiel in Arbeit und Mühe, unmittelbares Empfangen in Produktivität umgewandelt. Die Realität schlägt auf jene, die diesen Wandel nicht vollziehen, brutal zurück. Das Realitätsprinzip zwingt das Lustprinzip in die Knie. Die Realität unterdrückt spontane Befriedigung und schafft so Kultur.

Kultur fußt also auf der massiven Unterdrückung, Konditionierung und Kanalisierung des wichtigsten Energiepotenzials und Triebs des Menschen, des Lustprinzips. Und wiederum die Folgen für unser Glück betrachtend: Glück kann in unserer Kultur nur kanalisiertes Glück sein. Das Realitätsprinzip, das sich im Kapitalismus zum Leistungsprinzip verwandelt, knechtet jede Lust und jedes Glück. Diese Entdeckung ist in ihren Konsequenzen ungeheuerlich. Das freie Individuum muss sich selbst permanent unterdrücken, natürlich unter fleißiger Mithilfe der Institutionen. Glück und Freiheit gehören nicht mehr uns, sondern sind über viele Umwege, Kanalisierungen, Konditionierungen und Dressurakte eingeschränkt und verstümmelt. Sei es die Familie, sei es die Schule, sei es die Berufswelt, sei es der Konsumterror, sei es der Terror der Politik, der Wirtschaft und Verwaltung, das Realitätsprinzip zwingt Glück und Freiheit zur Schwindsucht. Beide zerrinnen in der Kultur zu kastrierten Kunstprodukten. Dieser Prozess scheint notwendig, vernünftig und existenziell zugleich.

Eros, die umfassende Macht der Liebe – also das Lustprinzip –, und Ananke, der Zwang zur Arbeit – sprich das Realitätsprinzip –, sind die beiden Quellen menschlicher Kultur. (UiK, 66) Das berühmt-berüchtigte Reich der Notwendigkeit findet sich im Realitätsprinzip wieder. So gesehen ist der Mensch, der ja »in Kultur« leben muss, prinzipiell unglücklich und unfrei. *Das Unbehagen in der Kultur* ist damit mehr als nur der Titel des berühmten Aufsatzes von Freud, es ist scheinbar das unabwendbare Programm des Individuums und der Gattung Mensch.

Wenn aber der Eros über das uns dressierende Realitätsprinzip Leben erhalten will und uns Menschen zu immer größeren Einheiten zusammenfügt, wo bleibt dann die Tendenz zum Privatistischen, zur Distanz von dieser Allgemeinheit? Wo bleibt das »ozeanische Gefühl«, die Sehnsucht, sich selbst im Meer der Natur oder der Musik aufzulösen, also zu zerstören? Wo bleibt der Trieb hin zum Tode, wenn nicht gegen sich selbst gerichtet, so gegen die anderen in Form von Aggressionen nach außen? Diese Energie hin zur völligen Auflösung, zum Abschütteln aller Affekte und Lüste, die Kraft aufzuhören mit dem ewigen Abstrampeln im Hier und Jetzt, nennt Freud den »Todestrieb«, der dem Lustprinzip entgegensteht. Und weil ein ewiger Kampf zwischen dem Eros und dem Destruktions- oder Todestrieb stattfindet, weil wir immer töten, um zu leben, entwickelt sich das Schuldgefühl. Dieses »Schuldgefühl ist das wichtigste Problem der Kulturentwicklung … (und) der Preis für den Kulturfortschritt (ist) die Glückseinbuße indem fortwährend das Schuldgefühl erhöht wird«. (UiK, 97) Wir Menschen sind Gefangene unserer Kultur, unserer Art zu produzieren, unserer Art und Weise, wie wir uns verhalten und wie wir gestalten. Unsere Energie wird an die Wirklichkeit vergeudet. Wir sind schuldig, und Glück heißt »real« immer Glückseinbuße. Das ist ein tristes Bild und wird noch trister durch die postulierte Unentrinnbarkeit vom Realitäts- und Leistungsprinzip.

Und da tauchen sie wieder triumphierend auf, die alten kompensatorischen Krücken zum »hinkenden Glück«. Jene »Hilfskonstruktionen«, die das Glück ins Jenseits verlagern, also den Religionen übereignen; mächtige Ablenkungen wie zum Beispiel der Sturz in Hyperaktivität oder vorfabrizierten Konsum; oder Ersatzbefriedigungen, wie die Flucht in die »hohe« Kunst von Oper und Literatur; oder letztlich der Griff zu »Rauschstoffen«, wie Freud es vornehm ausdrückt. (UiK, 41) Ob offizielle Sucht, sprich »Suff und Konsum«, oder sanktionierte, sprich Hasch, Speed und Koks, ist unwesentlich.

War wohl nichts, mit dem aufgeblasenen Glück. Kleine Brötchen gilt es zu backen, für jenen, der – wie es im Mittelalter hieß – »zwischen Urin und Anus« geboren wurde. »Massenwahn«, genannt Religionen (UiK, 48), oder individueller Wahn, etwa Drogen, Flucht in Arbeit, Vergessen beim Konsum hoher Kultur, das sind die Tore zum vom Wirklichkeitsprinzip zerzausten Glück. »Das Programm, welches uns das Lustprinzip aufdrängt, glücklich zu werden, ist nicht zu erfüllen…« (UiK, 49 f.), meint schließlich resignierend Herr Freud. Wir könnten jedoch, simpel, wie wir nun einmal gestrickt sind, fragen, ob nicht die Liebe zwischen Partnern das Vorbild für alles Glück, das physische wie das psychische, ist. Aber schon längst hat das Realitätsprinzip in Form seiner Variante des Leistungsprinzips zugeschlagen. Liebe wird auf »genitale Erotik« (UiK, 66) reduziert und in der Ehe der geordneten Reproduktion und im Bordell dem geordneten Konsum zugeführt. Irgendwo können wir schon den Aufstand des Unterdrückten proben, beim Fremdgehen, im Stadion, bei Frustkäufen. Aber selbst dieser Aufstand unterliegt streng verordneten Regeln. Haben wir nun tatsächlich kein Glück mit unserer Suche nach »wahrem« Glück?

Es ist bezeichnend, dass Marcuse jene konservative Tristesse, die nur *ora et labora* (lat.: bete und arbeite!) kannte, nicht teilte, wobei das »Beten« nach Freud für Massenwahn steht und das »Arbeiten« nach Marcuse für ausbeutende Schufterei. Dieses abgetakelte Glück, zerquetscht zwischen mieser Weltflucht und kaputtmachender Schufterei, das ist es ja gerade, das es zu transzendieren, zu überwinden gilt. Gleichsam als Kampfansage steht der Titel des zweiten Teils seines Buchs *Triebstruktur und Gesellschaft*, nämlich *Jenseits des Realitätsprinzips*. Und spätestens jetzt liegt es nahe, all das zu mobilisieren, was sich dem bewahrenden, konservativen Realitätsprinzip entgegenstemmt: ein »neues« Realitätsprinzip, Fantasie und Utopie, neue Urbilder, eine nicht repressive Kultur, die Umwandlung der reproduktiven, genitalen Sexualität in Eros, die Versöhnung des Eros mit dem Todestrieb, mit Thanatos, dem Gott des Todes. Ein utopisches Programm, ein Dschungel aus Fantasie und Vision, in dem das »wahre Glück« wohnen soll. Eine Vision also über die Befreiung des Menschen.

Die Fantsasie muss sich nicht der permanenten Überprüfung durch die Realität stellen. Sie wird vom Lustprinzip genährt und nicht vom alles kanalisierenden Realitätsprinzip. Die Archetypen, die Marcuse in der Mythologie findet, heißen Orpheus und Narziss. Beide stehen dem großen, aggressiven Helden der Naturunterjochung und Ausbeutung Prometheus entgegen. Mit der Fantasie, die jenseits der Realität wohnt, spazieren zu gehen, ist zutiefst unvernünftig. Unsere Vernunft ist »Leistungsvernunft«. Sinnlichkeit und Lust, Triebe und naives Staunen sind die Feinde der Vernunft. Die Vernunft verbannt Visionen und Utopien ins Reich des Lächerlichen. Marcuse bezeichnet nun die theoretische Vernunft, welche die Natur aufschlüsselt und über Technologien sich unterwirft, und die praktische Vernunft, die uns in die Gesellschaft »hineindressiert«, als repressive Vernunft. (TuG, 158) Diese repressive Vernunft scheint ein Monopol auf Erkenntnis und Wahrheit zu besitzen. Aber Fantasie ist die Quelle der »großen Weigerung«, sie weigert sich schlichtweg, die Realität dieser Gesellschaft als endgültig anzuerkennen. Fantasie schützt und bewahrt vor dieser unterdrückenden Vernunft. Dass die »produktive Einbildungskraft«, also die Fantasie, auch die reale Außenwelt leiten soll, wie dies Novalis meinte, entlockt harten Faktenhubern nicht einmal ein müdes Lächeln. Märchen, Kunst, Musik, ja, aber dorthin, wo sie gehören: in die luxuriöse Abstellkammer »feiertäglicher Erholung« oder in den abkassierenden Kulturbetrieb. Opernbesuch oder CD-Kauf im Supermarkt, das sind die erhebenden Alternativen.

Orpheus und Narziss sind die Antihelden jenseits der offiziell Etablierten. (TuG, 158–170) Orpheus befiehlt nicht, er singt. Bäume und Tiere gehen mit ihm spazieren. Er metzelt keine Wälder nieder, diese folgen seinen Liedern. Er vernutzt nicht die Wiese und die Tiere, sondern er verzaubert sie. Sein Gesang befriedet die Tiere, versöhnt Löwe mit Lamm, die Natur mit dem Menschen. Und Narziss, der im Wasser seine eigene Schönheit empfängt, stellt im grenzenlosen Staunen die Zeit still und über seine Schönheit sich selbst. Hier taucht es wieder auf, das »ozeanische Gefühl«, hier sind Eros und Thanatos, Lustprinzip und Todestrieb, vereint und versöhnt, hier ist das Nirwana-Prinzip nicht Tod, sondern Leben. Die Lust ist für Augenblicke befreit, die Zeit stillgestellt, der Tod getötet, hier ist »Stille, Schlaf, Nacht, Paradies«. (TuG, 163) Wenn Narziss stirbt, ist er nicht gestorben, er lebt in der gleichnamigen Blume fort. Hier wäre die Quelle für wahre Sinnlichkeit, »Spiel und Sang«. (TuG, 163)

Das alles sind, nach Marcuse, nur Spuren, Ahnungen für ein neues Realitätsprinzip. Das alte Realitätsprinzip beschert uns ratternde Panzer, die Folterknechte der Mächtigen, die betrügenden Politiker und die Planeten plündernden Ökonomen. Narziss und Orpheus sind Symbole für eine Haltung gegenüber der Realität, die uns noch nicht oder nicht mehr unterdrückt hat. Orpheus, der schließlich keine Frauen mehr liebt, Narziss, der sich selbst liebt, beide protestieren gegen die »zeugende Sexualität«. Ihr Eros ist die große Weigerung, eine Verneinung der jetzigen Ordnung. Der orphische Eros legt Spuren zur Über-

windung des ewigen Daseinskampfs und der damit verbunde-
nen Grausamkeiten. Sein Logos, das heißt seine Botschaft, ist
nicht Herrschen, sondern Gesang, seine Tätigkeiten sind nicht
Produkte, sondern Werke. Narziss spiegelt nicht fremdgesteu-
erte Selbstverliebtheit, konsumorientiertes Schminken wieder,
sondern Schönheit, die sich selbst zeigt und betrachtet, also
Kontemplation. Diese Urbilder sind wenigstens Ahnungen, wo
das wahre Glück, die vernünftige Vernunft, die freie Freiheit
wohnen könnten.

Spätestens hier wird klar, was Fantasie bedeutet und welches
Potenzial eine nicht vom Beamtengeist vergiftete Philosophie
haben könnte. Produkte und deren entfremdete Herstellung
werden erotisiert und zum Werk. Die Natur ist nicht mehr
Objekt der Ausbeutung, sondern Garten. Das alles ein Traum?
Aber besser eine traumwandlerische Welt, als eine von Aktien-
kursen verminte, besser ein urwüchsiger Garten als eine mit
Chemikalien verseuchte und gentechnologisch verstümmelte
Natur. Während die stolzen neuen Technologien einer prothe-
tischen Kultur zustreben, in welcher der »Prothesengott« (UiK,
57) Mensch jeder Pflanze und jedem Busen seine genetische
oder silikonisierte Prothese verpasst, war Marcuses Traum die
Wiedererotisierung der Arbeit, der Vernunft und der Natur.
Nicht technologische Krücken, sondern erotisiertes Glück und
Vernunft waren seine Vision.

Anmerkungen:

1. Marcuse, Herbert: Der deutsche Künstlerroman. Frühe Aufsätze. Frankfurt
   am Main 1978, U4

2. All diese Werke erschienen übrigens zuerst in englischer Sprache.

3. Marcuse, Herbert: Vernunft und Revolution. Neuwied 1968, Seite 22 f.

4. Unter Reklameagenten versteht Herbert Marcuse nicht nur die »Werbefrit-
   zen« und deren Aktionen, die in Wort, Bild und Ton den Verbraucher in den
   Kaufrausch treiben sollen, sondern auch manipulierende Informationen von
   Parteiprogrammen, Schlagzeilen der Regenbogenpresse bis hin zu Sonntags-

reden. Diese bewirken dreifache Manipulation der Massen: Erstens wird Reklame zum Lebensstil erkoren. Zweitens wissen wir zwar, dass Reklame und Parteiprogramme nicht notwendigerweise wahr sein müssen, wir handeln aber trotzdem nach ihnen. Und drittens wirken die Sprache und die Bilder der Reklameagenten verhaltenssteuernd und kontrollierend für die Massen. Daraus resultiert für Marcuse die erschütternde, aber empirisch wohl korrekte Einsicht, »daß die Menschen nicht daran glauben oder nichts darauf geben und doch entsprechend handeln«.(EM, 122)

5. Marcuse, Herbert: Versuch über die Befreiung. Frankfurt am Main 1969, Seite 21 f.

6. Jay, Martin: Dialektische Phantasie. Frankfurt am Main 1976, Seite 342, Seite 57

7. Marcuse, Herbert: Über Revolte, Anarchismus und Einsamkeit. Zürich 1969, Seite 9, Seite 46

Literatur:

- Freud, Sigmund: Das Unbehagen in der Kultur. Frankfurt am Main 1994. Im Text abgekürzt mit UiK, Seitenzahl
- Marcuse, Herbert: Der eindimensionale Mensch. Neuwied, Berlin 1967. Im Text abgekürzt mit EM, Seitenzahl
- Marcuse, Herbert: Zur Kritik des Hedonismus. In: ders.: Schriften 3. Aufsätze aus der Zeitschrift für Sozialforschung. Frankfurt am Main 1979. Im Text abgekürzt mit KdH, Seitenzahl
- Marcuse, Herbert: Triebstruktur und Gesellschaft. Frankfurt am Main 1973. Im Text abgekürzt mit TuG, Seitenzahl

FERDINAND FELLMANN

Lebenskunst oder Ethik?

Im Spannungsfeld eines ungleichen Paares

Die Auflösung der politischen Strukturen führte schon im Ausgang der Antike zu einer individualistischen, weniger auf die Gemeinschaft bezogenen Vorstellung eines gelungenen Lebens. Auch in unserer modernen Erlebnisgesellschaft scheinen viele Menschen nur noch ihrem persönlichen Wohlergehen nachzujagen. Zwar hat Immanuel Kant versucht, das Streben nach Glück als Prinzip der Moral abzuschaffen und die Vernunft an dessen Stelle zu setzen, aber durch die Vernunft allein wird man auch nicht glücklich. Die Vernunftmoral mag uns zu einem reinen Gewissen verhelfen, doch für ein gelingendes Leben tut nach wie vor Lebenskunst not, die Pflicht und Neigung miteinander verbindet.

Auf die Frage der Moral: »Was soll ich tun?« hat Immanuel Kant mit dem Kategorischen Imperativ (»Handle nur nach derjenigen Maxime, durch die du zugleich wollen kannst, daß sie ein allgemeines Gesetz werde«) eine Antwort gegeben, die an Klarheit nichts zu wünschen übrig lässt. Freilich ist damit noch nicht gesagt, wie sich diese Norm in Lebenswirklichkeit umsetzen lässt. Denn es kann durchaus sein, dass man das, was man tun soll, aus verschiedenen Gründen weder tun will noch tun kann. Kants Machtspruch: »Du kannst, denn Du sollst« wirkt hier eher wie ein Schlag vor den Kopf. Dagegen gilt: Das *Was* ist nicht unabhängig vom *Wie*. Damit kommt die Lebenskunst als Partner der Ethik ins Spiel. Lebenskunst beschränkt sich aber nicht auf die Funktion, rational begründete Normen anwendbar zu machen. Ethik und Lebenskunst stehen in wechselseitiger Abhängigkeit. Während sich zu Kants Zeiten die Ethik in der Rolle des Herrn gefiel, hat sich heute das Verhältnis verkehrt. Der Boom der Lebenskunst droht die normative Ethik zum Verschwinden zu bringen. Diese Situation, die von vielen als Fortschritt begrüßt wird, mittlerweile aber auch auf Kritik stößt, wirft eine Reihe von Fragen auf. Erstens: Wie kommt es zum Primat der Lebenskunst in unserer Zeit? Zweitens: Macht Lebenskunst rationale Begründung ethischer Normen überflüssig? Drittens: In welcher Form lassen sich Ethik und Lebenskunst miteinander verbinden? Meine Antworten laufen auf eine Philosophie der Lebenskunst hinaus, die Glücksstreben und moralische Verpflichtung als komplementäre Bilder der *conditio humana,* das heißt der Bedingung des Mensch-Seins, auffasst. Es geht also nicht um eine Verschmelzung von Ethik und Lebenskunst. Beide müssen ihre Eigenart und Selbstständigkeit bewahren. Gerade dadurch aber gehören sie zusammen und bilden ein ungleiches, gleichwohl unzertrennliches Paar.

Lebenskunst tut not

Die Pflichtethik Kants hat über viele Generationen das moralische Verhalten der Menschen geprägt. Zwar ist schon früh am Formalismus Kants Kritik geübt worden, aber die Strukturen der bürgerlichen Gesellschaft waren darauf angelegt, die Idee unbedingten Gehorsams so zu verinnerlichen, dass sie gleichsam zur zweiten Natur des Menschen wurde. Erst die im 20. Jahrhundert von Deutschland ausgehenden Menschheitskatastrophen haben massive Zweifel an der Autorität der praktischen Vernunft aufkommen lassen. So sind die Zeiten, in denen das Moralische sich von selbst verstand und Pflicht der Leitbegriff der Ethik war, unwiederbringlich vorbei. Mit der Demokratisierung der Gesellschaft und dem Abbau autoritärer Institutionen und Denkformen hat sich nach dem Zweiten Weltkrieg ein neues Selbstverständnis des Menschen gebildet. In der Risikogesellschaft ist der Mensch auf sich selbst gestellt und bezieht sein Selbstwertgefühl daraus, ob und wie es ihm gelingt, sich in der Konkurrenz nicht nur ökonomisch, sondern auch moralisch zu behaupten. Mit der Individualisierung geht eine vorher nie da gewesene Expansion der Wünsche einher; das »Ich will« wird als unhinterfragbare Artikulation des Selbst angesehen. Der Wille wird aber nicht wie in Kants Ethik als Selbstgesetzgebung der Vernunft verstanden, sondern äußert sich in einer starken Emotionalität, die als Authentizität hoch im Kurs steht.

Da kollektive Sinnquellen weitgehend erschöpft sind, orientieren sich die Menschen in ihrem Lebensstil an einer ausgeprägt subjektivistischen Vorstellung von Glück. Glück rückt damit in die Nähe sinnlicher Lust, wobei es nicht primär um Erfüllung geht, sondern um einen Spannungszustand, so wie er für die erotische Liebe charakteristisch ist. In der Erlebnisgesellschaft ist der Mensch ständig auf der Suche nach dem persönlichen Glück, das allerdings definitiv nicht erreichbar ist. Indem der Weg selbst zum Ziel wird, entfallen objektive Regeln des Glückserwerbs. Die Pflichtethik weicht der Lebenskunst, die der Lebenserfahrung darin gleicht, dass sie jeder selbst machen muss. Allgemein verbindliche Normen werden als Fesseln empfunden.

Insbesondere stoische Lebenskunst erfreut sich in populären Textsammlungen derzeit großer Beliebtheit. Sicherlich gibt es Parallelen zur spätantiken Subjektivierung des Glücks als Folge der Auflösung politischer Strukturen. Bei allen Übereinstimmungen ist der moderne Individualismus jedoch nicht identisch mit den antiken Ausprägungen. Ein entscheidender Unterschied liegt im Bild vom Menschen. Für die antike Psychologie bildet die Seele ein harmonisches Ganzes, die moderne Psychologie sieht den Menschen dagegen als Konfliktwesen, das nicht nur mit Widerständen der Außenwelt, sondern auch mit solchen der Innenwelt zu kämpfen hat. Daher ist der von Epikur empfohlene Rückzug in den Garten als Ort der Seelenruhe heute kaum noch praktikabel. Wenn sich Manager gelegentlich in weltliche Klöster zurückziehen, ist das eher eine Modeerscheinung, die nicht wirklich zum Ziel führt. In Sigmund Freuds bildlichem Ausdruck vom Menschen, der nicht mehr Herr im eigenen Hause ist, stößt die antike Lebenskunst an ihre Grenzen.

Aber noch ein weiterer Punkt macht es erforderlich, einen Schritt über die antike Lebenskunst, die in der klassischen Zeit mit der Ethik identisch war, hinauszugehen. Denn die Tugendethik des Aristoteles (siehe Erläuterungen), so anregend sie auch sein mag, krankt daran, dass sie nur für eine bestimmte Klasse von Menschen verbindlich war, nämlich für den freien Bürger der *Polis*. Sklaven und Frauen dagegen waren ausgeschlossen. Erst das Christentum hat mit der Nächstenliebe einen Begriff vom Mitmenschen hervorgebracht, der allumfassende Geltung beansprucht. Die derzeitige Globalisierung macht einen solchen Universalismus, der bisher nur als Idee vorhanden war, zur gelebten Realität. Jenseits der bürgerlichen Gesellschaft sind Individuen mit unterschiedlichen kulturellen Hintergründen darauf angewiesen, ohne Anleitung Formen des friedlichen Zusammenlebens zu organisieren. Das erfordert ein starkes Selbstwertgefühl, das sich nicht mehr auf die traditionellen europäischen Tugendkataloge stützen kann.

Die Suche nach dem eigenen Weg in den multikulturellen Gesellschaften überfordert viele Menschen, sodass Unsicherheit und Zukunftsangst um sich greifen. Die Kunst des Lebens ist demnach kein Know-how, das man aus technischen Anleitungen lernen kann. Vielmehr müssen die emotionalen Voraussetzungen für ein stabiles Selbstwertgefühl geschaffen werden. Der Übergang zu therapeutischen Praktiken der Heilung des Selbst ist unverkennbar. Wie prekär die Lage der modernen Lebenskunst auch sein mag, für den individuellen Orientierungsbedarf ist sie unverzichtbar und stellt die normative Ethik in den Schatten.

Der französische Philosoph Michel Foucault hat den Nerv der modernen Lebenskunst getroffen, als er in den 1980er-Jahren den dritten Band von *Sexualität und Wahrheit* unter dem Titel *Die Sorge um sich* veröffentlichte. Er hat damit an die antike Lebenskunst angeschlossen, diese aber in Richtung auf Selbsterfindung des Menschen erweitert. Dieses Vorgehen ist auf fruchtbaren Boden gefallen. Als prominentester Nachfolger in Deutschland ist Wilhelm Schmid zu nennen, der eine ganze Lebenskunstbibliothek geschaffen hat. Ausgehend von einer Analyse der Moderne entwickelt Schmid eine Deutung der Existenz, die den Menschen nicht als isoliertes Subjekt begreift, sondern menschliches Verhalten als komplexes emotionales System in einer komplexen Umwelt beschreibt. Dieser ganzheitliche Ansatz führt zu einem Begriff von Lebenskunst, der den modernen Individualisten ein ökologisch abgefedertes Zeitalter des Ausgleichs verspricht.

Der Überblick zeigt, dass der Primat der Lebenskunst gegenüber der Ethik keine Laune der Moderne ist, sondern Resultat der modernen Lebensform. Der auf Erfolg programmierte, flexible Mensch braucht individuelle Orientierung, um nicht der Dumme zu sein. Die proteische Lebensform (nach Art des Proteus; wandelbar, vielgestaltig) ist auch nicht automatisch als Verlust zu bewerten, sondern stellt eine legitime Strategie dar. Die größere Lebensnähe der Lebenskunst hat freilich ihren Preis. Denn individuelle wie kollektive Lebensgefühle sind unberechenbaren Schwankungen unterworfen, sodass der Individualismus nicht immer zum Wohle der Menschen gereicht. Die zur Selbsterfindung gesteigerte Selbstsorge läuft somit Gefahr, jede Orientierung zu verlieren. Wo Unbestimmtheit absolut gesetzt wird, gibt es keine Freiheit, sondern Notwendigkeit des Zufälligen. Freiheit ist nur dort zu haben, wo Grenzen der Machbarkeit respektiert werden. Lebenskunst hat daher die Bedingungen zu berücksichtigen, unter denen das Selbst sich moralisch behaupten kann. Denn kein System kann sich vollständig selbst begründen. Populärer ausgedrückt: Niemand außer Münchhausen ist in der Lage, sich am eignen Schopf aus dem Sumpf zu ziehen. So bleibt die Frage offen, ob die moderne Lebenskunst rationale Begründung moralischer Normen ganz überflüssig macht. Vieles spricht dafür, dass sich das Prinzipielle doch nicht so leicht verabschieden lässt, wie es Modernitätstheoretiker versprochen haben.

Normen und Werte

Die Einsicht in die Konfliktnatur des Menschen und die Schwierigkeiten mit der individuellen Glückserfüllung haben Kant zu einem radikalen Schnitt veranlasst. Mit der Verabschiedung des Glücks als Prinzip der Moral hat er die Ethik von der Lebenskunst getrennt. Allgemein geltende Normen lassen sich nach seiner Überzeugung nur rein formal nach dem Prinzip der Widerspruchsfreiheit begründen. Zwar ist sich Kant darüber im Klaren, dass zum Menschsein notwendig das Streben nach Glück gehört, aber Glück ist für ihn ein zu unbestimmter Begriff, als dass sich darauf verlässliche Handlungsregeln begründen ließen. Denn hinter dem eigenen Selbstwertgefühl verbergen sich oft undurchschaute und unlautere Motive, sodass der Einzelne bei seinem Verhalten manchmal gar nicht weiß, was er eigentlich will. Kants Formalismus des Kategorischen Imperativs (siehe Erläuterungen) ist der Versuch, alle Menschen unabhängig von ihren Fähigkeiten und ihrem Stand an den moralischen Werten teilhaben zu lassen.

Kants geniale Idee, universale ethische Normen durch rein formale Begründung von der lebensweltlichen Unbestimmtheit zu befreien, hat allerdings ihren Preis. Zum einen die Frage, inwieweit logische Einsichten zu Handlungen motivieren. Zum anderen die Unbedingtheit der Imperative (Sollenssätze). Kants Forderung, niemals zu lügen, kann Menschen in seelische Konflikte bringen, so wenn beispielsweise eine Lüge größeres Unheil verhindern würde. Die vorprogrammierten Konflikte der reinen Vernunftmoral mit dem Lauf der Welt haben Kant dazu gezwungen, den Menschen in ein vernünftiges und ein empirisches (hier: lebensweltliches) Subjekt zu spalten, ein Vorgehen, das unserem Selbstverständnis widerspricht. Die Opposition von Pflicht und Neigung versucht Kant durch die Hilfskonstruktion eines jenseitigen Reichs der Zwecke zu überbrücken, wo jedem genau das Glück zuteil werden soll, das er sich moralisch verdient hat.

Die Lebensfremdheit von Kants Vernunftmoral hat die Suche nach alternativen Begründungen moralischer Normen angefacht. Im 20. Jahrhundert hat Jürgen Habermas in seiner Diskursethik die Intersubjektivität ins Spiel gebracht, diese aber nicht der Emotionalität überlassen. Kommunikatives Handeln als die Instanz universaler Normenbegründung beruht auf dem Austausch von Argumenten, der festen Teilnahmebedingungen unterworfen ist. Dieses Begründungsmodell, das im letzten Drittel des 20. Jahrhunderts weltweite Zustimmung erfahren hat, beruht auf der unausgesprochenen Voraussetzung, dass in ethischen Fragen grundsätzlich Konsens möglich sei, sodass die Einheit von Lebenswelt und universalen Normen gesichert scheint. Leider zeigt die Kolonialisierung der Lebenswelt ein anderes Gesicht. So konnte es nicht ausbleiben, dass die geheime Teleologie (Zielgerichtetheit) der Diskursethik sich als wohlgemeinte Illusion erwies. Der Glaube an einen universellen rationalen Konsens hat dem liberaldemokratischen Denken den Blick auf die Wirklichkeiten, in denen wir leben, verstellt. Damit soll keinem tragischen Schicksalsglauben das Wort geredet werden. Doch nur wer die Grenzen des Machbaren kennt, kann sich in der Welt moralisch orientieren, ohne zum Traumtänzer zu werden.

Die Grenzen der universalistischen Moral bedeuten aber nicht, dass Normenbegründung unmöglich ist. Nur bedarf es anderer Formen der Begründung, die durchaus rational genannt zu werden verdienen. So hat Max Scheler dem kantischen Formalismus eine materiale Wertethik entgegengestellt. Werte, so Scheler, lassen sich nicht aus der Vernunft ableiten, sondern entspringen dem Gefühl und haben daher nur eine relative Allgemeinheit. Das heißt aber nicht, dass Scheler individuelle Befindlichkeiten zum Prinzip der Wertethik macht. Anders als Normen entsprechen Werte den eigenen Wünschen, werden aber als Forderungen erfahren, deren Erfüllung Verzicht auf eigene Interessen zur Folge haben kann. Werte setzen also die eigenen Interessen voraus, übersteigen jedoch durch den Bezug auf andere Subjekte eine bloß individuelle Geltung. Scheler hat dieses Modell für die Liebe durchgespielt, was ihn zur Ethik als *ordo amoris* (Gesetz der Liebe) geführt hat. Allerdings macht diese Position Schwierigkeiten, da die Liebe zu besonders nahestehenden Personen sich nicht ohne weiteres zur Nächstenliebe erweitern lässt.

Damit aber ist die Wertethik nicht vom Tisch. Moralische Werte stehen für die Bedingungen, die erfüllt sein müssen, damit sich Menschen überhaupt Zwecke setzen und sich frei entscheiden können. Die Bedingungen liegen in der Berücksichtigung der anderen, so wie sie in der sogenannten Goldenen Regel formuliert ist (»Was du nicht willst, dass man dir tu, das füg auch keinem andern zu.«). Dabei geht es nicht nur um rationale Abwägung, sondern um emotionale Übereinstimmung. Anders als reine Vernunftwahrheiten sind Werte subjektiv und objektiv zugleich. Durch diese Doppelseitigkeit unterscheiden sie sich von abstrakten Normen ebenso wie von unkontrollierbaren Affekten. Wertethik liefert eine konkrete Form der Begründung im Sinne der emotionalen Rationalität, die Genese und Geltung, Wollen und Sollen aufeinander bezieht. Insofern ist Ethik als theoretische Disziplin der Normenbegründung unverzichtbar. Somit behalten Ethik und Lebenskunst ihre Berechtigung als zwei Arten, das Leben zu betrachten und zu bewerten. Es bleibt für die Philosophie die Aufgabe, das Verhältnis beider genauer zu bestimmen.

Nähe und Distanz

Dass Menschen dazu neigen, ihr Glücksstreben hemmungslos auszuleben und zu Egoisten zu werden, ist hinreichend bekannt. Daher bringen Moralpredigten in der Regel nichts. Allerdings würde man die Natur des Menschen verkennen, wenn man unter Glück bedingungslose Wunscherfüllung versteht. Natürlich ist der Mensch auf Wunscherfüllung programmiert, aber sein Selbstwertgefühl hängt doch davon ab, auf welchem Wege die Wünsche erfüllt werden. Der Mensch ist ein geselliges Wesen, das seine Existenz vor anderen rechtfertigen muss. Daher hat selbst ein Verbrecher in der Regel ein Bild von der Welt parat, mit dem er seine ungesetzlichen Handlungen rechtfertigt. Selbstsorge reduziert sich also nicht auf reines Machtstreben, sondern impliziert ein Geltungsstreben, das nach Anerkennung seitens der Mitmenschen verlangt. Die tiefste Anerkennung liegt freilich jenseits der öffentlich anerkannten Normen und ist auch nicht durch rationalen Diskurs erreichbar. Sie gewinnt der Mensch in der Liebe, insbesondere in der Liebe der Mutter, die das Kind auch dann noch als ihr Kind betrachtet, wenn es moralisch versagt hat.

Das Bild vom Menschen als rechtfertigungsbedürftiges Wesen resultiert aus der Paradoxie der Subjektivität, die darin besteht, dass der Mensch als handelndes Wesen immer Täter und Opfer zugleich ist. Täter und Opfer ist der Mensch nicht nur im äußeren Handeln, sondern auch in seinen innersten Regungen und Wünschen. Als Täter brauchen wir Lebenskunst, um unser Glück zu machen, als Opfer brauchen wir Ethik, um an der schnöden Welt nicht zu verzweifeln. Die Lebensklugheit bewahrt uns davor, der Dumme zu sein, die moralischen Werte helfen uns, mit den Läsionen fertig zu werden, indem wir die Verursacher als moralisch Böse betrachten. In der Antike, wo die Konfliktnatur des Menschen noch nicht erkannt war, gehörten Ethik und Lebenskunst noch zusammen. Das hat sich heute geändert, sodass Ethik und Lebenskunst zwei komplementäre Bilder der *conditio humana* liefern. So wie die Materie entweder als Welle oder als Teilchen betrachtet werden kann, kann der Mensch immer nur eine Perspektive seines Handelns realisieren, sodass Glück und Moral zwar zusammengehören, sich aber nicht auf einen Nenner bringen lassen.

Die Komplementariät von Ethik und Lebenskunst resultiert nicht aus der heute häufig zitierten Unterscheidung zwischen der Perspektive der ersten und der dritten Person. Vielmehr geht es darum, wie ich den Blick der anderen erfahre. Die anderen sind keine unbeteiligten Beobachter, sie repräsentieren nicht den Blick von nirgendwo, sondern es sind beteiligte andere mit ihren Interessen der Selbstsorge. Es handelt sich also um ein Verhältnis von wechselseitig aufeinander Bezogenen, dessen Auflösung nicht einseitig sein kann. Daraus folgt: Glück ohne Moral ist nicht zu haben, wenn man unter Glück mehr als ein momentanes Hochgefühl beim Erreichen von Zielen versteht. Lebenskunst als Weg zum Glück ist daher mehr als eine strategische Disziplin. Zur Kunst des Lebens gehört die Kunst des Liebens, die den privilegierten Anderen in das eigene Leben hineinnimmt, ohne seine Selbstständigkeit zu zerstören. Das macht die Lebenskunst zu einer erotischen Disziplin, »erotisch« verstanden als Enthusiasmus für die Fülle an Möglichkeiten menschlichen Zusammenlebens. Sicherlich lässt sich soziale Moral nicht als Ausweitung der Zweierbeziehung verstehen, aber diese ist der Ort, an dem der Mensch die moralischen Kompetenzen erwirbt, die für eine demokratische und liberale Gesellschaft erforderlich sind.[1]

Bleibt abschließend die Frage, welche Regeln einer modernen Lebenskunst angemessen sind. Es müssen Regeln sein, die dem Individualismus Rechnung tragen. Wenn jeder sein Leben selbst organisieren muss, wird der Rollenwechsel zu einer beliebten Strategie, dem Konkurrenzdruck standzuhalten. Aber die Vervielfältigung des Ich, eine Art sozialer Mimikry, führt in der Regel nicht zu dem Glück, das die Generation der postmodernen »Alleswoller« sich davon verspricht. Unverzichtbar sind Regeln, die den subjektiven Standpunkt mit dem objektiven verbinden. Das leisten Regeln der Fairness, die auf Gegenseitigkeit beruhen, aber nichts mit Altruismus zu tun haben. Jeder will in seinem Glücksstreben die anderen übertreffen, aber niemand kann mit dem Vorwurf unfairen Verhaltens vor den anderen und vor sich selbst auf die Dauer bestehen. Insofern brauchen Regeln der Fairness nicht gepredigt zu werden. Das Leben selbst zwingt die Menschen zur Fairness, da nur derjenige am sozialen Leben teilnehmen kann, der sich fair verhält. Theoretisch bilden Regeln der Fairness die gemeinsame Grenze zwischen Ethik und Lebenskunst, die als ungleiches Paar dazu verdammt sind, zwischen Nähe und Distanz die Balance zu halten. So kann man als Fazit festhalten: Ethik ohne Lebenskunst ist leer, Lebenskunst ohne Ethik blind.

Anmerkungen:

1. Der Andere kommt in der antiken Lebenskunst durch die Männerfreundschaft ins Spiel, oft mit homoerotischem Hintergrund. Erst in neuerer Zeit wird die Zweierbeziehung zwischen Mann und Frau, die heterosexuelle Paarbeziehung, in die Suche nach Wegen zu einem gelungenen Leben einbezogen. Zum modernen Menschenbild als Paarwesen siehe: Fellmann, Ferdinand: Das Paar. Eine erotische Rechtfertigung des Menschen. Berlin 2005

Zur Vertiefung empfohlen:

– Fellmann, Ferdinand: Philosophie der Lebenskunst. Junius Verlag, Hamburg 2009

RICHARD RESCHIKA

Der metaphysische Charmeur

E. M. Cioran – Weltverächter und Überlebenskünstler

Misanthropischer Schwarzseher, notorischer Pessimist, nihilistische Sirene, Tiefseetaucher des Schreckens, Gotteslästerer und Untergangsprophet – die Liste der hartnäckigen Klischee-Urteile, die man mit dem Namen E. M. Cioran bis heute verbindet, ließe sich beliebig erweitern.

Zeichnung: Keuchenius

Doch wer sich eingehender mit dem rumänischen, seit 1937 im Pariser Exil lebenden und auf Französisch schreibenden Dichterphilosophen und Kulturkritiker auseinandersetzt, wird auch gänzlich andere Züge an ihm entdecken.

»Verglichen mit der Alltäglichkeit des Nichtseins, welches Wunder ist doch das Sein! Es ist das Unerhörte, das, was nicht vorkommt, ein Ausnahmezustand. Nichts hat die Macht darüber außer unserem Wunsch, es zu erlangen, sich den Eintritt zu erzwingen, es im Handstreich einzunehmen. Existieren ist eine Angewohnheit, und ich werde die Hoffnung nicht aufgeben, sie mir zu eigen zu machen … Ich habe genug vom Nein, das Ja verlockt mich« (DV 251), bekennt der vielleicht größte Skeptiker seines Jahrhunderts und Erzfeind allen Machbarkeitsdenkens, allen Fortschritts- und Utopieglaubens in *Dasein als Versuchung*.

Die biblische Aufforderung zur Fortzeugung des Menschengeschlechts kann für Cioran (1911–1995) nur das Gebot eines bösen Demiurgen (Weltenschöpfers) sein, »Geburt und Kette«

sind für ihn Synonyme (NG 166). Doch aller radikalen Rede *Vom Nachteil, geboren zu sein*, vom eigenen Dasein *Auf den Gipfeln der Verzweiflung* und der sich ihm allenthalben und immerdar bestätigenden *Lehre vom Zerfall* – so seine extrem formulierten Buchtitel – zum Trotz, erlebt auch dieser schwarzgallige Denker-wider-sich-selbst immer wieder Momente des Staunens, ja der Glückseligkeit angesichts des unauslotbaren Mysteriums menschlicher Existenz, der Rätselhaftigkeit der Welt. »Wir sind am Grund einer Hölle, von der jeder Augenblick ein Wunder ist« (VS 126), formuliert der Meister des Absurden, des Paradoxen und der Provokation 1969 in seiner Essay- und Aphorismensammlung *Die verfehlte Schöpfung*. Hierin liegt eine versteckte, durchaus »positive« Dimension seines luziden Denkkosmos, die von seinen Lesern, aber auch Interpreten oftmals übersehen wird.

Damit reiht sich Cioran in eine lange, ehrwürdige Tradition ein, denn bereits für die griechische Philosophie stellte das Staunen und Sich-Wundern (griechisch *thaumazein*) nicht weniger als die nicht versiegende Quelle allen Denkens dar. Bei Platon lesen wir: »Das Auge hat uns des Anblicks der Sterne, der Sonne und des Himmelsgewölbes teilhaftig werden lassen.« Dieser Anblick hat uns »den Trieb zur Untersuchung des Alls gegeben. Daraus ist uns die Philosophie erwachsen, das größte Gut, das dem sterblichen Geschlecht von den Göttern verliehen ward.« Aristoteles dachte genauso: »Denn die Verwunderung ist es, was die Menschen zum Philosophieren trieb.« Im Wundern werden sich die Menschen des Nichtwissens bewusst, wobei sie das Wissen aber um des Wissens selber willen suchen, und nicht etwa »zu irgendeinem gemeinen Bedarf«. In diesem Sinne formulierte auch der wichtigste mittelalterliche Theologe Thomas von Aquin: »Staunen ist eine Sehnsucht nach Wissen.« Im 20. Jahrhundert stellte der Sprachphilosoph Ludwig Wittgenstein dann fest: »In der Einzigkeit meines Lebens zeigt sich Unaussprechliches. Dies zeigt sich, es ist das Mystische. Nicht *wie* die Welt ist, ist das Mystische, sondern *dass* sie ist ... Das Gefühl der Welt als begrenztes Ganzes ist das Mystische.« Und im Anschluss daran fand Martin Heidegger das Wesen des Mystischen im Staunen über das Wunder, dass es »überhaupt Seiendes und nicht vielmehr nichts« gibt.

Dass sich dieses Staunen, das die Welt mit einem Mal als Wunder begreift, bei Cioran nahezu bis zur mystischen Erleuchtungserfahrung im Stile des Zen-Buddhismus steigern konnte, davon zeugt das sogenannte Kastanien-Erlebnis, das er uns in dem 1973 publizierten Band *Vom Nachteil, geboren zu sein* schildert: »Als ich zu später Stunde in dieser baumgesäumten Allee spazierte, fiel eine Kastanie mir zu Füßen. Das Geräusch, mit dem sie zersprang, das Echo, das es in mir weckte, und eine Ergriffenheit, die zu einem so winzigen Zwischenfall in keinem Verhältnis stand, tauchten mich ins Wunder, in die Trunkenheit des Endgültigen, als gäbe es keine Fragen mehr, nur noch Antworten. Ich war trunken von tausend unerwarteten Evidenzen (hier: Einsichten), mit denen ich nichts anzufangen wusste ... So rührte ich beinahe an das Äußerste. Doch hielt ich es für geraten, meinen Spaziergang fortzusetzen.« (NG 15)

Wie Cioran in einem Gespräch mit Sylvie Jaudeau berichtet, hatte er bereits Ende der 1920er-Jahre wiederholt die Erfahrung ekstaseähnlicher Zustände gemacht: »Jedenfalls habe ich Augenblicke erlebt, in denen man aus der Welt der Erscheinungen herausgerissen wird und völlig unvorbereitet von unmittelbarer Ergriffenheit gepackt wird. Das Sein ist in eine ungewöhnliche Fülle oder vielmehr eine triumphale Leere getaucht ... Diese wenigen Erleuchtungen enthüllen mir die Erkenntnis des höchsten Glücks, von dem die Mystiker sprechen.« Cioran vergleicht die Ekstasen mit einer Befreiung und gesteht, insgesamt vier solcher rauschhaften Zustände erlebt zu haben – wie Plotin (ca. 205–270).

Neben den vitalen Instinkten, dem verrückten Daseinshunger, waren es wahrscheinlich gerade diese einmaligen Augenblicke einer Mystik der offenen Augen, die den seit seiner Jugend von chronischer Schlaflosigkeit – den einsamen *Nuits blanches* (weißen Nächten) – Geplagten und vom schmerzlich-melancholischen Daseinsgefühl, ja sogar von Selbstmordgedanken Heimgesuchten »weitermachen«, ihn letzten Endes ein gesegnetes Alter von 84 Jahren erreichen ließen. Zweifellos prägten diese Momente einer »taghellen Mystik« – um mit Robert Musil zu sprechen – Ciorans »Erlebnisphilosophie« in nicht unerheblichem Maße. Sind es doch in erster Linie eigene Erfahrungen und subjektive Stimmungen (französisch: *sensations*) und weniger die reichen Lesefrüchte, welche seine philosophischen Reflexionen stets fundieren: »Alles, was ich angeschnitten habe, alles, über das ich mein Leben lang ausführlich geredet habe, ist nicht zu trennen von dem, was ich erlebt habe. Ich habe nichts erfunden, ich bin nur der Sekretär meiner Empfindungen gewesen.« (G 137) Philosophische Reflexion hat nach Cioran nur dann einen Wert, wenn sie dem Leben dient, das heißt gelebte Philosophie ist. Und so teilt Cioran mit den Lebensphilosophen – von Arthur Schopenhauer und Friedrich Nietzsche, über Georg Simmel und Oswald Spengler bis hin zu Ludwig Klages – die Einsicht in die Unhintergehbarkeit des Erlebens, das Primat der Erfahrung und des Gefühls anstelle des oftmals wirklichkeitsverzerrenden und -entfremdenden Intellekts.

Spätestens seit dem aus einer religiösen Krise entsprungenen Jugendwerk *Von Tränen und von Heiligen*, das vor allem den Spuren der christlichen Heiligen folgt und eine Erklärungskunst der Tränen zu entwerfen versucht, ist Cioran, der Sohn eines griechisch-orthodoxen Popen, Feuer und Flamme für die Mystiker dieser Welt, die eines mit den Skeptikern gemeinsam haben: Sie üben sich in »Entfaszination«, gehen den Illusionen nicht auf den Leim. Wie viele Philosophen, lassen sich auch die Mystiker nicht von den Gelehrten und ihrer Besessenheit von Systemen auf eindimensionale Standpunkte festnageln, denn: »Der Mystiker erlebt seine Ekstasen und seine Lethargien niemals in den Grenzen einer Definition: nicht den Forderungen des Denkens wünscht er gerecht zu werden, sondern denen seiner Erlebnisse. Mehr noch als der Dichter legt er Wert auf das eigene Erlebnis, weil es ihn mit Gott in Berührung bringt.« (DV 166) Dem modernen Häretiker Cioran zufolge verdankt Gott den Mystikern alles: seinen Ruhm, sein Geheimnis, seine Ewigkeit. Die mystische Ekstase betrachtet er als wehmütig gesuchten Zustand, wo der Geist ausgedient hat, die Reflexion und mit ihr die Verlegenheitslogik aufgehoben sind.

Außer in der Mystik, der westlichen wie der (fern) östlichen – Teresa von Avila ist seine deklarierte Lieblingsschriftstellerin –, erkennt Cioran vor allem in der Musik ein besonders geeignetes Mittel, um die schmerzenden Fesseln der Vereinzelung, die Einsamkeit des Bewusstseins zu sprengen. Und so begegnen wir in seinem Werk einer Apotheose (Verklärung) der Musik, die ihresgleichen sucht. Im Anschluss an die Kunstphilosophie Arthur Schopenhauers und Friedrich Nietzsches »Artistenevangelium« von der Kunst als der letzten metaphysischen Tätigkeit innerhalb des europäischen Nihilismus[1] wird bei Cioran die Musik zum erotischen Medium, in dem das Leben kräftig und zerreißend aufscheint, zuweilen aber auch zur Möglichkeit eines metaphysisch-transzendenten Erlebens.

Bereits in seinem *Buch der Täuschungen* von 1936, das die allgegenwärtigen Illusionen und Selbsttäuschungen, die unser Dasein überhaupt erst ermöglichen, unerbittlich entlarvt, lesen wir zu unserer Überraschung Sätze, die wir einem destruktiven Defätisten eigentlich nicht zugetraut hätten: »Der musikalische Zustand verknüpft in dem Einzelnen absoluten Egoismus mit höchstem Edelmut. Du willst nur du selbst sein, doch nicht um eines kleinlichen Dünkels, sondern um eines erhabenen Strebens nach Einheit, eines Aufbrechens der Schranken der Individuation willen, nicht jedoch im Sinne des Verschwindens des Individuums, sondern der Auflösung der vom Sein der Welt auferlegten Bedingungen.« (BT 8) Und nicht weniger enthusiastisch: »Musikalische Ekstase ist Rückkunft zur Identität, zum Ursprünglichen, zu den urgründigen Wurzeln der Schöpfung. In ihr bleiben der reine Rhythmus des Daseins, die immanente und organische Strömung des Lebens allein übrig. Ich *höre* das Leben. Hier beginnt alle Offenbarung.« (BT 10)

Besondere Bedeutung kommt hierbei den Musikgiganten Johann Sebastian Bach und Wolfgang Amadeus Mozart zu, deren unterschiedliche Temperamente Cioran poetisch beschwört: »Wenn wir mit Bach die Sehnsucht nach dem Paradies fühlen, so sind wir mit Mozart darin. Diese Musik ist wahrhaft paradiesisch. Ihre Harmonien sind Lichttanz im Ewigen. Mozart kann uns lehren, was der anmutige Begriff der Ewigkeit bedeutet. Eine Welt ohne Zeit, ohne Schmerz, ohne Sünde … Bach beschwor die Tragödie der Engel herauf, Mozart hingegen ihre Melancholie. Aus lichtdurchtränkten Heiterkeiten gewirkte, engelische Schwermut – Farbenspiel.« (BT 92) Ciorans letzte große Leidenschaft galt allerdings dem argentinischen Tango, diesem »traurigen Gedanken, den man tanzen kann«, wie ein Unbekannter ihn einmal trefflich umschrieb.

Neben den stimulierenden Offenbarungen der Mystik und der Musik, die ihn für privilegierte Momente nicht nur den Glauben an den Jammer der Welt, das Unbehagen an der Existenz verlieren, sondern sogar seine Seele jubeln lassen, ist es jedoch das Schreiben selbst, das für den Vielleser Cioran zum Ausdruckszwang, zur bewährten Autotherapie, zur wahren Über-Lebenskunst und damit zur zeitweiligen Rettung vor dem Tod wird. Immer wieder betont Cioran das Körperhafte beim kreativen Akt: »Wenn du trotz allem überlebst, ist es doch dem Objektivationsvermögen zu verdanken, vermittels welchem du jene unermessliche Spannung schreibend abschüttelst« (GV 13), lesen wir in seinem rumänischen Debütwerk *Auf den Gipfeln der Verzweiflung* aus dem Jahre 1934.

Dabei verzichtet der Meisterstilist, der sich in der Lebensmitte von seiner geliebten Muttersprache Rumänisch lossagt und auf Französisch, einer von ihm als einengend empfundenen »Juristensprache«, zu schreiben beginnt, bewusst auf den traditionellen akademischen Diskurs der Philosophie. Statt blutleerer, trockener Systematik und argumentativer Logik bedient er sich in seinen philosophischen Meditationen einer poetisch-lyrischen Ausdrucksweise, die von Paradoxien und Übertreibungen durchsetzt ist. Denn reflektierende »Unmittelbarkeit«, extreme Subjektivität, das schonungslose Bekenntnis, Verkürzungen, Reihungen und Ellipsen sind für Cioran die stilistischen Formen, in denen – wenn überhaupt – das »wahre«, »überströmende« Leben adäquat Gestalt annehmen kann. Die Frageform, der konjunktivische Sprachstil, vor allem jedoch das Fragmentarische, die Gedankensplitter, verdeutlichen dabei den Prozesscharakter des subjektiven Denkens, die Vorläufigkeit der Ergebnisse. Der Leser wird zur aktiven »Mitarbeit« aufgerufen – wie etwa im Falle von Søren Kierkegaard, Friedrich Nietzsche und Ludwig Wittgenstein auch.

Um sich blitzartig von aggressivem Leidensdruck zu befreien, empfiehlt Cioran, der Apologet des unmittelbaren, authentischen Ausdrucks, in seinen *Syllogismen der Bitterkeit* (1952) zudem den Fluch als geeignetes Element, ja sogar als alternatives Stilmodell zur literarischen Form des Aphorismus. Und so durchziehen Flüche, Verwünschungen und Blasphemien sein ganzes Werk: orientalisches Erbe oder gar eine Konstante, ein Schlüssel zur rumänischen Geistesart? Erinnert sei in diesem Zusammenhang nur an den größten rumänischen Lyriker des 20. Jahrhunderts, Tudor Arghezi, der einen ganzen Gedichtzyklus unter dem Titel *Blesteme*, zu deutsch *Flüche*, verfasst hat. Fluchen wird für Cioran zum bewährten Mittel der Daseinsbewältigung. Eine therapeutisch-heilende, weil »kathartische«, reinigende Wirkung hat das Schreiben aber glücklicherweise nicht nur für Cioran selbst gehabt. Auch die meisten Leser berichten davon, dass die Lektüre seiner Werke – wahrlich paradox – nicht lähmendes, todbringendes Gift, sondern Balsam für geschundene Seelen sei…

Dies mag nicht zuletzt an Ciorans (schwarzem) Humor, seiner Vorliebe für das Groteske, dem beißenden Spott liegen, der zuweilen auch vor der eigenen Person nicht haltmacht! So wenn er das Bildnis des modernen Zivilisationsmenschen zeichnet, den ein wahnwitziger Eifer treibt – im Gegensatz etwa zum Menschen der Antike, der noch eine echte, von Ausgewogenheit, Entsagung und Wunschlosigkeit geprägte Lebenskunst, eine gelassen machende »Orthodoxie der Ruhe« (AZ 32) besaß. Wie sehr sich der zeitversklavte, den Müßiggang verlernende Mensch von der Natur entfremdet hat, wird sarkastisch am Beispiel des sich im wirbelnden Sog der Geschwindigkeit verlierenden Autofahrers verdeutlicht – dieses »motorisierten Ungeziefers«, dieser »Paralytiker am Lenkrad« und – so könnte man inzwischen hinzufügen – am Computer. Lange vor Paul Virilios mahnender Philosophie der Geschwindigkeit lesen wir ebenfalls in der Essaysammlung *Der Absturz in die Zeit* von 1964: »Ganz genau betrachtet, wird das Jahrhundert des Endes nicht das raffinierteste, sondern das eiligste. Das Sein wird sich in Bewegung aufgelöst haben … Die Maschinen sind Folge, nicht Ursache einer so drängenden Ungeduld. Nicht sie stießen den Zivilisationsmenschen in seinen Untergang, vielmehr hat er sie gerade deshalb erfunden, weil er sich schon auf dem Weg dahin befand; als Mittel und Hilfen, schneller und wirksamer ans Ziel zu kommen. Nicht zufrieden hinzulaufen, wollte er hin*rollen*.« (AZ 43 f) Auch würden heute die Menschen nicht mehr an ihren Krankheiten, sondern an ihren Heilmitteln sterben. Zivilisation, so Cioran, ist eine Droge, die uns alle vergiftet. Die Entsprechung zwischen der unruhigen, maßlosen Vermehrung unserer Bedürfnisse und dem Anwachsen unserer Schrecken liegt auf der Hand.

Auch in der von Paul Celan kongenial ins Deutsche übertragenen *Lehre vom Zerfall* serviert uns Cioran seinen radikalen Kultur- und Menschheitspessimismus nicht ohne einen Schuss schwarzen Humors: »Die Geschichte hat keinerlei Sinn: wir haben also Grund zur Freude. Sollten wir vielleicht Qualen ausstehen um eines günstigen Ausgangs des Geschehens willen, um eines letzten Festes willen, dessen Kosten von unserem Schweiß und unserem Scheitern bestritten würden? Künftigen Idioten zuliebe, die über unsere Qual frohlocken und auf unserer Asche herumhüpfen?« (LZ 181)

Und so überrascht es denn auch nicht mehr, dass durchweg alle Menschen, die Cioran persönlich begegnen durften, bestätigen können, dass er ein überaus unterhaltsamer und amüsanter Zeitgenosse war, ein »tiefsinniger Humorist« und »metaphysischer Charmeur« (Gerd-Klaus Kaltenbrunner). Keineswegs also nur der einsam in seiner Pariser Dachkammer vor sich hin grübelnde, schlecht gelaunte Eremit! Ein Image, das Cioran gemäß seiner einmal formulierten Lebensformel – »Goldene Regel: Ein unvollständiges Bild von sich hinterlassen« (NG 140) – jedoch selbst und nicht immer unbedingt zu seinem eigenen Vorteil pflegte. Wie wir heute wissen, hatte der passionierte Bordellgänger Cioran, der in der erotischen Liebe nur »eine Turnübung mit Grunzen« beziehungsweise eine »geräuschvolle Schwitzkur« (SB 68) sah, zumindest in den letzten zwei Jahrzehnten seines Lebens ein enges, sogar partnerschaftliches Verhältnis zu einer Frau, Simone Boué, die zwei Jahre nach seinem Tod das Grab auf dem Friedhof Montparnasse mit ihm teilen sollte: »Wir lieben immer noch – dennoch; dieses ‚dennoch‘ verhüllt ein Unendliches« (SB 70), kann Cioran – ungeachtet all seiner virtuosen Verächtlichmachungen – über die »Vitalität der Liebe« sagen. Im Gegensatz zu den Widersprüchen der Liebe erkannte der Philosoph jedoch in der Freundschaft – wie viele seiner Zunft, von Aristoteles über Cicero bis hin zu dem von ihm überaus geschätzten Michel de Montaigne – stets ein echtes, wirkungsvolles Heilmittel für die Wunden, die einem das Leben schlägt.

Zu seinen Freunden zählte Cioran neben seinen Landsmännern – dem Religionsphilosophen Mircea Eliade, dem Dramatiker des Absurden Eugène Ionesco und dem Dichter Paul Celan – auch die Schriftsteller Samuel Beckett, Jorge Luis Borges, Guido Ceronetti, Henri Michaux und den christlichen Existenzialisten Gabriel Marcel.

Welch hohen Stellenwert der als Menschenfeind Verschriene der Freundschaft und dem von ihm schon immer bevorzugten Medium des lebendigen Gesprächs, das den Tod für die kurze Dauer eines Augenblicks überwindet, allgemein beimisst, illustrieren einige Sätze, die er über seinen Freund, den jüdischen Religionsphilosophen Jacob Taubes, einen ebenfalls in polemischer Spannung, in Antinomien (Widersprüchen) Denkenden, schrieb: »Das Vergnügen, durch einen anderen zu lernen, zu erfahren, macht den Reiz einer Freundschaft aus … Alles ist der Unparteilichkeit vorzuziehen. Die Objektivität ist tödlich! Kein Gleichgültiger soll jemals an meine Türe klopfen! Nur der Leidenschaftliche, den der Humor zügelt, ist ein angenehm willkommener Gast!«

Als gewiefter Überlebenskünstler erwies sich Cioran, der auch die heimlichen »Vorteile des Exils« zu schätzen wusste, nicht zuletzt in der Meisterung seiner konkreten Alltagspraxis: Um eine freie, möglichst unabhängige und selbstbestimmte Existenz führen zu können, verzichtet dieser anachronistische, meist an der Armutsgrenze lebende Bohemien auf jede geregelte Berufsausübung (von einem Intermezzo als Philosophielehrer 1936 im rumänischen Kronstadt und kleinen Übersetzertätigkeiten für Verlage einmal abgesehen), bezieht billige Mansardenwohnungen und frequentiert über Jahrzehnte die Studentenkantine.

Er lebt von Stipendien, den sporadischen Geldzuwendungen seiner Eltern und den bescheidenen Tantiemen seiner Bücher – lässt sich von wohlhabenderen französischen Freunden, die seine brillante Konversationsgabe schätzen, auch mal zum Essen oder zu längeren Aufenthalten auf dem Land einladen: »Wäre ich von Natur aus schweigsam, wäre ich schon lange vor Hunger gestorben.«

Literarische Preise lehnte der Medienscheue, für den »der Ruhm in seinem Prinzip wie in seinen Manifestationen etwas wahrhaft Teuflisches« (AZ 74) hat und in der Moderne lediglich an die Stelle des demaskierten Unsterblichkeitsglaubens getreten ist, aus Gründen der Redlichkeit ab. So auch die mit 300 000 Francs höchstdotierte Auszeichnung der Académie Française für sein stilistisch brillantes Gesamtwerk. Ciorans Begründung in einem Interview mit der *Badischen Zeitung* vom 14.11.1988: »Dem, was ich geschrieben habe, kann man nicht Beifall klatschen, mein Werk ist ein Werk der Negation…« Bereits bei den allerkleinsten Krankheitsanzeichen eilt der »Lebensverneiner« jedoch besorgt zum Arzt, wird Stammkunde von Apotheken und Reformhäusern… Gegen seine Lebensüberdrussattacken, seinen Weltekel – »Ich habe meine Verzweiflungen gewechselt wie meine Hemden« (SB 83) – hatte Cioran zeit seines Lebens gleich eine ganze Reihe bewährter eigener Gegenmittel zur Verfügung.

Will man dieser komplexen Persönlichkeit und ihrem vielschichtigen, heute mehr denn je brisanten Œuvre gerecht werden, muss man auch – um einen weiteren seiner Buchtitel anzuführen – deren *Widersprüchliche Konturen* realisieren und mitbedenken. Was Cioran, der Anwalt des Lebendig-Unmittelbaren und des Doppeldeutigen, über den französischen Dichter Saint-John Perse und das Geheimnis seines zuweilen labyrinthisch anmutenden und von Paradoxien durchsetzten Werks schrieb, gilt aufs Trefflichste für ihn selbst und sein Schaffen, ist im Grunde ein scharf gezeichnetes Selbstporträt: »Wenn einem Werk ein eindeutiger Sinn anhaftet, so ist es unwiderruflich verdammt; ohne jeden Halo von Unbestimmtheit und Zweideutigkeit, der die Interpreten anstachelt und immer neue anzieht, sackt es in die Misere der Klarheit ab, und da es nicht mehr verwirrt, zieht es sich die Schande zu, die dem Evidenten vorbehalten ist. Möchte es sich die Demütigung ersparen, verstanden zu werden, dann muss es das Einwandfreie und das Undeutliche, Perplexität hervorrufen, jene Anzeichen von Vitalität, die Dauer gewährleisten.« (WK 87)

Anmerkungen:

1. Nihilismus: Verneinung der Existenz einer objektiven Grundlage für Moral, Sinn und Erkenntnis.

Literatur:

Werke von E. M. Cioran in deutschen Übersetzungen:

Auf den Gipfeln der Verzweiflung. Übersetzt von Ferdinand Leopold, Frankfurt/ Main 1989 (im Text abgekürzt mit: GV); Das Buch der Täuschungen. Übersetzt von Ferdinand Leopold, Frankfurt/Main 1990 (BT); Von Tränen und von Heiligen. Übersetzt von Verena von der Heyden-Rynch, Frankfurt/Main 1988 (TH); Gedankendämmerung. Übersetzt von Ferdinand Leopold, Frankfurt/Main 1993 (GD); Leidenschaftlicher Leitfaden. Übersetzt von Ferdinand Leopold, Frankfurt/Main 1996 (LL); Lehre vom Zerfall. Übersetzt von Paul Celan, Hamburg 1953 und Stuttgart 1978 (LZ); Syllogismen der Bitterkeit. Übersetzt von Ferdinand Leopold, Frankfurt/Main 1969 (SB); Dasein als Versuchung. Übersetzt von Kurt Leonhard, Stuttgart 1983 (DV); Geschichte und Utopie. Übersetzt von Kurt Leonhard, Stuttgart 1965 (GU); Der Absturz in die Zeit. Übersetzt von Kurt Leonhard, Stuttgart 1972 (AZ); Die verfehlte Schöpfung. Übersetzt von François Bondy und Elmar Tophoven, Wien 1973 und Frankfurt/Main 1979 (VS); Vom Nachteil, geboren zu sein. Gedanken und Aphorismen. Übersetzt von François Bondy, Wien/München/Zürich 1977 und Frankfurt/Main 1979 (NG); Über das reaktionäre Denken. Zu Joseph de Maistre. In: Über das reaktionäre Denken. Zwei Essays (zusammen mit: Valéry und seine Idole). Übersetzt von François Bondy, Frankfurt/Main 1980 (RD); Gevierteilt. Übersetzt von Bernd Mattheus, Frankfurt/Main 1982 (G); Widersprüchliche Konturen. Literarische Porträts. Herausgegeben und übersetzt von Verena von der Heyden-Rynch, Frankfurt/ Main 1986 (WK); Der zersplitterte Fluch. Aphorismen. Übersetzt von Verena von der Heyden-Rynch, Frankfurt/Main 1987 (ZF).

JUTTA HEINZ

Zarathustra in der Wellness-Oase

Ein Lob des »kleinen Glücks«

Wenn die »großen« Philosophen vom Glück reden, meinen sie zumeist nicht das Lebensglück des Einzelnen im Hier und Jetzt, sondern die »Glückseligkeit« als abstraktes Letztziel der Menschheit und als eine der zentralen Kategorien philosophischer Ethik. Tritt Philosophie hingegen in ihrer sich zunehmender Beliebtheit erfreuenden Populär- und Verkleinerungsform als »Lebenskunst« auf, preist sie zumeist das »kleine Glück« – all das, was erreichbar und machbar erscheint, was über die Härten des Alltags hinweghilft und das Leben, in kleinen Portionen genossen, lebenswert machen kann.

Über das »kleine Glück« rümpfen all diejenigen die Nase, die es nur mit Spießbürger- und Philistertum, mit Mittelmäßigkeit und Durchschnittlichkeit, mit Pantoffeln und Wellness assoziieren können und wollen. Für sie spricht der All-Zertrümmerer Friedrich Nietzsche, dessen Zarathustra von den Höhen seines Übermenschentums herab in seiner *Rede über die verkleinernde Tugend* schimpft: »Zur kleinen Tugend möchten sie mich locken und loben; zum Ticktack des kleinen Glücks möchten sie meinen Fuß überreden. Ich gehe durch dies Volk und halte die Augen offen: sie sind kleiner geworden und werden immer kleiner – *das aber macht ihre Lehre von Glück und Tugend.* Sie sind nämlich auch in der Tugend bescheiden – denn sie wollen Behagen … Dies aber ist – *Mittelmäßigkeit:* ob es schon Mäßigkeit heißt.«

Aber was ist falsch am »kleinen Glück«, an Pantoffeln der Häuslichkeit statt der Siebenmeilenstiefel des Weltgeistes, am gemütlichen Wohnzimmer statt den einsamen Gipfeln des

Geistes, an der überschaubaren Idylle im Schrebergarten anstelle metaphysischer Heimatlosigkeit, an bunten Gartenzwergen anstelle von monochromer gegenstandsloser Kunst? Gibt es nicht vielleicht doch ein richtiges Leben im falschen, ein »kleines Glück« vielleicht auch im großen Unglück, wenn man nur den Maßstab oder die Perspektive ändert?

Die Romantiker erfinden den »Philister«

Historisch betrachtet entstammen all die von den Avantgardisten der Kunst und des Geistes so gern verwendeten Schlagworte gegen die intellektuelle und ästhetische Mittelmäßigkeit einer bestimmten Zeit: Es sind die jugendlich-revolutionären Romantiker, die zu Beginn des 19. Jahrhunderts die Kampfbegriffe vom biederen »Spießer« und vom fantasielosen »Philister« entwickeln. Und es ist die sich formierende Avantgarde des späten 19. Jahrhunderts, die im »Kitsch« die ultimative begriffliche Allzweckwaffe erfindet, mit deren Hilfe alles vermeintlich Unkünstlerische und Triviale kategorisiert und aus dem hehren Kreis der »großen Kunst« ausgeschlossen werden kann. Warum entsteht jedoch gerade im 19. Jahrhundert ein neuer Kriegsschauplatz auf dem weiten Feld der Beziehungen von Ethik und Ästhetik, auf dem die Kämpfe um das »gute Leben« und die »richtige Kunst« ausgetragen werden?

Das hat, so viel kann man mit der in solchen Dingen unerlässlichen groben Vereinfachung sagen, soziale und gesellschaftliche Gründe, daneben aber auch geistes- und mentalitätsgeschichtliche. Mit dem Bürgertum – spezieller noch: dem Kleinbürgertum von Handwerkern, Kaufleuten und Volksschullehrern – ist eine kontinuierlich wachsende gesellschaftliche Schicht entstanden, die sowohl andere Werte als auch andere ästhetische Bedürfnisse anmeldet als die traditionell kulturtragenden Schichten des Adels und des Großbürgertums. Die Verunglimpfung dieser sozialen Schicht als »Spießbürger« ist ein Musterbeispiel für die Aufladung eines ursprünglich »unschuldigen« Begriffs mit zusätzlichen negativen Assoziationen: Denn Spießbürger waren im Mittelalter diejenigen Bürger, die mit dem Spieß in der Hand ihre Heimatstadt verteidigten – weil sie sich keine besseren und effektiveren Waffen leisten konnten, aber nicht zusehen wollten, wie ihr kleiner Lebensraum zerstört wurde.

Ähnliches gilt für den »Philister«, den zentralen Kampfbegriff der romantischen Bewegung gegen das Bürgertum. Novalis beschreibt ihn in seiner Sammlung *Blüthenstaub* folgendermaßen: »Philister leben nur ein Alltagsleben. Das Hauptmittel scheint ihr einziger Zweck zu seyn. Sie thun das alles, um des irdischen Lebens willen … Poesie mischen sie nur zur Nothdurft unter, weil sie nun einmal an eine gewisse Unterbrechung ihres täglichen Laufs gewöhnt sind.« Seinen negativen Klang erhält der Begriff schon von seiner historischen Herkunft, und zwar gleich zweifach: War es doch, zum ersten, das Volk der mächtigen Philister, das die Hebräer erbarmungslos unterdrückte, aber trotz seiner zahlenmäßigen, politischen, wirtschaftlichen und militärischen Oberherrschaft von Samson immer wieder besiegt wurde. Die zweite begriffsgeschichtliche Quelle für den »Philister« ist die Studentensprache: In den Studentenverbindungen hießen so die Alten Herren oder Damen, die nach Beendigung des Studiums für immer die wahre studentische, »burschikose« Lebenshaltung zugunsten einer bürgerlichen Existenz hinter sich gelassen hatten. In beiden Fällen geht es also um die Selbstbehauptung einer Minderheit – der Hebräer, der Studenten (beziehungsweise der Intellektuellen) – gegenüber einer übermächtigen Mehrheit, die sich zwar überlegen dünkt, aber dieses höchstens in materieller Hinsicht ist, während die Minderheit vorgeblich die wahren geistigen beziehungsweise religiösen Ideale vertritt.

Offensichtlich zielte die Diffamierung von »Spießbürgern« und »Philistern« auf Deutungsmacht darüber, was gutes, richtiges, zeitgemäßes Leben und was hohe, anspruchsvolle, zeitgemäße Kunst sei. Die Hochkultur fühlte sich bedroht – hatte doch die Zunahme der Lesefähigkeit auch in traditionell bildungsfernen Schichten bereits Ende des 18. Jahrhunderts dazu geführt, dass beispielsweise ein neuer Markt für Unterhaltungsliteratur oder populäre Musik entstanden war. Als die Klassiker ihre »großen« Werke schrieben, las das Publikum bereits lieber Populäres wie die Räuberromane von Goethes Schwager Vulpius und sah im Theater lieber Rührstücke von Kotzebue als schillersche Geschichtsdramen. Die Kluft zwischen E- und U-Kultur war entstanden und drohte sich ständig zu vertiefen.

Das Biedermeier entdeckt das »kleine Glück«

Diese neuen ästhetischen Bedürfnisse einer neuen sozialen Schicht in der ersten Hälfte des 19. Jahrhunderts finden ihren geballten Ausdruck im »Biedermeier« – was eigentlich zunächst der Name einer fiktiven Gestalt, eines schwäbischen Dorflehrers von einfachem Gemüte, war. Nun wird das Wort zu einer Epochensignatur, die sich in der Neigung zur häuslichen »Gemütlichkeit«, der Beliebtheit der Idylle als »kleiner« Gattung, der Förderung von Hausmusik und Kammermusik als »kleinen« musikalischen Formen, der Beliebtheit von Genre- und Landschaftsbildern als »kleinen« künstlerischen Genres, der Hochschätzung von Werten wie Fleiß, Ehrlichkeit, Bescheidenheit, Pflichtgefühl als »kleinen« Tugenden äußert. Literarischen Ausdruck findet diese Geistes- und Lebenshaltung mustergültig bei Jean Paul, der in seiner *Vorschule der Ästhetik* die Idylle mit einer raffinierten Formulierung als epische Darstellung des »Vollglücks in der Beschränkung« definiert. Mit einem »mäßigen Aufwand von Geist und Herz« gestalte sie einen Wiederschein ursprünglichen Kinderglücks, schließe aber »die Menge der Mitspieler und die Gewalt der großen Staatsräder aus«. Sie zeige »ein umzäuntes Gartenleben für die Idyllen-Seligen…, die sich aus dem Buche der Seligen ein Blatt gerissen; für frohe Lilliputer, denen ein Blumenbeet ein Wald ist, und welche eine Leiter an ein abzuerntendes Zwergbäumchen legen«. Ganz ähnlich formuliert Adalbert Stifter in der Vorrede zu seiner Sammlung *Bunte Steine* in der Mitte des Jahrhunderts sein »sanftes Gesetz« als Gegenpol zu jeglichen Übersteigerungen, sei es in der menschlichen Leidenschaft oder den Kräften der Natur: »Ein ganzes Leben voll Gerechtigkeit, Einfachheit, Bezwingung seiner selbst, Verstandesgemäßheit, Wirksamkeit in seinem Kreise, Bewunderung des Schönen, verbunden mit einem heiteren, gelassenen Sterben, halte ich für groß: mächtige Bewegungen des Gemütes … halte ich nicht für größer, sondern für kleiner, da diese Dinge so gut nur Hervorbringungen einzelner und einseitiger Kräfte sind, wie Stürme, feuerspeiende Berge, Erdbeben. Wir wollen das sanfte Gesetz zu erblicken suchen, wodurch das menschliche Geschlecht geleitet wird.«

Die hier vorgetragenen Argumente für ein »kleines Glück« – und ihm entsprechende künstlerische Darstellungsformen sowie psychologische Dispositionen – verdienen einen genaueren Blick jenseits romantischer oder idealistischer Polemik. Tatsächlich geht es Jean Paul gerade nicht um die Reduzierung ethischer oder ästhetischer Ansprüche in der Miniaturwelt der Idylle, sondern um ein umfassendes innerliches »Vollglück« – das sich jedoch auch in äußerlicher Beschränkung entfalten kann.

Und ebenso zielt Stifter in seinem »sanften Gesetz« durchaus auf die Ganzheit des menschlichen Lebens anstelle einzelner, noch so beeindruckender Gipfelleistungen, sowie auf die Ganzheit des menschlichen Geschlechts und nicht exklusiv auf schwäbische Dorflehrer. Das »kleine Glück« hat also durchaus einen großen Anspruch – dieser aber äußert sich nicht in äußerlicher Monumentalität oder gedanklichen Extremen, sondern in einer vordergründig widersinnig scheinenden Logik von Großem und Kleinem, die aus kleinen Ursachen große Wirkungen machen kann und dabei besonders auf die ethischen Dimensionen des ästhetisch Kleinen setzt: Sanftheit, Ruhe, Gelassenheit, Einfachheit.

Die Avantgarde erfindet den »Kitsch«

Die Spießer- und Philisterkritik der Romantiker wird gegen Ende des Jahrhunderts von der sich soeben formierenden künstlerischen Avantgarde übernommen. Ihr neuer Kampfbegriff ist der des Kitsches, sowohl verstanden als Inkarnation der »Unkunst« als auch als Merkmal einer von Grund auf verfehlten Lebenshaltung. Auch hier stehen konkrete gesellschaftliche Entwicklungen im Hintergrund: Künstlerische Produkte sind inzwischen, wie alle anderen Waren, leicht massenhaft reproduzierbar; sowohl die Zahl der Kunstproduzierenden als auch der Kunstkonsumenten vergrößert sich weiterhin ständig. Der Elitestatus der Kunst ist akut bedroht in Zeiten, in denen Kunst eine Ware ist wie alles andere auch. Gleichzeitig wird sie jedoch von den verschiedenen programmatischen Spielarten der Avantgarde in den Status einer Religion erhoben: Kunst soll fürderhin im Gefolge Nietzsches die neue Metaphysik (siehe Erläuterungen) sein.

Der besondere strategische Vorteil des Kitsch-Begriffs ist es, dass er ebenso schlagkräftig wie vage ist. Auch hier spiegelt der Wortursprung diese begriffliche Unschärfe bei polemischer Wirksamkeit, die im Wesentlichen auf dunklen negativen Mitbedeutungen aufsetzt: Das Wort kam in Künstlerkreisen um 1900 auf; es wurde unter anderem zurückgeführt auf das englische Wort »sketch« – kleine, billige Kunstwerke für Touristen –, das süddeutsche Wort »kitschen« – den Straßenschlamm zusammenscharren – und etwas »verkitschen« – handeln, verkaufen in der Gaunersprache. Bis heute hat der Begriff weder an Klarheit gewonnen, noch ist er in andere Sprachen übersetzbar: Die englischen Worte »trash«, »junk« oder »rubbish« haben zwar einige Parallelen, sind aber keine vollwertigen Synonyme für den deutschen »Kitsch«, der sich offenbar einem spezifisch deutschen Bedürfnis nach polemischer Abgrenzung hoher von niedriger Kunst verdankt.

Was Kitsch nun sei, wird deshalb meistens nicht über Definitionen, sondern über Beispiele zu fassen versucht; Forscher haben eigens benannte Unterkategorien entwickelt, vom religiösen Kitsch über den nationalistischen Kitsch, den Andenken- und Reklamekitsch bis hin zum Einrichtungskitsch. Gemeinsam ist all diesen, dass ursprünglich nicht als primär ästhetisch relevant verstandene Lebensbereiche ästhetisch aufgeladen werden – vom »schöner wohnen« über das schöner essen, trinken, beten, reisen, kaufen bis hin zum schöner sterben. Der ganze Alltag soll umfassend verschönert werden, ohne dass es jedoch zu viel kosten oder zu viel Bildungsanstrengung erfordern darf. Das Ergebnis ist zwangsläufig – Kitsch: Er befriedigt ein echtes Bedürfnis, nämlich dasjenige nach ästhetischer Überformung des Alltags als Sinnersatz und »kleines Glück« in Zeiten von Metaphysikferne und Glaubensverlust und angesichts der permanenten Überforderung des Individuums in der entfremdeten Arbeitswelt.

Für einige Theoretiker des Kitsches ist er sogar ein überzeitliches Merkmal des Menschen; so beispielsweise Hermann Broch: »Denn Kitsch könnte weder entstehen noch bestehen, wenn es nicht den Kitsch-Menschen gäbe, der den Kitsch liebt, ihn als Kunstproduzent erzeugen will und als Kunstkonsument bereit ist, ihn zu kaufen und sogar gut zu bezahlen.« (*Einige Bemerkungen zum Problem des Kitsches*)

Der Kitsch ist jedoch nicht nur im Alltag der Spießbürger, sondern auch mitten in der Kunst selbst zu Hause – was gestern noch Kunst war, kann heute Kitsch sein. Einige »Klassiker des Kitsches« seien pflichtgemäß aufgezählt: der röhrende Hirsch vor Sonnenuntergang, aber auch die millionenfach replizierten Sonnenblumen van Goghs oder Raffaels Engelchen; die Liebesromane von Courts-Mahler und die Abenteuerromane von Karl May, aber auch vieles in der neueren Fantasy-Literatur; die

Volksmusik, der Schlager, aber auch Richard Wagner oder das allseits so beliebte Musical; der Heimatfilm, die Soap Opera, Bollywood; das Taj Mahal, Las Vegas, Disneyland. Sogar in der Philosophie ist der Kitschverdacht heimisch geworden, seitdem sich nicht nur einfache Ratgeberliteratur, sondern auch *Sofies Welt* und Richard David Precht auf einer etwas gehobenen Ebene als Bestseller etabliert haben.

Fraglos sind die Sonnenblumen van Goghs im Van-Gogh-Museum in Amsterdam im Kontext ihrer Zeit ein großartiges Kunstwerk, doch ein noch so teurer Druck aufgehängt in der Toilette der Wohngemeinschaft oder eine noch so gut gemalte Kopie über dem Sofa des Krämers um die Ecke degradiert sie postwendend zum nur noch dekorativen Kitsch. Um noch einmal Hermann Broch zu zitieren: Kitsch ist nicht etwa einfach »schlechte Kunst«, sondern ein eigenes, geschlossenes System im eigentlich offenen Gesamtsystem der Kunst; er ist, so Broch metaphysisch zuspitzend, »das Böse im Wertsystem der Kunst«, das zur Neurose führen muss und in Hitler als »unbedingtem Kitsch-Anhänger« auch historisch gipfelt. Allerdings kann sogar Broch nicht umhin zu gestehen, »daß man gar nicht so selten recht kitschfreundlich ist« – gegen das »kleine Glück« in der Kunst sei doch niemand ganz immun.

Die Kitsch-Kritiker werden kritisiert

Um zu verstehen, warum Kitsch in der Kunst gleichzeitig das Böse und doch so allgemein-menschlich ist, muss man die Argumente aus Hochkultur und Wissenschaft genauer betrachten, die in der inzwischen gut 100-jährigen Begriffsgeschichte ohne jeden systematischen Zusammenhang immer wieder auftauchen. In bunter Reihenfolge – und polemisch mit exemplarischen Gegenargumenten versehen, welche die Standortgebundenheit des jeweiligen Urteils verdeutlichen sollen, ohne dadurch schon den Kitsch als anderes Extrem zu rechtfertigen:

– Das kitschige Werk arbeitet mit Stereotypen und Klischees und verfälscht die Wirklichkeit dadurch; es hat kein kritisches Potenzial. Dagegen wäre zu sagen: Stereotypen und Klischees haben, jenseits aller Berechtigung von *political correctness* zu erzieherischen Zwecken, durchaus dann und wann einen realen Kern (sonst wären es keine Klischees geworden). Und warum eigentlich soll das unbewährte Neue besser sein als das vielfach bewährte Alte, die destruktive Kritik besser als die konstruktive Darstellung des Seienden?

– Das kitschige Werk hält an veralteten künstlerischen Formen und Regeln fest; es ist nicht innovativ und behindert den Fortschritt der Künste. Dagegen wäre zu sagen: Regellosigkeit ist keinesfalls gleichzusetzen mit künstlerischer Freiheit, und Formen haben es so an sich, dass sie Gesetzmäßigkeiten folgen. Und warum soll willkürliche Regellosigkeit eigentlich besser sein als reflektierte Regelbefolgung und innovative Weiterentwicklung bestehender Regeln? Und glaubt eigentlich wirklich noch irgendjemand an einen Fortschritt der Künste?

– Das kitschige Werk ist ganz und gar auf Wirkung hin angelegt. Dabei zielt es vor allem auf eine bestimmte Art von wohligen Gefühlen: auf leichten sinnlichen Genuss, auf süßliche Sentimentalität, auf mäßigen Gefühlskitzel. Das wird erreicht, indem gängige Identifikationsmuster erfüllt werden anstelle sie zu verstören – zum Beispiel durch das obligatorische Happy End in der Literatur, allzu gefällige Kadenzen in der Musik, allzu harmonische Farbzusammenstellungen in der Kunst. Das Argument ist altehrwürdig. So schrieb schon Schiller in *Über das Pathetische*: »Viele unsrer Romane und Trauerspiele ... gehören in diese Klasse. Sie bewirken bloß Ausleerungen des Tränensacks und eine wollüstige Erleichterung der Gefäße; aber der Geist geht leer aus, und die edlere Kraft im Menschen wird ganz und gar nicht dadurch gestärkt.« Dagegen wäre zu sagen, dass jedes Kunstwerk letztlich auf Wirkung abstellt, so sehr einzelne Künstler das auch verleugnen – und warum sollen (ebenso kalkulierte) ungefällige Wirkungen wie Verstörung oder Frustration von Rezeptionserwartungen besser sein als ein gut kalkulierter positiver Affekt?

– Das kitschige Werk bietet keine eigene Erfahrung an, sondern nur solche aus fremder Hand. Der Künstler spricht in ihm nicht aus existenzieller Notwendigkeit, sondern aus Gewinnerwartung, behauptet jedoch im schlimmsten Fall sogar, »authentisch« zu sein. Dagegen wäre zu sagen: Historisch ist durchaus nicht jede Kunst einem Anspruch auf individuelle Authentizität verpflichtet. Und gibt es so etwas überhaupt noch in Zeiten multimedialer Reproduzierbarkeit?

– Das kitschige Werk ist eindeutig; es erlaubt keine freie Interpretation und Aneignung des Kunstwerks durch den Rezipienten. Dagegen wäre zu sagen: Freie Interpretation in der Rezeption ist offensichtlich ebenso sehr ein ideales Konstrukt wie die absolute Authentizität in der Produktion – und niemand hindert den Rezipienten daran, auch in ein vermeintlich absolut stereotypes Kunstwerk seine Fantasien zu projizieren. Das kompliziertere Wechselspiel von Wunschprojektion und Wunscherfüllung bei Produzenten und Rezipienten von Kunst bringt hingegen der Psychoanalytiker Hanns Sachs auf den Punkt, wenn er schreibt: »Kitsch ist die Verwertung von Tagträumen durch diejenigen, die sie nicht haben.« (*Kitsch*)

– Das kitschige Werk ist pädagogisch kontraproduktiv; es befriedigt den unerzogenen, schlechten Geschmack der Massen, hilft aber nicht bei seiner Aus- und Weiterbildung zum guten Geschmack; so schon Kant in der *Analytik des Schönen*: »Der Geschmack ist jederzeit noch barbarisch, wo er die Beimischung der *Reize* und *Rührungen* zum Wohlgefallen bedarf, ja wohl gar diese zum Maßstabe seines Beifalls macht.« Dagegen wäre zu sagen, dass die ästhetische Erziehung seit Schiller ein nicht besonders erfolgreiches Projekt ist – zumal sie die Frage aufwirft, wer wen warum wozu erziehen darf.

Jede Verwendung der Kampfvokabel Kitsch setzt also ein bestimmtes Kunstverständnis und eine bestimmte Kunstbewertung voraus – zumeist, grob gesprochen, das Kunstkonzept der Avantgarde der Moderne mit seinem religionsähnlichen Anspruch, seiner elitären Übersteigerung der Kunst zum Gegenpol all dessen, was in der modernen Massengesellschaft verwerflich ist, und seiner daraus resultierenden Entfremdung von der Lebenswelt des Alltags. »Die Entdeckung des Kitsches für die Kunst des ausgehenden 20. Jahrhunderts stellt so natürlich eine sublime Rache des schlechten Geschmacks an den Zumutungen der Moderne dar. Der Kitsch erlaubt es per se … sich jene Genüsse zu erfüllen, die sich die ihrer selbst bewußte Moderne versagen mußte: Gegenständlichkeit, Opulenz, saubere Erotik, glatte, schöne Körper, Helden, Heilige und die sublimen Freuden des kleinen Glücks« – so schreibt Konrad Paul Liessmann in *Kitsch! oder Warum der schlechte Geschmack der eigentlich gute ist*.

Kleines Glück ganz groß?

Tatsächlich hat es die Avantgarde bei ihrer Kritik von Kitsch, Spießertum und »kleinem Glück« allzu oft verabsäumt, die Grundlagen der eigenen Bewertung deutlich zu machen. Zudem ist es auch ihr bei aller programmatischen Bemühung nicht gelungen, einen verbindlichen Begriff der »Kunst« zu etablieren. So lange jedoch ebenso wenig feststeht, was die große Kunst und was das gute Leben ist, wird wohl weiterhin ein jeder sich selbst zwischen dem »kleinen Glück« der Pantoffeln, der Idylle und des Biedermeiers auf der einen Seite und der »großen« Idee, der »großen« Leidenschaft, der »großen Kunst« einer heroisch auftretenden Moderne auf der anderen Seite entscheiden müssen. Ebenso bleibt es ins Ermessen des Einzelnen gestellt, ob für ihn Nietzsches *Zarathustra* nicht ebenso des (nur intellektuell etwas gehobenen) Kitsches verdächtig ist wie der bunte Gartenzwerg mit Laterne im Vorgarten des Nachbar-Reihenhauses – »kitzeln« doch beide offensichtlich vorhandene Bedürfnisse nach mäßiger emotionaler Erregung durch ästhetische Überformung von Alltag oder Ideen, wenn auch in unterschiedlichen Stilhöhen und Publikumsschichten.

Letztendlich spricht sogar wenig dagegen, die Ebenen zu mischen und die Ansprüche im Niveau zu variieren – also seinen Nietzsche in der Wellness-Oase zu lesen, aus »großen« Gedanken ein »kleines Glück« zu ziehen und aus »großen« Übermenschen-Ansprüchen »kleine« alltagstaugliche Bürgertugenden zu machen. Das muss schlussendlich nicht unbedingt ein Plädoyer für ein postmodernes *anything goes*, das heißt für eine Beliebigkeit ethischer und ästhetischer Urteile sein, sondern ist eher ein Appell an den Mut zur individuellen Urteilskraft, sowohl in Sachen Lebensgestaltung als auch Ästhetik; ein Aufruf zur begründeten und reflektierten Entscheidung für oder gegen das »Große« und das »Kleine« in ganz bestimmten Situationen und unter ganz bestimmten Voraussetzungen. Denn dass beides schneller ineinander umschlagen kann, als es unsere häufig so sehr auf ein Entweder-oder eingeschränkte Vorstellungskraft wahrhaben will, hat schon der Philisterkritiker Novalis im *Blüthenstaub* zu bedenken gegeben: »Ob sich nicht etwas für die neuerdings so sehr gemißhandelten Alltagsmenschen sagen ließe? Gehört nicht zur beharrlichen Mittelmäßigkeit die meiste Kraft? Und soll der Mensch mehr als einer aus dem Popolo seyn?«

Literatur:

- Broch, Hermann: Das Böse im Wertsystem der Kunst. 1933
- Broch, Hermann: Einige Bemerkungen zum Problem des Kitsches. Ein Vortrag. 1950/51
- Dettmar, Ute; Küpper, Thomas (Hrsg.): Kitsch. Texte und Theorien. RUB 18476, Stuttgart 2007
- Liessmann, Konrad Paul: Kitsch! oder Warum der schlechte Geschmack der eigentlich gute ist. Wien 2002

REINHOLD MESSNER

Die Eroberung des Nutzlosen

Nur im Tun kann man das Leben gewinnen

Wer ständig nur nach Wegen fragt, lernt nie, Wege zu (ver-) suchen. Wie soll aber einer, der immerzu gewiesene Wege geht, wissen, welcher sein Weg ist? Die Kunst des Lebens besteht darin, seinen Weg zu gehen und seinem Leben einen je eigenen Sinn zu geben und diesen dann auch mit ganzer Kraft zu leben.

Man kann einen Menschen nicht lehren, zufrieden zu sein; man kann Lebensfreude auch nicht kaufen, obwohl sie überall angeboten wird. Die Unzufriedenheit in den reichen Industrieländern ist meiner Meinung nach nur abbaubar mit dem Mut des Einzelnen, seinen eigenen Vorstellungen nachzugeben, auch wenn Lebensängste viele daran hindern, ihr Leben selbst in die Hand zu nehmen. Dabei ist es weniger wichtig, irgendetwas besonders gut zu lernen, als vielmehr seinen Weg zu finden. Unser Weg steht aber nicht in unserer Geburtsurkunde, er ist nicht erlernbar in der Schule und die Eltern können uns nicht auf ihn bringen. Jeder muss seinen Weg für sich selber suchen.

Schlüssel zu einem gelingenden und ausgeglichenen Leben sind Selbstbestimmtheit und Eigenverantwortung ebenso wie Mut zum Egoismus. Jeder Mensch ist Egoist, und je mehr wir mit dem Rücken zur Wand stehen, desto egoistischer werden wir. Sonst würden wir oft nicht überleben. Es ist nicht positiv oder negativ, sondern eine Tatsache. Alles andere ist verlogen.

Unser Leben wird mehr durch unser Bewusstsein geformt und weniger durch die Umstände. Schicksal wird vielfach als eine Macht von außen beschrieben, die wir nicht beeinflussen können. Ich möchte Schicksal als das Geschick bezeichnen, wir selbst zu sein. Jeder Einzelne ist sein Schicksal. Jedem entspricht sein Weg. Es gibt so viele verschiedene Wege, wie es Menschen gibt.

Auch Existenzerfahrung wird uns nicht geschenkt. Das alles muss man erleben. Ich kann es am besten in der Wildnis. Lebenskunst ist nur möglich indem man dorthin geht, wo man nicht hingehört.

In einer ausweglosen Situation, wie bei meinem Rückzug aus dem winterlichen Grönland, entstehen Zweifel. Zweifel am Sinn eines solchen Unternehmens, Zweifel am eigenen Können, Zweifel am Leben. Gleichzeitig aber kommen neue Ideen.

Sir Ernest Shackleton, nach meinem Dafürhalten der kühnste Eisfahrer des vergangenen Jahrhunderts, ist zu immer neuen Ideen gekommen, weil er immer wieder gescheitert ist. Er hat keines seiner Projekte mit Erfolg zu Ende geführt. Er ist immer gescheitert. Seine Erfahrungen aber waren immer positiv. Sie haben ihn sukzessive zu immer kühneren Schritten im Grenzgang beflügelt.

Am Beginn des 20. Jahrhunderts ist Shackleton zusammen mit Robert Falcon Scott und Dr. Edward Wilson ein gutes Stück über das Ross-Schelfeis Richtung Südpol marschiert. Sie sind nicht allzu weit gekommen, bis knapp vor Gateway.

Obwohl Scott Shackleton für eine weitere Expedition als »zu schwach« abschob, hat dieser eigenwillige Ire wenige Jahre später ein eigenes Unternehmen auf die Beine gestellt: den Fußmarsch zum Südpol. Mit drei Freunden ist er, über Gateway und den Beardmore-Gletscher aufsteigend, weit in das Innere der Antarktis vorgestoßen. Sie sind bis knapp vor den Südpol gekommen. Erkennend, dass Zeit, Brennstoff und Nahrungsmittel nicht ausreichten, ist Shackleton umgekehrt. Der Rückzug wurde zu einem Wettlauf mit dem Tod.

Trotzdem ist Shackleton 1914 wiedergekommen. Vom Weddel-Meer aus wollte er die Antarktis überqueren. Über den Südpol. Roald E. G. Amundsen und Scott hatten den Südpol inzwischen erreicht. Shackleton wollte einen Schritt weiter gehen. Er wagte »den letzten Trip auf Erden«. Bei dieser Expedition ist er gleich zu Anfang gescheitert, die Selbstrettung aber dauerte Jahre. Wenn zu guter Letzt alle nach Hause kamen, obwohl ihr Schiff, die »Endurance«, von den Eisbergen wie eine Nussschale zerdrückt worden war, dann nur, weil Shackletons Führertalent und der Zusammenhalt der Mannschaft mit der Not gewachsen waren.

Shackleton hatte immer noch nicht genug. In den 20er-Jahren reiste er ein viertes Mal in die Antarktis. Am Eisrand ist er gestorben. An Herzversagen. Ohne einen weiteren Versuch unternehmen zu können, in das Innere des »siebten Kontinents« vorzudringen. Wie aber sein vorbildliches »Leadership« alle Rückzüge aus der Wildnis der Antarktis gelingen ließ, ist zweifellos spannender als alle Erfolge anderer Abenteurer.

Auch wenn ich vielerorts als der erfolgreichste lebende Bergsteiger gelte, bin ich doch auch der Bergsteiger, der am häufigsten gescheitert ist. Das Ausgesetztsein mobilisiert Kräfte in uns, die wir vorher nicht gekannt haben. Und im Scheitern ist das Ausgesetztsein oft gesteigert. Allein für das Besteigen der 14 Achttausender habe ich 30 Expeditionen gebraucht. 18-mal bin ich bis zum Gipfel gekommen, zwölfmal gescheitert. Häufig bin ich mit neuer Entschlusskraft und klareren Vorstellungen aus dem Scheitern herausgegangen.

Unterlegensein macht zudem bescheiden, weise und tolerant. Der Erfolgreiche ist auch der, der öfter als alle Gescheiterten bereit war, von Neuem anzufangen. Wir alle sind Sisyphos und müssen uns vom Abstieg nach dem Scheitern die Freude nicht verderben lassen. Die Erfahrungen aus dem Gescheitertsein einzubringen und zu versuchen, über den letzten Umkehrpunkt hinauszugehen, lohnt sich in jedem Fall. Mein Lebensziel besteht nicht darin, möglichst viele Erfolge anzuhäufen. Mein Lebensziel – auf weite Sicht betrachtet – ist Weisewerden. Ich möchte weder ein reicher noch ein erfolgreicher, kein berühmter alter Mann sein (sollte ich ein hohes Alter erreichen), sondern ein weiser alter Mann.

Weisesein bedeutet Erfahrungen haben, bedeutet Distanz, Toleranz, Großzügigkeit. Begriffenhaben und Wissen sind viel, Weisheit ist mehr: mit allen Sinnen, mit dem Herzen, mit dem Verstand begriffen zu haben, wie begrenzt wir sind. Weisesein bedeutet vor allem das Erkennen und Anerkennen der menschlichen Grenzen. Ich bin weder eine Kampfmaschine noch ein Fitnesswunder, und Helden gibt es nur in der Fantasie derer, die gerne solche wären. Ich bin kein Durchhaltefanatiker und schon gar kein Übermensch im spießbürgerlichen Sinn. Friedrich Nietzsche meinte mit dem Übermenschen nicht jemanden, der keine Angst, unendlich viel Kraft und Ausdauer hat, sondern jemanden, der sich nicht fremdbestimmen lässt, der sich seine Werte und seinen Sinn selbst setzt. Der Sinn ist eine rein menschliche, subjektive Erfindung. Sich den Sinn von anderen vorgeben lassen macht blind.

Ich erfinde mir meinen Sinn selbst! Es ist nicht notwendig und nicht nützlich, auf den Mount Everest zu steigen. Aber es ist das sinnvollste Tun, das es gibt für mich, der ich es tue – sonst schaffe ich es nicht. Ich gehe gar nicht erst los, wenn die jeweilige Expedition nicht das Sinnvollste ist, was es auf dieser Erde in dieser Zeit für mich gibt.

Wie viel einfacher wäre das Leben, wenn es einen »ewigen Sinn« und eine »unumstößliche Ordnung« gäbe; wenn ich diese beiden nicht immer neu erfinden müsste. Ich bestreite jedoch, dass es im menschlichen Leben einen vorgegebenen Sinn gibt. Der Sinn fällt nicht vom Himmel. Die Allermeisten, die Sinn brauchen, bemühen eine Religion oder eine Sekte. Damit beginnt die Fremdbestimmung. Die Frage nach Gott lasse ich offen. Ich postuliere ihn nicht. Die Frage nach dem Sinn aber ist nicht nur eine Angelegenheit der Religion. Sinn stiften können wir selber. Sinn stiften ist die halbe Anstrengung im Leben und die riskanteste. Mir wächst Sinn zu, indem ich mich für etwas – einen Menschen, ein Tun – begeistere, wenn ich mit Vehemenz ein Ziel verfolge.

In meinem Leben gibt es kein Muss. Die Pflicht an sich als etwas Allgemeingültiges gibt es so wenig wie das Gute oder das Böse. Aber ich verpflichte mich. Meine Pflichten erfinde ich mir selbst – als Ansprüche an mich.

Wenn es etwas Unnützes gibt, ist es mein Tun. Mir geht es um Leistung als Anspruch an sich, um ein Tun, das außerhalb von ethischen Maßstäben abläuft. Ich rechne mich nicht zu den vernünftigen Menschen, und meine Reflexionen über das Abenteuer und die Alpinistik sind so notwendig wie mein Tun. Beides ist nur möglich – für mich manchmal zwingend.

Ich tue, was andere als Unsinn abtun. Ich laufe und klettere aber nicht gegen Vorurteile an. Darin läge wenig Reiz. Ich habe die höchsten Berge der Erde auch nicht bestiegen, um auf Umweltprobleme hinzuweisen. Mit meinem Marsch über den Südpol wollte ich nicht in erster Linie für einen »Weltpark Antarktis« demonstrieren. Mir ging und geht es bei der »Eroberung des Nutzlosen« um das Spiel, das ich als »Grenzgang« in den Sprachgebrauch einführen möchte: sich selbst bewusst an den Rand seiner Möglichkeiten und Existenz führen und dabei immer wieder einen Schritt weitergehen, ohne dabei umzukommen.

Bei der Lektüre des Romans *Die Entdeckung der Langsamkeit* von Sten Nadolny wird der Expeditionsleiter John Franklin, der zuletzt mit seiner Mannschaft untergeht und verschollen bleibt, nicht nur lebendig, als wäre man dabei, er wird als Sinnstifter sympathisch. In einem Tun, das außerhalb jeder Vernunft angesiedelt ist, das scheinbar jeglichen Sinnes entbehrt, ist er der ruhende Pol, um den sich die Tragödie dreht. Obwohl es am Ende ausschließlich ums Überleben geht, liegt der Sinn nicht in der Arterhaltung: »Fähigkeiten, die nicht angewandt sind, existieren nicht.« Die Frage nach dem »Survival of the fittest« ist in diesem Zusammenhang nicht zu stellen.

Selbstzweifel gehören zum Menschen, und Zweifel regen uns an, die Sinnfrage zu stellen. Natürlich war mir jedes Mal klar, wenn ich aus der Wand abseilte, ohne den Gipfel erreicht zu haben, dass ich »verloren« hatte. Auch in Grönland, als ich am Beginn der Winterdurchquerung im vielen Neuschnee stecken blieb, kam dieses Nicht-durchgekommen-Sein einem großen Imageverlust gleich. Aber das belastete mich nicht. Das Image bedeutet mir weniger als die gewonnene Erfahrung. Und Erfahrung wächst uns gerade beim Scheitern zu.

Das Scheitern an sich ist nicht tragisch. Die Frage ist, wie gehe ich mit der Erfahrung des Scheiterns um. Das unmittelbar darauf Folgende, die innere Wirkung, das Infragestellen des Ichs, auch die Verzweiflung, ist der Schlüssel dazu. Es ist ein neuer Anfang und die Möglichkeit, seine Grenzen zu erfahren und an seinen Zweifeln zu wachsen. Meine innere Einstellung hat sich vor allem mit meinem häufigen Scheitern verändert. Dabei bin ich nicht sanfter geworden. Nur zäher. Im Scheitern nämlich erfahren wir unser Begrenztsein. Deshalb ist das Scheitern eine stärkere Erfahrung als der Erfolg.

Die größte Niederlage meines Lebens war der Tod meines Bruders am Nanga Parbat. Nachdem mich diese Tragödie fast umgebracht hatte, habe ich viel intensiver gelebt. Günthers Tod hat mir meine Begrenztheit, meine Vergänglichkeit vorgeführt und mich herausgefordert, mit doppeltem Einsatz weiterzuleben.

Auf dem Gipfel angekommen zu sein bedeutet, es geschafft zu haben, mehr nicht. Das Ziel ist damit verschwunden. Mit dem Scheitern bleibt das Ziel. Die Verzweiflung darf folgen als das Begreifenwollen des Scheiterns, als das Fassen der eigenen Grenze. Aber wer in jungen Jahren nie gescheitert ist, mag später dann die Verzweiflung nicht als Botschaft verstehen, als Erkennen der eigenen Begrenzung. Er muss das Scheitern als Ausweglosigkeit wahrnehmen. Ja, auch das Scheitern will in kleinen Schritten geübt sein. Dem Menschen, der zum ersten Mal scheitert und daran zugrunde geht, geht es wie dem

Kletterer in der Gletscherspalte, der sich nicht wehrt, der dieser Verzweiflung nicht seine Aggression, seinen Lebensmut, seine Kraft entgegensetzt. Wenn ich immer wieder neue Herausforderungen angenommen habe, dann nicht, weil ich ehrgeiziger wäre als andere, sondern vielleicht, weil ich im Scheitern Grund genug sah, einen neuen Versuch zu wagen. Der Gescheiterte ändert, was er ändern kann; er nimmt Nichtveränderbares an und entwickelt die Weisheit, Änderbares vom Nichtänderbaren zu unterscheiden. Erfolg ist beim Grenzgang nicht nützlicher als das Scheitern. Er löst nur andere Empfindungen aus. Ich lerne aus Fehlern, weniger aus dem Gelingen. Mein Erfolgsgeheimnis heißt Versuch und Irrtum. Wir alle sind Menschen und als solche begrenzt. Wir alle machen Fehler. Deshalb sollten wir auch das Scheitern der anderen tolerieren lernen. Ich begreife das Scheitern als mehrfache Chance. Und wenn ich am Ende das Ziel erreicht habe, dann auch deshalb, weil ich immer wieder aufgestanden bin, nicht aufgegeben habe. Um weiterzukommen als andere muss ich öfter wieder aufstehen können als andere, auch häufiges Scheitern verkraften lernen.

Zwar wird heute der jungen Generation suggeriert, dass der Mensch keine Grenzen hat. Aber wer meint, der Mensch ist ohne Grenzen, der macht einen ganz großen Fehler. Und diese Grenzen sind eben innere Grenzen. Die sind uns einverleibt und werden durch die Psyche bestimmt, durch die Ängste und durch die Zweifel.

Das Scheitern wirft uns immer wieder zurück auf ein menschliches Maß. Im Messner Mountain Museum in Sulden, in dem ich Curiosa der Alpinistik zusammengetragen habe, stelle ich den Kletterhammer von Paul Preuß aus. Indem ich den Hammer ausstelle, der belegt, dass der Erfinder und Philosoph des Freikletterns, den ich sehr bewundere, doch auch Haken in die Wände geschlagen hat, demontiere ich ihn nicht, ich mache ihn menschlich. Es ist eine Liebeserklärung des Freundes an den verstorbenen Freund, keine Demontage.

Mich interessiert es immer weniger, wie hoch ich steigen oder wie weit ich laufen kann. Den Abgründen meiner Seele, dem Verlorensein in der Einsamkeit gilt meine Neugierde. Die Berge, die es zu versetzen gilt, sind in unserem Bewusstsein. Ich will Ideen in die Tat umsetzen und wissen, was mit uns und zwischen uns im Grenzbereich passiert.

Unentdeckt ist weniger die Erde als der Mensch. Alle Wege, die noch nicht gegangen sind, alle Spiele, die noch nicht gespielt wurden, sind auch potenzielle Einstiegsmöglichkeiten in unsere Psyche. Die Selbsterfahrung ist bei allem das Wichtigste. Sie ist immer individuell. Weil im psychophysischen Grenzbereich, im Bereich zwischen Durchkommen und Umkommen – wenn die Gefahr groß, der Zusammenbruch wahrscheinlich, das Alleinsein lang werden –, alle Masken fallen, erfahren wir viel über uns. Auch alles Allzumenschliche. Man begegnet sich mit dem einzig wahren Gesicht. Der Berg draußen ist immer nur ein Symbol für den Abgrund in uns drinnen.

Scheitern ist unter diesem Blickwinkel so wichtig wie der Erfolg. Scheitern bringt, wirtschaftlich betrachtet, fast immer Nachteile; von der menschlichen Seite her gesehen nur Vorteile. Es macht menschlicher. Erfolg geht oft einher mit Entmenschlichung.

Dabei sehe ich das »Weiterkommen« nicht als »höhere« Aufgabe. Es ist ein selbstgestellter Anspruch. Ein Anspruch an mich. Der Mensch hat auf dieser Erde – abgesehen von der Verantwortung für seine Familie, für Freunde (die wiederum selbstgewollt sind), der Mitverantwortung für die Gemeinschaft – keine »höheren Aufgaben«. Er hat aber das Recht, sich seine Aufgaben selbst zu wählen, sie selbst zu wollen, sich selbst Herausforderungen zu stellen.

Zur Selbsterfahrung gibt es viele Wege, grundsätzlich aber zwei Richtungen: die physische und die psychische. Beide Wege sind richtig, beide sind notwendig. Da Materie begrenzt ist, sind die Grenzen der Körpererfahrung endlich. Der seelische, feinstoffliche Mensch ist unbegrenzt, also ist seine Erfahrungsmöglichkeit unbegrenzt. Diese ist aber nur dann voll ausschöpfbar, wenn ich sie körperlich umsetze, wenn ich geistige Erfahrungen realisiere und umgekehrt körperliche Erfahrungen vergeistige. Zu wissen, in welchem Tun ich zu welcher Zeit zur größten Lebensfreude und damit auch zur größtmöglichen Leistung fähig bin, hat weniger mit Schule oder Ratio zu tun, als vielmehr mit Offensein. Unseren Herzensfreuden nachgeben zu lernen ist offensichtlich schwieriger, als rationale Schlüsse zu ziehen.

Unser Geist reicht weit über die rein praktischen Sinnfragen im Leben hinaus. Nicht nur einmal bin ich aus einer kaum zu überlebenden Situation durch Halluzinationen gerettet worden. Obwohl mir dabei Hoffnung vorgespielt wurde, für die es keinerlei Berechtigung gab, fühlte ich mich auch hinterher nicht genarrt.

Ich weiß heute, dass wir kein unzerstörbares Etwas sind, sondern ein Prozess. Wir sind ein wandelbarer Zustand. Auch deshalb habe ich vor dem Leben ebenso wenig Angst wie vor dem Tod und möchte möglichst uneingeschränkt sein. Das leidenschaftliche Bekenntnis aller Grenzgänger zum Leben, beginnend bei der sprichwörtlichen Diesseitigkeit des homerischen Menschen, ist Ausdruck der Lust, die, durch die Angst gesteigert, ohne Rückfrage als sinnvoll empfunden wird. Ob dieses spontane Sinnerlebnis zu einer nur kurzfristigen artifiziellen Sinnhaftigkeit führt oder das intellektuelle Sinnproblem nachhaltig verblassen lässt, weiß ich nicht. Ich weiß aber, dass ich mich bei oder nach starken Erfahrungen nicht frage, wozu ich lebe. Es ist dann, als könnte ich den Sinn in meinem Körper spüren, in der Wildnis erblicken wie einen klaren Gedanken. Nicht der Grenzgänger also stellt die Welt auf den Kopf, sondern derjenige, der sich mit allem, was ihm lieb und teuer ist, rundum versichert. Der Sicherheitswahn lähmt die Lebensgeister.

Trotzdem sind Grenzgänger von der Gefahr nicht fasziniert wie der Häftling von der Freiheit. Mir ging es immer um Ungewissheit, diesen Schwebezustand zwischen Leben und Tod, auch um die Hilflosigkeit des Menschen am oberen Ende der Welt. Ich beklage mich nicht, dass Abenteuer heute mit Kick verwechselt, dass Klettern, Sport und Höhenbergsteigen Tourismus werden, dass sogar der Mount Everest zur Ware verkommen ist. Buchbar für die großen Ferien. Animation, Versicherung, Sauerstoffdepot am Gipfel inklusive. Eines aber ist gewiss: Ohne Eigenverantwortung und Ausgesetztsein sind auch in eisigen Höhen keine Erfahrungen zu haben, die über Verhaltensmuster im Kindergarten hinausgehen. Die panische Angst zu scheitern bremst nicht nur die Tat, sondern auch den Erfahrungsprozess im Leben, das Weisewerden. Deshalb sind mir Menschen, die handeln und scheitern, lieber als Zögerer, Zweifler, Abwarter. Wer nicht scheitern will, kommt auch nicht weiter. Zum Tun gehören Mut, Energie, Zivilcourage. Vor allem das Ruhen im eigenen Selbstverständnis. Wer sich am Selbstverständnis der anderen orientiert, wird, ohne es zu merken, zum Nachahmer. Wer keine neuen Erfahrungen mehr macht, stagniert. Wer Erfahrungen aus zweiter Hand übernimmt, konsumiert.

Vielleicht ist die Fähigkeit, meinem Alter entsprechend immer wieder neue Aufgaben zu finden, ein Teil des Glücks, das mich »jung«, kreativ und lebensfroh macht. Was mich stark macht, ist das Gefühl, unabhängig zu sein. Dabei bin ich nur ein Dilettant. Ich habe in lauter Nicht-Berufen gelebt, geforscht, gearbeitet. Oft habe ich trotzdem gegen alle Prophezeiungen Erfolg gehabt. Mit sehr einfachen Verhaltensmustern: bei einer Sache bleiben und mit aller Kraft für diese Sache einstehen. Was ich jetzt an Zeit, Energie und Geld in meine Museen stecke, würde kein vernünftiger Mensch tun. Mein Bankberater schüttelt nur den Kopf darüber. Die Leidenschaft also für ein noch so unnützes Tun hat mich stark gemacht und gibt mir zuletzt jene Sicherheit, die Voraussetzung ist für ein selbstbestimmtes Leben. Also sage ich mit Goethes Faust: »Am Anfang stand die Tat.«

Gut lebt nur der Egoist

Max Stirners Anti-Philosophie als Lebenskunst

Zeichnung: Keukenius

Seit einigen Jahren drängt die Philosophie mit zahlreichen Titeln zur Lebenskunst und zum Glücksbegriff auf den Ratgebermarkt. Aber hat sie da überhaupt etwas zu suchen? Glück ist etwas anderes als die Philosophen behaupten, die die wirklichen Bedürfnisse des Einzelnen noch stets vorgeblich höheren Zwecken unterordneten. Ein Philosoph, der keiner sein wollte, hat den Finger in diese Wunde der Philosophie gelegt: Max Stirner[1]. Das rechte Leben sei ein Leben des Genusses, das nur der Egoist führen könne.

Feyerabend für den Feierabend. Dieser Titel fehlt noch auf dem Markt der philosophischen Appetithäppchen. *Seneca für Manager* gibt es. Vermutlich auch *Schopenhauer für Gestresste.* Hochschulabsolventen des Fachs Philosophie, die sich erste Sporen verdienen wollen, stehen aber noch ungezählte Möglichkeiten der Herausgabe offen. So fehlt beispielsweise ein Bändchen mit dem Titel *In der Bar mit Carl Schmitt.* Oder *Trost bei Adorno* (ein Buch, dessen Umfang nicht recht absehbar ist). Die Absatzchancen von *Dreißig Minuten mit Nicolai Hartmann* sind ungewiss, dagegen dürfte dem Titel *Popper für Popper* ein gewisser Erfolg sicher sein. Viele solcher Zusammenstellungen von Denker-Zitaten, die (mal mit, mal ohne Textüberleitungen des Herausgebers) seit einigen Jahren den Buchmarkt überschwemmen, verstehen sich als Beiträge zur Philosophie der Lebenskunst. Kein Denker ist sicher vor solcher Ausschlachtung seines Werks.

Schön wäre es ja: Philosophische Lebenskunst führt uns aus geistiger Unmündigkeit hinaus und hilft uns, richtig zu handeln und richtig zu leben. Mit ihrer Hilfe erheben wir uns über die Vorurteile unserer Zeit und gestalten unser Leben in freier Selbstbestimmung aus vernünftiger Einsicht. Der Weg zum wahren Glück ist uns damit geebnet.

Aber kann das überhaupt stimmen? Der Zweck der Philosophie ist Erkenntnis, und zwar auch dann, wenn diese Erkenntnis keine Auswirkung auf das praktische Leben hat. Darüber hinaus trägt Philosophie durchaus nicht immer dazu bei, das Leben zu erleichtern. Ernsthaftes Philosophieren, das sich dem methodischen Zweifeln und In-Frage-Stellen verschreibt, kann die Sehnsucht nach Trost in den Leiden des Lebens oder gar nach Erlösung nicht wirklich befriedigen. Ihm ist wesensmäßig eigen, niemals an ein Ende zu kommen. Dass Philosophie allseits anerkannt gültige Antworten auf ihre Fragen geliefert hätte, ist bisher nicht vorgekommen: Es gibt in der Philosophie keinen Zustand der Befriedung. Es gibt keine Erkenntnisse, die man als dauerhaften Besitz davontragen, nichts, worauf man sich ausruhen könnte. Sofern Philosophen sich überhaupt mit lebensnahen Themen auseinandersetzen, raten sie meist eine stoische Haltung als die wahrhaft vernünftige an. So etwa Aristoteles und Arthur Schopenhauer: Nicht auf Glück, sondern auf Schmerzlosigkeit gehe der Weise aus. Das heißt aber nichts anderes, als nichts an sich herankommen zu lassen, sich von tieferen emotionalen Bindungen freizuhalten und jede Gefahr des Leidens tunlichst zu vermeiden. Der Preis dafür ist hoch: Der Verzicht auf die großen Emotionen ist auch der Verzicht auf das Glück, wenn man unter diesem Begriff etwas anderes versteht als jenen wohltemperierten Seelenfrieden, den die meisten Philosophen mit dem Glück verwechseln.

Das Streben nach wirklichem Glück führt durchaus zu Erfolgen, allerdings ist Glück bekanntlich kein dauernder Zustand. Ein solches Streben bedeutet aber auch, sich verwundbar zu machen, dem Schmerz, dem Leiden, dem Unglück Tür und Tor zu öffnen. Jeder, der sein Glück in der Liebe sucht, weiß, dass die großen Emotionen, dass Glück und Schmerz zusammengehören. Wer nach Glück strebt, muss die Gefahr des Unglücks mit in Kauf nehmen. Der gelassen gestimmte Philosoph erfährt weder das eine noch das andere. Wir haben also die Wahl zwischen Glück und Schmerz einerseits und der Glück- und Schmerzlosigkeit eines nicht wirklich gelebten Lebens andererseits. Von Platon bis Blaise Pascal trauert das abendländische Denken darüber, dass der Mensch nicht reiner Geist ist. Wesen wie wir, die nicht reiner Geist sind, sondern auch Körper (und dies vielleicht nicht einmal ungern), sollten da besser keine ernst zu nehmende Lebenshilfe erwarten. Es dürfte wohl die höhere Weisheit sein, sich gegen die Weisheit der Philosophen zu entscheiden.

Will man sich wirklich vom körperfeindlichen Augustinus, vom pedantischen Immanuel Kant, vom frauenfeindlichen Schopenhauer, vom lebensuntüchtigen Ludwig Feuerbach, vom depressiven Søren Kierkegaard oder vom unglücklichen Friedrich Nietzsche über die rechte Art zu leben belehren lassen? Und bei aller Faszination durch die Gestalt Ludwig Wittgensteins: Als Vorbild in Sachen Lebensglück sollte man auch ihn besser nicht in Erwägung ziehen, einen Mann, der selbstquälerisch an seinem Verstand zweifelte und sich immer wieder mit Selbstmordgedanken trug. Später kamen bekanntlich nur noch dröge Universitätsphilosophen, die wohlweislich darauf verzichteten, auf dem Feld der Lebenskunst Ratschläge zu erteilen.

Man braucht nur Kants *Über ein vermeintes Recht aus Menschenliebe zu lügen* lesen, um festzustellen, bis zu welchen Gipfeln des Absurden Philosophen sich versteigen können, wenn sie aus ihrer Gedankenwelt Konsequenzen für das wirkliche Leben ziehen. Gerade bei »schwierigen« Autoren wie Kant lauern auf den philosophischen Laien böse Gefahren: Wer nämlich einen schwierigen philosophischen Text endlich verstanden hat, ist sehr geneigt, dessen Aussagen auch für wahr zu halten. Die Folgen sind unabsehbar.

Da greift man besser zu Michel de Montaigne, zu Baltasar Gracián y Morales oder den Französischen Moralisten[2]. Die haben zwar nie so getan, als ob sie in die Ratschlüsse Gottes eingeweiht wären, und gelten deshalb nicht als »Philosophen«, aber dafür wussten sie mehr vom Leben. Bernard Mandeville hat über einen der prominentesten Lehrer philosophischer Lebenskunst boshaft bemerkt: »Ich könnte über die Seelenstärke und über die Verachtung des Reichtums ebenso viele schöne Redensarten machen wie Seneca und würde es schon für den zehnten Teil seines Einkommens übernehmen, zum Lobe der Armut zweimal soviel zu schreiben wie er.« Mit dem Vermögen eines römischen Adligen am Hofe Neros lässt sich in der Tat vieles gelassener ertragen als mit dem leeren Bauch und dem von Peitschenhieben wunden Körper eines Sklaven.

Die Bücher zur philosophischen Lebenskunst appellieren noch stets an moralische Werte, denen Genüge tun müsse, wer das wahre Lebensglück nicht verfehlen wolle. Das wahre Lebensglück liege aber in Zufriedenheit und Seelenfrieden. So läuft es denn auch immer auf Verzichtleistung und Selbstbeherrschung hinaus. Das ist zweifellos sehr philosophisch. Aber mit Glück hat es nicht viel zu tun. Glück ist etwas Wilderes.

Das wusste einer, der kein Philosoph sein wollte und das Denken von den Höhen der Abstraktion zurückgeholt hat zum konkreten Menschen: Max Stirner. Sein Werk *Der Einzige und sein Eigentum* ist ein leidenschaftlicher Widerspruch gegen alle an das Individuum herangetragenen Verzichtserwartungen. Als einer der ersten thematisierte Stirner die verbiegende Gewalt jener Institutionen, die »erzieherisch« auf den Menschen einwirken:

Schule, Kirche, Staat und eben auch – Philosophie. Sein Buch sah er als Meilenstein der Emanzipationsgeschichte an: *Der Einzige* sei der Beginn einer Geschichte des »Genusses« nach der langen Geschichte der Selbstaufopferung der Individuen.

Gegen die Verhaltensnormierung durch die Institutionen setzt Stirner die subversive Verweigerung, gerade auch *den* Ansprüchen gegenüber, die der Mensch im Prozess seiner »Erziehung« verinnerlicht haben sollte. Vor allem die Verinnerlichung von Autoritäten ist es, die Stirners Empörung hervorgerufen hat: Selbstbescheidung, Verzichtleistung, Triebbeherrschung sind für ihn dem Individuum eingeprägte Erwartungen, die sich gleich Viren in ihm einnisten und seine Identität von innen zerstören. Erziehung sei immer ein Brechen des Willens. Deshalb sind die Erzieher für Stirner die wahren Jugendverderber. Auch wenn man sich, wie Stirner mit Erbitterung feststellt, von einer moralischen Erziehung nie wieder ganz befreien könne, sei selbstbestimmtes Handeln, das sich den Manipulationsversuchen weitgehend entzogen habe, als Produkt einer Bewusstseinsänderung möglich. Zu dieser Bewusstseinsänderung soll sein Buch der entscheidende Beitrag sein.

Der Begriff, der den meisten zuerst einfällt, wenn sie den Namen Stirner hören, kommt hier wie von selbst ins Spiel: »Egoismus«. Ein im Übermaß negativ beladenes Wort, das wohl kaum einer zur Erklärung der eigenen Persönlichkeitsstruktur heranziehen würde. Vom Christentum bis in die Moderne gilt der Egoist als der »Unmensch«, obwohl er doch – meint Stirner – der wirkliche Mensch ist. Zähmen könne die Gesellschaft den Egoismus zwar, aber nicht überwinden, denn er mache die unaufhebbare »Natur« des Menschen aus: Ein Jeder gehe sich über alles. Deshalb sei es nicht nur töricht, sondern verhängnisvoll, etwas anderes sein zu wollen als man ist: Egoist. Man tue der Natur damit Gewalt an. Gegen den halbherzigen und verkümmerten Egoismus will Stirner die befreiende Anerkennung des Egoismus setzen, den Egoismus mit Selbstbewusstsein.

»Egoismus« ist bei Stirner zum einen der rein formale Ausdruck für den Grund allen menschlichen Handelns, zum anderen das bewusste und im Tun sich manifestierende Anerkennen dieser Motivation. Das Wort, das Stirner statt »Egoist« meistens verwendet, ist geeigneter, zu erhellen, worum es ihm eigentlich geht: um »das Egoistische nicht, wie es am Menschlichen, Humanen und Uneigennützigen sich messen läßt, sondern das Egoistische als das – *Einzige*«. Die »Einzigkeit« ist nicht objektiv fassbar, sondern nur subjektiv erlebbar. Der »Einzige« soll bei Stirner kein Begriff sein, sondern bloß eine Chiffre für einen unmittelbaren Erlebnisgehalt, der »unsagbar« bleibe, weil jedes Individuum ihn auf seine Weise lebe und auslebe. Individualität ist unhintergehbar. »Ich« ist nicht etwas Besonderes unter anderen, sondern *einzig*. Ich ist immer nur einmal. »Als dieses einzige Ich«, schreibt Stirner, »nehme Ich Mir Alles zu eigen.«

Der Egoismus des Einzigen scheint zunächst banal. Ihm ist es nur um sich zu tun: Er erkennt nichts an als sich und seine Interessen, legt allem nur insoweit Wert bei, als es »brauchbar« ist für ihn selbst, er will die Welt nicht verändern, sondern genießen. Gerade indem Stirner aber alles zum »Eigentum« des Einzigen erklärt, vermag er einen differenzierten Egoismus-Begriff zu entwickeln. Liebe, Hingebung, Aufopferung und »innigste Herzlichkeit« sind *dem* möglich, der nichts tut, was er nicht letztlich um seiner selbst willen tut: »Soll Ich etwa an der Person des Andern keine lebendige Teilnahme haben, soll *seine* Freude und *sein* Wohl Mir nicht am Herzen liegen, soll der Genuß, den Ich ihm bereite, Mir nicht über andere eigene Genüsse gehen? Im Gegenteil, unzählige Genüsse kann Ich ihm mit Freuden opfern, Unzähliges kann Ich Mir zur Erhöhung *seiner* Lust versagen, und was Mir ohne ihn das Teuerste wäre, das kann Ich für ihn in die Schanze schlagen, mein Leben, meine Wohlfahrt, meine Freiheit. Es macht ja meine Lust und mein Glück aus, Mich an seinem Glücke und seiner Lust zu laben. Aber *Mich, Mich selbst* opfere Ich ihm nicht, sondern bleibe

Egoist und – genieße ihn.« *Ich* bin es, den ich mit der Freude und dem Wohlergehen des anderen befriedige.

Es ist der Eigentumsbegriff Stirners, der es ermöglicht, die genannten Phänomene unter »Egoismus« zu subsumieren. Alles, wonach es den Einzigen verlangt, alles, was ihn mit dem Gefühl der Freundschaft, der Liebe, der Zuneigung erfüllt, erklärt er zu seinem Eigentum. Zwar ist der andere für den Einzigen stets Mittel seiner Zwecke, gleichwohl ist gerade der, der sich über seine eigenen Bedürfnisse klar geworden ist, in der Lage, zu erkennen und anzuerkennen, dass auch der andere ein »einziges« Individuum mit eigenen Bedürfnissen ist. Insofern ist es das Prinzip der gleichwertigen Differenz, welches das Verhältnis des Einzigen zu den anderen Individuen ausmacht. Dabei ist jede Eigenschaft und jede Tätigkeit eines Menschen als sein eigentliches Sein-Können anzuerkennen. Es gibt keine »Bestimmung«, die er zu verwirklichen hätte. Die Menschen sind wie sie sein können, »weil was sie nicht sind, sie zu sein *nicht imstande* sind … Möglichkeit und Wirklichkeit fallen immer zusammen.« Sich selbst, wie man leibt und lebt, solle man annehmen und auch die Welt nehmen wie sie ist.

Stirner wirft der Philosophie vor, dem Menschen eine »Bestimmung« zu unterstellen. Sie trenne den *Begriff* des Menschen von seiner wirklichen *Existenz*, sein angebliches *Wesen* von seiner (unvollkommenen) *Erscheinung*. Die konkrete Personalität der Individuen müsse Philosophie damit stets verfehlen. »Auf Nichts gestellt« zu sein, wie es vom Einzigen heißt, bedeutet dagegen, keiner Bestimmung zu unterliegen, die es zu verwirklichen gälte. Wo ein Mensch nicht in dieser Weise unbefangen »auf Nichts gestellt« und seiner wahren Bedürfnisse nicht gewiss ist, liegt das vor, was man später »Entfremdung« nannte. Das grundlegende Entfremdungsphänomen ist für Stirner gerade der nie einzulösende Anspruch auf eine *eigentliche* »Bestimmung«. Der wichtigste Schritt zur Auflösung von Entfremdung ist folglich eine Bewusstseinsänderung.

Die Vorstellung einer persönlichen Entwicklung und Selbstvervollkommnung muss Stirner folgerichtig ablehnen. Denn das würde bedeuten, dass »eigentliche« Identität als ein Ziel in der Zukunft läge und die gelebte Gegenwart damit auf ein bloßes »Noch nicht« reduziert wäre. Eine ausgereifte »Persönlichkeit« wäre für Stirner ein toter Selbstbesitz, in dem das Individuum seiner gleichsam gegenständlich gewordenen Identität habhaft, damit aber auch ein verdinglichtes Objekt seiner selbst geworden wäre.

Man kann sich vorstellen, wie Stirner sich über die beflissenen Schüler philosophischer Lebenskunst amüsieren würde, die »wachsen« und sich »entwickeln« wollen und bildungseifrig immer dazulernen. In seinen Augen wäre das ein törichtes Bemühen. Bei Stirner geht es nicht um allmähliche Emanzipation eines Individuums, sondern um *Akte* spontaner Selbstbestimmung, welche die Handlungen des Individuums ganz die seinigen sein lassen. Im spontanen Akt verwirklicht sich Freiheit.

Das »Eigentliche« nicht erst von der Zukunft erwarten, heißt: in der Gegenwart leben. Genauer gesagt: im Augenblick. Denn der Augenblick ist die einzige Zeitform der Unmittelbarkeit. Der Ablehnung des Entwicklungsgedankens korrespondiert das Moment der Spontaneität als einer Waffe gegen alle Tendenzen der Verfestigung und Erstarrung: »zuckend und schauernd in der seligen *Passion* einer unaufhörlichen Verjüngung und Neugeburt«. Diesen Horror vor dem Zustand der Befriedung, dem jede Festlegung als Resignation erscheint, mag man als »unreif« und »unerwachsen« abtun. Wer das tut, sollte sich aber fragen, ob sein Abtun nicht auch ein Abwehren ist.

Der nachhaltigste Eindruck, den die Lektüre Stirners hinterlässt, ist das Bewusstsein davon, dass die Logik der Verdinglichung sich durchbrechen lässt. Die Lebensform eines solchen stirnerschen Egoisten, die sich in ihrer Indifferenz nicht verfestigt, die immer wieder neu ansetzt, die sich offen hält für Begegnendes, ermöglicht dem Individuum Erfahrungen wie keine andere. Die Beschwörung des Sich-Verbrauchens, Sich-Auslebens, Sich-Auflösens ist ein immer wiederkehrender Topos bei Stirner: »Lebensgenuß ist Verbrauch des Lebens.« Die Abwehr, die Stirners Denken von der offiziellen Philosophie zumeist erfuhr, gründete wohl nicht zuletzt in der Angst vor dem verbotenen und wilden Glück, das es verheißt.

Anmerkungen:

1. Der Name Max Stirner ist ein Pseudonym. Wegen seiner auffallend hohen Stirn hatte der Student Johann Caspar Schmidt von seinen Kommilitonen den Spitznamen »Stirner« erhalten. 1806 als Sohn eines Flötenmachers in Bayreuth geboren, studierte Stirner Philosophie, Theologie und klassische Philologie in Erlangen, Königsberg und Berlin, wo er bei Georg Wilhelm Friedrich Hegel Vorlesungen über Religionsphilosophie und Geschichte der Philosophie hörte. In Berlin machte er sein Lehrerexamen und unterrichtete dann an einer Privatschule für »höhere Töchter«. 1842 schloss er sich den Berliner Junghegelianern (den eher »linken« Hegelschülern) um Bruno Bauer an. Diese sogenannten »Freien« waren eine intellektuelle Bohème im Berlin der Zeit vor der Revolution von 1848. (An der Revolution nahm Stirner allerdings nicht den geringsten Anteil.)

   In der Rückschau der Beteiligten wird Stirner als zurückhaltend, höflich und liebenswürdig geschildert, stets korrekt in Kleidung und Verhalten. Friedrich Engels schreibt in der Erinnerung über ihn: »Ich kannte Stirner gut, wir waren Duzbrüder, er war eine gute Haut, lange nicht so schlimm wie er sich in seinem Einzigen macht, mit einem aus der Lehrerzeit ihm anhaftenden leisen Anflug von Pedanterie.« Zu dieser Beschreibung passt, dass Stirner sein radikales Werk mit einer braven Widmung versehen hat: »Meinem Liebchen Marie Dähnhardt«. Stirner war schon mit Aufsätzen in liberalen Zeitschriften hervorgetreten, als 1844 *Der Einzige und sein Eigentum* erschien, im gleichen Verlag wie die Werke Feuerbachs und Engels' *Die Lage der arbeitenden Klassen in England*. Stirners Buch war kurze Zeit verboten, das Verbot wurde aber wieder aufgehoben, da das Buch doch zu absurd erschien, um gefährlich wirken zu können. Vielmehr, so die Zensurbehörde, werde der niedrige und beschränkte Standpunkt des Verfassers auf Abscheu stoßen.

Mittlerweile hatte Stirner seinen Lehrerberuf aufgegeben und das Vermögen Marie Dähnhardts, die er geheiratet hatte, im Spiel durchgebracht. Das Projekt eines Milchvertriebs in Berlin scheiterte wegen schlechter Organisation kläglich. Von seiner Frau verlassen, ohne Erfolg als Schriftsteller und Übersetzer tätig, auf der Flucht vor Gläubigern in möblierten Zimmern hausend und von unbedeutenden Vermittlungsgeschäften lebend, verbrachte er noch einige Jahre in Berlin. Engels schreibt: »Über seine späteren Schicksale habe ich nichts mehr erfahren, außer daß auch Marx mir erzählte, er sei fast buchstäblich verhungert.« Keine fünfzig Jahre alt, ist Stirner 1856 gestorben.

2. Moralisten: wörtlich: Sittenlehrer. Die Moralistik ist eine philosophisch-literarische Gattung, deren Anfänge in der italienischen Renaissance (zirka 14.–17. Jahrhundert) liegen (Niccolò Machiavelli, Baldassare Castiglione) und deren Höhepunkt im Frankreich des 16. und 18. Jahrhunderts mit den Werken von Jean de La Bruyère, Michel Eyquem de Montaigne und François de la Rochefoucauld zu verorten ist. Herausragendster deutscher Vertreter ist Adolph Freiherr Knigge. Gegenstand der Moralistik sind die Darstellung allgemeiner Sitten und Lebensformen sowie die Anleitung zum »richtigen« Leben.

Zur Vertiefung empfohlen:

– Korfmacher, Wolfgang: Stirner denken. Max Stirner und der Einzige. Karolinger Verlag, Wien 2001

INTERVIEWS

INTERVIEWS

»Koche und esse nicht über deine Verhältnisse«

Eine Kritik der kulinarischen Vernunft

Ein Interview mit Vincent Klink

Herr Klink, was ist für Sie ein gutes Leben?
Ein gutes Leben ist eines, das ich weitgehendst selbst bestimmen kann. Das »gute Leben« ist ein völlig subjektiver Begriff. Es gibt Leute, die finden es höchst beglückend, den Amazonas hinaufzuschwimmen, während andere schwer darüber klagen würden. Mein gutes Leben kann für einen anderen Menschen die Hölle bedeuten.

Mit dem Essen ist es ähnlich. Es gibt Gerichte, die ich sehr liebe. Aber würde ich die in einer Strafanstalt servieren – ich denke zum Beispiel an Kutteln –, käme es zur Revolution. Natürlich kommt man ohne Kompromisse nicht durch den Alltag, aber wenn man selbst entscheiden kann, einigermaßen selbstbestimmt ist, hat man wenigstens die Möglichkeit, sein Leben in Richtung Glück zu rücken.

Spielt da die Rückschau eine Rolle?
So habe ich eigentlich vor dreißig Jahren schon gedacht, auch wenn meine Glückserwartung damals ganz anders ausgesehen hat als heutzutage. Aber Rückblicke werden immer wichtiger, weil ich erst einmal wissen muss, wo ich überhaupt hin will, und dafür muss ich auch wissen, wo ich eigentlich herkomme. Diese zwei Sachen gehören zusammen.

Welchen Stellenwert hat das gute Essen für ein gutes Leben?
Das Essen hat einen großen Stellenwert in unserem Leben, aber

längst nicht in dem Maße, wie mancher Laie glaubt. Wenn man dauernd nach den höchsten Gaumenfreuden aus ist, dann gewöhnt man sich daran und verliert das Plus und Minus; man vergisst, wo man herkommt. Wenn man viel Glück oder Freude im Essen sieht, dann gehört es unabdingbar dazu, dass man auch weiß, was Hunger ist. Wir brauchen den Kontrast.

Natürlich kommt man an eine Stufe, wo man eine Ahnung von gutem Essen hat, aber dann kehrt man auch zu den einfachen Dingen zurück. Ein Hummer, der einen langen Transportweg hinter sich hat, ist für mich schon lange kein Genuss mehr. Wer einmal einen Hummer von einem Fischer an der bretonischen Küste serviert bekommen hat, der hat einmal wirklich Hummer gegessen. Und so warte ich gefälligst, bis ich wieder mal ans Meer komme.

Es kommt immer wieder vor, dass sich ein Gast zum Beispiel einen Lachstartar wünscht. Wenn ich merke, dass der Lachs, den ich habe, fade ist, weil er irgendwo aus Norwegen eingeflogen wurde und dem Vergleich zu einer Schwarzwaldforelle, die gestern noch herumgeschwommen ist, nicht standhält, dann bekommt er Forellentartar.

Muss man manchmal asketisch sein, um ein gutes Essen genießen zu können?

Askese ist mir zu mühsam. Ich bin eher dafür, dass so etwas spielerisch funktioniert. Eine Schnecke auf der Weide frisst immer das Beste. Die stachligen Pflanzen bleiben stehen, die saftigen werden gefressen. Es wäre für so ein Tier absolut unverzeihlich, sich das Gute für später aufzubewahren. Das machen nur Menschen.

Man sollte schon so gut leben wie möglich, aber man muss auch lernen, das richtige Maß einzuhalten. Das, was ich hier koche, ein ganzes Menü, sollte man nicht jeden Tag zu sich nehmen. Da wäre es mit der Philosophie bald zu Ende.

Sie meinen mit der Gesundheit.

Mit der Sauerstoffverteilung. Wenn der Sauerstoff nur in der Taille zirkuliert, dann ist das nicht gut. Dummheit frisst und Intelligenz säuft – da ist was dran.

Plädieren Sie, wie Aristoteles, für das »rechte Maß«? Orientieren Sie sich am Zuträglichen unter Vermeidung der Extreme?

Ich orientiere mich schon am rechten Maß, was aber bedeutet, dass ich – ähnlich wie in der Musik – auch Dissonanzen erzeugen muss; natürlich um sie umgehend wieder aufzulösen. Sie können nicht eine halbe Stunde lang so etwas wie das avantgardistische Musikfestival von Donaueschingen in die Töpfe packen, das funktioniert nicht. Man kann mal extrem werden, aber man muss es wieder auflösen. Das ist ein Spannungsfaktor. Wenn etwas nur ausgeglichen ist, wäre es so eine Art Warmduscherkochen. Damit tue ich niemandem weh, aber ich erreiche die falschen Menschen. Ich liebe Menschen, die auch mal was riskieren, die auch mal zu weit gehen, auch mal einen Exzess starten. Jeder kennt das, wenn man sagt: »Mensch, haben wir gestern gesoffen, jetzt ist aber eine Weile Schluss.« Das schlechte Gewissen halte ich für einen der größten Antriebsmomente in einem Menschenleben. Durch das schlechte Gewissen kommt ein Arbeitsprozess in Gang, wird eventuell etwas Großes geleistet. Wenn man sich in der Historie ein wenig umschaut, dann sieht man: Menschen, die wirklich etwas vorangebracht haben, sind in gewisser Weise extrem. Wobei der Extremismus nicht so weit getrieben werden sollte, dass man seine Mitmenschen damit belästigt.

Worauf kommt es Ihnen beim Kochen an? Auf die Provokation eingefahrener Geschmacksgewohnheiten, das Aufeinanderprallen ungewohnter Wahrnehmungen oder auf die Harmonie eines Geschmackserlebnisses?

Die ganze Kocherei orientiert sich an einem gewissen Humanismus, und der strebt die Harmonie an. Ohne Zweifel muss beim Kochen und Essen auch Reibung erzeugt werden, aber nicht die wirkliche Konfrontation. Eine Seezunge mit Lakritzsoße ruft einen Aha-Effekt hervor, weil wir es mit einer starken Reibung von Aromen zu tun haben. Aber letztlich passt da nichts zusammen. Am Schluss bleibt nur noch der »kreative« Anspruch. Das Wort »kreativ« ist dermaßen inflationär, wenn ich es nur höre, nehme ich schon Reißaus. Dahinter verbirgt sich oft nur der Gag.

Tomi Ungerer möchte schon seit Langem mit mir kochen und mir seine Lammkeule in Coca-Cola vorführen. Das ist natürlich aufsehenerregend, aber wir sind da schnell im Bereich von Schall und Rauch. Nichts gegen Tomi Ungerer, aber wenn ein Berufskoch solche Sachen macht, dann hat das für mich den Beigeschmack des Verzweifelten: »Hallo, ich möchte ums Verrecken auffallen.«

Kreativität um der puren Kreativität willen ist Ihnen abhold?
Ich will mit einem ganz banalen Beispiel antworten. Wir nehmen heute ein Schweinskotelett auf die Karte, das so wertvoll ist, dass selbst ich mir nur eine dünne Scheibe runtergeschnitten habe, um es zu probieren. Als guter Koch darf man nämlich nicht sein bester Kunde sein. Da muss man schwer aufpassen. Und es geht undemokratisch zu, das Beste kann nicht für alle da sein. Mittlerweile besteht meine Hauptarbeit darin, herauszufinden, wo ich das Beste herkriege. Nach wie vor muss ich mich korrigieren, weil ich immer wieder noch Besseres finde. Jedenfalls ist dieses Kotelett so gut, dass es nur ein bisschen Meersalz und Pfeffer verträgt, jedes weitere Gewürz wäre eine Beleidigung und Verfälschung dieses reinen Geschmacks, den es ja fast nicht mehr gibt. Dieses Kotelett sperrt sich gegen jeden kreativen Versuch. Wenn sich jemand einen ganz tollen Rolls-Royce kauft und sagt, ich möchte ihn ein bisschen mit Moos

bewachsen haben, dann würde man zwar sagen, das ist kreativ, was die Karosseriegestaltung angeht, aber das macht man einfach nicht, weil der Rolls-Royce perfekt ist. Und das gilt auch in der Küche. Aus einem Rohmilch-Camembert direkt aus der Ortschaft Camembert mache ich keinen bayrischen »Obatzden«.

Das ist wie beim Anrichten der Teller. Ich kann alles einzeln essen und mir so die fantastischen Akkorde des Schmeckens besorgen. Ich kann aber auch alles zu einem Türmchen zusammenpacken, dem Foodfotografen Freude machen und denken, im Magen kommt's sowieso alles zusammen. Aber der Reiz besteht im Spiel hin und her zwischen Fisch, Kartoffel, Lauch und Soße. Das ist irgendwie wie beim Schlagzeug spielen; man verwendet verschiedene Trommeln und haut trotzdem nicht gleichzeitig auf alle drauf.

Was halten Sie von Experimenten, unsere Geschmacksempfindungen gänzlich zu überraschen, wie es etwa in der sogenannten Molekularküche von Ferran Adrià versucht wird?
Was der Kollege aus Nordspanien macht, tut er aus Überzeugung. Ich finde das für unseren Beruf durchaus interessant, für mich selber nicht – das muss auch nicht sein. Wenn jemand Ferran Adriàs mit Olivenöl gefüllte Gelatine-Olive probiert, wäre es nicht schlecht, wenn er vorher mal eine Olive aus Ligurien gegessen hätte. In unserem Beruf gibt es eine starke Orientierungslosigkeit. Es ist auch im Zeitalter der Navigationssysteme wichtig, sich immer zu fragen: Wo bin ich? Wo komme ich her? Wo will ich hin?

Besteht der Ausweg aus der kulinarischen Orientierungslosigkeit in einer Regionalisierung der Küche?
Gute Küche hat mit Einwurzelung, mit innerer Haltung, mit Ethik zu tun. Man muss das Richtige leben. So wie man selber ist, muss man seinen Beruf absolvieren. Es gibt viele Köche, die

kochen ganz anders, als sie wirklich sind. Und so schmeckt es dann auch.

Ich mache die Gastronomie so, dass ich mich wohlfühlen würde, wenn ich hier reinkäme. Als ich jüngst auf der Schwäbischen Alb war, beklagte ich mich bei einem Wirt: »Ich will auf der Schwäbischen Alb keine Jakobsmuscheln essen. Gibt es denn nicht einen Kalbskopf oder eine Rinderzunge in Madeira?« Da entgegnete er: »Das mag unsere Kundschaft nicht. Die wollen die große Welt erleben.« Deshalb wäre die ursprüngliche Küche, die ich mache, auf dem Lande nicht zu verwirklichen. Dazu muss man in der Stadt sein. Wenn ein Koch eine Landgaststätte eröffnet, kann er das Land erst richtig abfeiern, wenn er zuvor lange in der Stadt gearbeitet hat. War er immer auf dem Land, wird er versuchen, die Stadt zu kopieren.

Wie halten Sie es mit den kunstvollen Inszenierungen des Ambientes, den befrackten, beflissenen Kellnern?
Diese Tischsitten rühren aus der Nachahmung der adligen Kultur. Deshalb ist die Restauranteinrichtung vor allem in Frankreich oft billiger Royalismus: viel Goldapplikationen, ein bisschen aufgeplüscht und aufgehübscht. Es gibt Gäste, die sich als König fühlen wollen, wenn sie ausgehen. Solche Gäste möchte ich, ehrlich gesagt, nicht beherbergen. Es ist nicht meine Aufgabe, Spießbürger und Kleinbürger, die bei einem Restaurantbesuch ihren Minderwertigkeitskomplex kompensieren wollen, zu beköstigen. Ich möchte, dass sie sich frei bewegen und sich wohlfühlen. Köche, die heute noch darauf bestehen, einen Schlemmertempel mit sakraler Aura zu führen, sind für mich Idioten. Sie haben nicht nachgedacht, worauf es im Leben wirklich ankommt. Ich kann allerdings auch nicht verstehen, wie sich jemand in den Frack wirft und nach Bayreuth fährt. Bei diesem Gebalze geht es nicht ums Genießen, da geht es manchmal um peinliche Abgrenzung nach unten.

Wird dem Essen außerhalb Deutschlands ein höherer Stellenwert beigemessen?

Es gibt einen großen Unterschied zwischen einem lateinischen und einem puritanischen Umfeld. Vor Jahren habe ich für Leute von Fiat gekocht, die von Bosch zu einem Geschäftsessen eingeladen worden waren. Als es dunkelte, wollten die Ingenieure von Bosch unbedingt mit ihren Geschäftspartnern in den Wald fahren, um sie davon zu überzeugen, wie toll ihre Lampen leuchten. Nur, die Italiener hat das überhaupt nicht interessiert; sie wollten Grappa trinken.

Im lateinisch geprägten Umfeld redet man beim Essen nur nebenbei über das Geschäft. Im puritanischen Umfeld, zum Beispiel bei den Amerikanern, denkt man dauernd an Kohle, Kohle, Kohle; nur nicht ans Essen. Ich bin überzeugt, dass viele Dinge auch in der Politik nicht zustandekommen, weil da zwei Welten aufeinandertreffen. In Deutschland ist man der Meinung, dass beim Geschäftsessen nicht zu viel Freude aufkommen darf, weil das ja vom Finanzamt abgesetzt wird und weil es dienen soll. Warum muss dienen so schmerzhaft sein? Ideal wäre, wenn beides ineinander übergeht. Arbeit könnte man ja eigentlich auch genießen.

Ist Kochen für Sie Kunst oder Handwerk?

Kunst und Handwerk ist bei mir das Gleiche. Da bin ich etwas japanisch angehaucht. Beim Kochen hat man durchaus Anflüge von Kunst, insofern etwas Beseeltes hinzu kommt, aber vor allem hat man was zum Kauen. Kunst kann man nicht erzwingen. Ich muss Lust darauf haben und die richtigen Geräte. Es macht einen Unterschied, ob ich meine Soße mit einem Plastiklöffel probieren muss oder mit einem Silberlöffel.

Es ist die Härte des Realen, die den Unterschied macht. Die Eingeweide sind nicht so innovationsfreudig, sie halten nicht viel von der hehren Kunst. Man sollte sich nicht zu weit von den eigenen Gedärmen entfernen, die wollen was Echtes haben. Das markiert die Grenzen der Kochkunst. In der Malerei wurde irgendwann die Form aufgelöst. So etwas ist in der Kocherei auf Dauer unzulässig. Vor dreißig Jahren, in der Zeit der Nouvelle Cuisine, hat ein Kollege bei einem Silvestermenü ein rohes Kuhauge und ein rohes Kalbsohr als Amuse-Gueule (Appetithäppchen) auf den Teller platziert: »Höret, was ich euch sage, sehet, was ich euch bringe.« Nur zum Essen war das nicht. In diese Richtung wäre es weitergegangen mit der Kunst. Aber das hat nicht dauerhaft funktioniert.

Koch mag insofern ein künstlerischer Beruf sein, als er sich in seiner Grundhaltung stark von der Eitelkeit speist. Es geht nicht nur um die Versorgung der Gäste, es geht in hohem Maße um das eigene Geltungsbedürfnis. Dabei können die eigenen Ansprüche extrem ausarten. Der Koch François Vatel, verantwortlich für das Festmahl zu Ehren König Ludwig XIV., stürzte sich ins Messer, weil die Fischlieferung zu spät eintraf – man kann es auch übertreiben.

Der Versuch der Perfektion im Kochen ist wichtig, aber zu erreichen ist sie nie. Deswegen sind Musiker so gute Esser; sie wissen, dass man mit Freude an die Sache rangeht und nicht mit Analytik. Das ist auch das Problem der Restaurantkritik. Analytisch funktioniert das letztendlich nicht, und objektiv schon gar nicht.

In Deutschland kommen kunstvoll hergerichtete Gerichte auf den Teller, die ihren Ursprung vergessen machen, während in Frankreich zum Beispiel Fasane mit den Krallen und Tauben mit dem Kopf serviert werden. Muss ich mich beim Essen an die lebende Kreatur erinnern, die ich gerade verspeise?

Die Leute wollen nicht mehr daran denken. Sie sind schon entnaturalisiert. Es wird viel zu wenig darüber nachgedacht, was wir in unseren Mund, in die Ohren, in die Nase und in den Mund kriegen. Unser Mund ist normalerweise ziemlich sensibel. Beim Küssen sind wir relativ anspruchsvoll, aber beim Essen lässt das plötzlich nach. Man macht sich Sorgen ums Auto, darüber, dass ja kein Wasser in den Tank kommt, mit sich selbst ist man aber nicht so fürsorglich. Ich bin kein Esoteriker, aber ich denke schon, dass es Spuren hinterlässt, wenn ich ein gequältes Tier in mich hineinschiebe. Nicht nur wegen der chemischen Inhaltsstoffe, sondern Spuren geistiger Art. Es kommen schlechte Gedanken in den Kopf.

Es gibt auch eine Tierliebe, die schon im dekadenten Bereich ist. Aber mir ist es zum Beispiel wichtig, die Schweine, aus denen ich ein Schweinskotelett mache, auf der Weide vorher anzugucken und dass der Bauer das Tier selber zum Metzger bringt, damit es keine Angst bekommt. Früher war ich diesbezüglich auch gedankenlos. Fast jeder Gourmet weiß, wie Gänse leiden müssen, bis die gute Gänseleber produziert ist. Wer sie trotzdem isst, tut sich eigentlich nichts Gutes. Klar, das kann man mal machen, als Katholik sowieso und danach beichten. Aber wenn die Gänseleber gedankenlos zu einer Gourmetroutine wird, hinterlässt das Spuren im Kopf.

Ein Bauer hat mir folgende, sehr treffende Geschichte erzählt. Als eine Frau nach der Besichtigung seiner frei laufenden Schweine meinte: »Ich kann das jetzt nicht essen«, antwortete er: »Sie können nichts essen, was Sie gesehen haben? Bei mir ist es umgekehrt. Ich kann nichts essen, was ich vorher nicht gesehen habe.« Es ist wie beim biblischen Opferlamm: Ich habe zugesehen, wie es abgestochen wurde, und dann esse ich es eigentlich zum Lobe Gottes, weil es mir vielleicht deshalb guttut. Das ist eine ganz andere Art zu Essen, als wenn ich in einen Hamburger beiße.

Dabei wird viel verdrängt. Wenn einer diese Natürlichkeit nicht aushält, soll er Vegetarier werden, das ist völlig in Ordnung. Aber wenn einer Fleisch isst, dann muss er es bewusst essen. Das hat auch mit innerer Haltung, mit Ethik zu tun. Nicht umsonst werden Kriege von Leuten aus der Etappe gesteuert.

Ein Koch oder eine Köchin, die beim Schlachten zugesehen haben, kochen ganz anders als jemand, der Kalbsfilets mit einer Gänseleber aus einem Vakuumbeutel belegt und dann noch die Sterneküche abkocht.

Sie sind sicher schon oft mit dem Einwand konfrontiert worden, dass sich nicht alle Menschen hochwertige, ökologisch korrekte Lebensmittel leisten können...
Gutes Essen ist nicht demokratisch, sondern elitär. Aber ich kann Entscheidungen treffen wie meine zwei jungen, 23- und 24-jährigen Köche. Die besitzen sensationellerweise kein Auto, weil sie sonst anderweitig Abstriche machen müssten. Also lassen sie es mit dem Auto. Ich mache das in meiner Küche genauso. Ich finde Kaviar ganz toll, das ist wirklich ein verdammt gutes Zeug, wenn es aus einer einwandfrei geregelten Produktion stammt, aber so abartig teuer, dass ich es nicht verwende. Ich finde dafür keine Kundschaft, und das ist auch gut so. Ich lasse es einfach bleiben.

Aber die Bevölkerung ist durch die Werbung malträtiert. Wenn man zum Beispiel Spaghetti kochen möchte: Die guten Spaghetti sind doppelt so teuer, aber eben auch doppelt so gut. Dann geht es weiter mit den Tomaten. Da greifen wir auch zu irgendeinem Surrogat, weil die frischen Tomaten im Winter so teuer sind, anstatt es lieber gleich ganz sein zu lassen.

Ist der Einfluss der Werbung auf unsere Ernährungsgewohnheiten wirklich so groß?
Wer Werbefernsehen sieht, ist im Unterbewusstsein so beeinflusst, dass er zur Beute der Betrügereien in der Landwirtschaft und der Lebensmittelindustrie werden kann. Dort ist unglaublich viel Geld im Umlauf. Wir leben in einer Diktatur der Werbebranche und der Industrieinteressen. Das fängt schon im Kindergarten an. Wir haben inzwischen sogar ein Schulsystem, das meiner Ansicht nach das angepasste Herdentier fördert. Je

mehr von Individualgesellschaft geredet wird, um so heftiger läuft es umgekehrt. Die Jugendlichen von heute sind fast alle aus dem gleichen Reagenzglas. Kinder sind Nachahmer; aber leider wird ihnen immer weniger Nachahmenswertes angeboten.

Wenn man Massen leiten will, muss man darauf achten, dass sie nicht genießen, weil genießen frei macht. Auf Kuba gibt es keinen Fisch zu essen, weil es nicht gerecht ist, dass die im Inneren des Landes keinen haben. Wenn jetzt die Kubaner anfangen würden zu angeln, dann wären sie schon in einem Individualbereich, den eine Diktatur nicht zulassen kann.

Auch Religionen sind für mich eine Form der Freiheitsberaubung. Ich halte es da eher mit dem kantschen kategorischen Imperativ: So wie einem niemand auf den Keks gehen soll, plagt man die anderen nicht mit dem eigenen Käse.

Gibt es für Sie Tabus in der Küche?
Zunächst gibt es ein Tabu bei den Nahrungsmitteln. Dass Tiere gequält werden, ist absolut tabu. Jeder Ersatzstoff ist verboten, sodann die Rationalisierung – dieses Zauberwort! Alles, was ich in der Gastronomie rationalisiere, ist nicht mehr so schön wie vorher. Wir arbeiten in der Küche nicht nach den Gesichtspunkten der Industrie.

Sehen Sie einen Fortschritt in der Kochkunst oder gibt es nur eine Mode nach der anderen?
Es gibt einen Fortschritt durch bessere Küchengeräte, bessere Lebensmittel und aufgeklärte Genießer. Um eine Geflügelfarce herzustellen, hantiere ich heute nicht mehr umständlich mit Geflügelschere und Mörser, sondern benutze einen Cutter. Wir haben einen Fortschritt durch Technik, keine Frage. Die Frage ist eher, wann ich mit dem Fortschritt aufhöre. Schauen Sie sich den Kombidämpfer der Firma Rational an – die heißt auch noch so! Da gibt es eine Taste, die sich »Chefhelper« nennt; wenn Sie

die drücken macht es »pssssst«. Ein Computerprogramm steuert die Dampfzufuhr, die richtige Hitze, die Zeit und so weiter. Der Koch weiß überhaupt nicht mehr, warum und wie etwas perfekt gegart werden kann. Ich bin ein eher altmodischer Koch. Ich koche wie vor hundert Jahren mit viel Tastsinn.

Wenn ich die Möglichkeit habe, das Beste zu verarbeiten, dann ist das schon ein Glück. Dann fange ich an, das Material zu verändern, es mundgerecht aufzubereiten. Ein richtig guter Blumenkohl ist schon was Gutes, aber roh gegessen ziemlich witzlos. Also muss ich ihn in einen anderen Aggregatzustand versetzen, dann verträgt er sich mit einer Prise Muskat und so weiter. Dabei kann man – wie in der Musik – in rauschhafte Zustände geraten. Viele beklagen die lange Arbeitszeit des Kochs. Aber ich empfinde diese Zeit als beglückend. Ich bin allerdings in einer ganz anderen Zeit, als wenn ich fremdbestimmt an einer Maschine arbeiten müsste.

Nach meiner Lehrzeit habe ich gemeint, ich könnte alles beherrschen. Aber Kochen ist in einem Leben nicht zu erlernen. Das Problem ist, dass man durch die Niederungen des stumpfen Basishandwerks hindurch muss, um den Kopf für andere Sachen freizukriegen wie: die Geschichte des Kochens, Ernährungslehre, Zukunft, Gastlichkeit. Weil ich einfach mehr weiß, interessiert mich der Beruf heute mehr als vor zwanzig Jahren. Und je mehr man weiß, umso mehr weiß man auch, was man nicht weiß, und es wird immer spannender. Deswegen kann ich mir auch nicht mehr als fünf Stunden Schlaf pro Tag leisten.

Welche Rolle spielt für Sie das normale Alltagskochen?
Hausfrauenkochen wäre für mich furchtbar. Ich bin es gewohnt, in einem Räderwerk von Mitarbeitern zu agieren. Während ich mich der Fischsoße widme, grillt ein Mitarbeiter den Fisch, ein anderer erwärmt den Spargel, vorn steht einer und fragt nach den Salzkartoffeln. Das funktioniert wie in einem Präzisionsuhrwerk – und schafft absolute Glücksgefühle. Zu

zweit kann man sechs Personen ganz gut bekochen, alleine braucht es eine mords Logistik. Vor einem halben Jahr habe ich meiner Frau nach 38 Ehejahren zum ersten Mal auf dem eigenen Herd ein Spiegelei gebraten, vorher hatten wir nur eine mobile Herdplatte. Mit 60 Jahren die erste Küche; mit Induktionsherd und Gemüsedämpfer, den wir leider noch nicht richtig beherrschen. Das ist ein solches Computergelumpe, dass wir mit der Gebrauchsanweisung jedes Mal fast am Ehekrach entlangschreddern.

Beim Essen spielen der Geschmackssinn, der Geruchssinn, der Tastsinn, aber auch das Sehen eine große Rolle. Wie beurteilen Sie das Verhältnis von Sehen und Schmecken?
Von allen Sinnen ist der Sehsinn der korrupteste. Das ist ein großes Unglück. Wir sind mittlerweile durchs Fernsehen solche Augenmenschen geworden, dass man uns leicht mit Dingen betrügen kann, die auf die Zunge kommen. Und wir leben in der Diktatur der Foodfotografen. Alles ist auf maximale visuelle Wirkung ausgerichtet. Zwar gibt es auch Gegenbewegungen, das Essen im Dunkeln, im *Darkroom*, das vermutlich ganz eigene Welten wieder eröffnet, weil man sich besser aufs Riechen und Schmecken konzentriert. Die sinnliche Ausstattung hat man wahrscheinlich schon als Kind, aber das richtige Schmecken, das muss letztendlich gelernt werden. Alle behaupten zwar, das hätte man in den Genen, aber das stimmt nicht. Keiner wird bezweifeln, dass ein Bier, wenn es natürlich gut gebraut ist, gut schmecken kann, aber das erste Bier schmeckt nie, der erste Schnaps auch nicht.

Der Hörsinn scheint beim Essen die geringste Rolle zu spielen, wenn man mal vom Knackgeräusch beim Biss in ein Wiener Würstchen absieht.
Noch schlimmer sind Cornflakes. Beim Essen von Cornflakes herrscht im Innenohr ein größerer Lärm, als wenn Sie einen

Düsenjäger über sich hinwegbrausen hören. Aber zurück zu Ihrer Frage. Ich glaube, bei einem guten Essen müssen nicht immer alle Sinne bedient werden. Wenn ich zum Beispiel Essen mit Musik genieße, dann ist ein gewisser Teil des Gehirns schon mit der Musik beschäftigt. In unserem Restaurant spielt keine Musik. Genießen ist schon ein Gesamtheitserlebnis, aber: Ich kann kochen, was und so gut ich will, wenn ein Ehepaar am Tisch Krach kriegt, schmeckt denen nichts mehr.

Sie sagten zu Beginn, dass ein gutes Leben eines sei, das Sie selber bestimmen können. Haben Sie dabei ans Kochen oder ans Essen gedacht?

Da habe ich in erster Linie ans Kochen gedacht, aber auch ans Essen und an die Siesta; die gehört dazu. Es ist für mich das große Glück, dass ich jetzt kochen kann, was ich mag. Das war nicht immer so. In jungen Jahren musste ich auch das kochen, was die Kundschaft verlangte. Den Spieß umzudrehen braucht einen langen Atem. Ich koche jetzt das, was *mir* schmeckt, und weil ich ein großes Herz habe, esse ich nicht alles selber, sondern gebe davon ab. Das würde auch meine Möglichkeiten übersteigen, obwohl die schon ganz beachtlich sind. Wer Gefallen daran findet, bleibt da, und wer nicht, der geht.

Ich habe erst im fortgeschrittenen Alter festgestellt, dass solche Konsequenz nicht existenzbedrohend ist. Es geht gar nicht so übel aus, wenn man eine eigene Meinung hat. Das ständige Schielen nach der Masse, danach, was die wollen und verlangen, ist furchtbar. Das merkt man ja beim Fernsehen. Dauernd ruft mich ein Journalist an und fragt nach dem neuesten Trend. Das ist mir so wurst wie nur etwas.

Kant soll gesagt haben: »Gut Essen und Trinken ist die wahre Metaphysik des Lebens.«

Das hat Kant gesagt? Ein starker Spruch. Aber bei diesem Hardcore-Philosophen fehlt irgendwo das weibliche Element.

Das Weibliche ist Ihnen unverzichtbar?
Ja! Restaurants, die nur von Männern betrieben werden, sind meistens zu rational, zu kalt, zu erfolgsorientiert, zu vernünftig. Und wenn es keine Frauen gäbe, hätten wir sehr wenig Gäste. Frauen treiben die Männer hier rein. Sie haben ein besseres Gespür dafür, worauf es letztendlich ankommt.

Wenn Sie eine »Kritik der kulinarischen Vernunft« schreiben müssten, wie würde Ihr erster Satz lauten?
Das ist ganz einfach: »Koche und esse nicht über deine Verhältnisse.« Wenn man sich das jeden Tag zweimal sagt, dann würde man sich auch darum kümmern, was die eigenen Verhältnisse sind. Dann wäre das Leben gut. Aber wir leben in einer Gesellschaft, in der dem Arzt eingeredet wird, er müsste längst Professor sein, dem Müllwerker, er müsste ein Gewerkschaftsvorsitzender sein, und in der zum Koch gesagt wird, du müsstest längst im Fernsehen sein. Ich kenne einen Schuhmacher, der mit Freude und großem Verstand begeisterter Schuhmacher ist – ein glücklicher Mensch.

Herr Klink, wir danken Ihnen für dieses Gespräch.

Das Interview führten Elke Uhl,
Udo Grün und Siegfried Reusch.

Anstelle eines Rezepts
Polina litt jahrelang. Das Geschrei von Giovanni war bald nicht mehr zu ertragen. Sie kochte Ragù der feinsten Art, Hackfleischsoße mit Thymian, Rosmarin, den reifsten Tomaten. Giovanni maulte, egal wie gut die Soße war: »Bei meiner Mama hat das anders geschmeckt!« Jedenfalls, mit der verdammten Soße war es ein ständiges Crescendo der Unzufriedenheit.

Polina war durch jahrelanges Soßenkochen, ohne dass die Gunst des Mannes zu erlangen gewesen wäre, unverhältnismäßig gealtert und hatte sogar ihre »bella figura« vor Kummer drangegeben. Eines Tages war es dann so weit. Die Soße war angebrannt und Polina blieb ganz cool. Scheißegal war ihr das. Giovanni probierte das schwarzgekokelte Gematsche und seine Miene geriet in Verzückung. »Polina!, endlich, ah welche Jugenderinnerung. So hat sie geschmeckt bei meiner Mutter, so hat Mama diese Soße immer gekocht!«

Vincent Klink

Entnommen aus: Häuptling Eigener Herd.
Das Lebensmittel für Hirn und Wanst. Band 36,
Edition Vincent Klink, Stuttgart 2008

»Glück ist nicht das Ziel, sondern der Lohn...«

Ein Interview mit Günther Bien

Umfragen zufolge bedeutet Glück für jeden etwas anderes. Gibt es so etwas wie ein absolutes Glück?
Zunächst einmal ist Glück für jeden das, was er dafür hält. Das gilt ganz besonders in der modernen Welt, wo jeder das Recht hat, für sich zu definieren, worin seine Lebenserfüllung besteht. Andererseits, wenn das alleine die Wahrheit wäre, könnte es keine Philosophie des Glücks geben, denn Philosophie fragt nach allgemeinen Bedingungen, nach verallgemeinerbaren Feststellungen. Man kann zum Beispiel sagen, Glück ist das, was für den Einzelnen die letzte Erfüllung ist. Zweitens kann man, entgegen extremen Subjektivitätspositionen, auch nicht ausschließen, dass es so etwas wie eine normative, das heißt für alle gültige Vorstellung von wahrem Glück geben könnte oder geben sollte. Insofern hat die Philosophie doch noch eine Aufgabe: den Menschen zu helfen, das zu finden, was sie wirklich wollen. Dies muss nicht identisch sein mit dem, was sie meinen zu wollen. Platon hat ja die Unterscheidung gemacht zwischen dem, was einer glaubt, dass er es will, und dem, was er wirklich will. Man kann sich das sehr schön an den vielen Märchen, die auf der ganzen Welt verbreitet sind, klar machen: Diese enden immer so, dass der Mensch den dritten Wunsch dafür braucht, um von den verheerenden Folgen der Erfüllung seiner ersten beiden Wünsche freizukommen.

Gibt es Bewertungsmaßstäbe für das Glück, für das höchste Gut, wie es Aristoteles nennt?

Die Stoiker sagen, dass jemand, der sich zehn Zentimeter unter der Wasseroberfläche befindet, genauso ertrinkt wie jemand, der sich in drei Meter Tiefe befindet. Das stimmt, nur das Bild ist natürlich falsch gewählt. Mit Sicherheit gibt es Grade des Glücks und auch des Unglücks. Es kommt immer auch darauf an, was man unter Glück versteht. Erstens könnte man, was viele Menschen tun, Glück mit Spaß, Vergnügen, Freude, Lustgewinn identifizieren. Zweitens kann Glück als gute, angenehme Stimmung verstanden werden. Nun weiß man aber auch, von wie vielen Dingen die Stimmung abhängt: vom Wetter, vom Kreislauf, von vielen Unwägbarkeiten. Insofern kann das als Stimmung begriffene Glück noch nicht der letzte Bezugspunkt sein. Das Dritte wäre dann schon der zentrale Aspekt: Glück ist die dauerhafte Wahrnehmung des eigenen Daseins als angenehm, sinnvoll und erfüllt. In Bezug auf den ersten Punkt kann man in der Tat Lustempfindungen messen, zum Beispiel danach, wie lange die Empfindungen anhalten. Man kann sie auch nach der Intensität messen. Man weiß, dass das erste Glas Wasser bei großem Durst eine ungeheure Befriedigungsqualität hat, das zweite und dritte schon eine deutlich geringere. Weiterhin könnte man Lust nach der Reinheit der Empfindung messen, also prüfen, ob und in welcher Quantität auch Unlust beigemischt ist. Denn bei vielen Menschen ist es so, dass jede Freude, ob körperlich, sinnlich oder geistig, immer bezahlt werden muss mit der Angst vor negativen Folgen wie Ermüdung oder Depression. Welche Folgen der Lustzustand hat, ist also ein weiteres Kriterium für die Stärke des im Sinne von Lust verstandenen Glücks. Wie die Lustempfindungen kann man auch Stimmungen messen, übrigens mit ziemlich ähnlichen Kategorien. Grundlegend aber bleibt die dritte Definition des Glücks im Sinne der letzten Erfüllung dessen, was das menschliche Herz im Letzten will, was den Menschen befriedigt. Wahrscheinlich wird man auch da sagen, dass es vielleicht davon abhängt, das eigene Leben als sinnvoll und erfüllt zu erfahren, in welchem Maße einer, nicht nur am Ende des Lebens, sondern auch im Vollzug des Lebens von sich sagen kann, dass er ein erfülltes und sinnvolles Leben führt, und das hängt immer an der eigenen Aktivität. Die ersten beiden Kategorien, Lustempfinden und Stimmung, stehen nach Kant für etwas, das bloß auf einen zukommt. Hingegen hängt ein erfülltes, sinnvolles Leben von dem ab, was einer selbstständig tut und wozu er sich entscheidet. Aristoteles spricht diesbezüglich von *energeia*, das meint: Das Glück liegt in der Handlung, im Vollzug. Beglückend sind immer nur die Tätigkeiten, die den Zweck in sich selbst tragen.

In Ihrem Buch *Glück – was ist das?* zitieren Sie unter der Rubrik »Glück als Charaktereigenschaft« einen Satz von Marie von Ebner-Eschenbach: »Glücklich sein können auch ohne Glück, das ist Glück.« Wie ist dieser Satz zu verstehen?
Die erste Frage, die man diesbezüglich beantworten muss, lautet: Was bedeutet das Wort »Glück«? So wie im Deutschen viele Worter der Umgangssprache mehrere Bedeutungen haben können, wie zum Beispiel der »Läufer« einen Sportler, einen Bettvorleger oder eine Schachfigur bezeichnen kann, so ist auch das Wort »Glück« mehrdeutig. Erstens gibt es das Glück, das einem zufällt. Zweitens das Glücklichsein als eine Befindlichkeit der Seele. Und die Bedeutung des Satzes von Marie von Ebner-Eschenbach ist: Glücklich sein können, auch ohne das Glück zu haben, das einem ohne eigenes Zutun zufällt, das ist das Glück. Und es stellt sich in der Tat die Frage, woran es liegt, dass es Menschen gibt, die glücklich sind, ohne dass sie das Glück haben, in besonders günstigen Umständen zu leben. Oder umgekehrt: Umfragen zufolge schätzen die Westeuropäer, denen es ökonomisch gesehen im Vergleich zur übrigen Welt sehr gut geht, ihr Glücksbefinden nicht sehr hoch ein. Also ist es durchaus möglich, dass Mensch Glück haben, aber nicht glücklich sind. Es gibt schwedische und amerikanische Glücksforscher,

die sagen, dass 48 Prozent unseres Glücks von den Genen ab-
hängen. Nun, das muss man ganz positiv sehen: Immerhin 52
Prozent kann der Mensch also für sein Glück tun. Ich glaube, es
hängt letztlich daran, ob ein Mensch sich selbst bejaht, mit sich
im Einklang lebt und damit auch mit dem Lauf der Welt ein-
verstanden sein kann. Genau das wäre eine Leistung von Philosophie: den Menschen davon zu überzeugen, dass die Welt
letztlich einen Sinn hat und dass der Sinn ein Sinn ist, den man
bejahen kann. Ich kenne eine Schriftstellerin, die sagt immer:
Die meisten Menschen sind zu dumm, um glücklich zu sein.
Sie meint damit nicht einen Mangel an Intelligenz, sondern das
Nichtzupacken, das Nichtwahrnehmen von Situationen, die
beglückend sind. Insofern ist Glück auch eine Charakterange-
legenheit. Charakter in dem Sinne, was der Mensch aus eigener
Entscheidung, und man kann schon fast sagen, sittlicher Leistung für sein Glück tun kann und auch tun muss. Das kann
dem Einzelnen keiner abnehmen.

**Im Deutschen gibt es nur ein Wort für Glück. Ist das eine
Unschärfe der deutschen Sprache, oder hängen die verschiedenen Arten von Glück zusammen?**
Andere Sprachen haben mehrere Wörter. Zum Beispiel gibt es
im Lateinischen *beatitudo*: glücklich sein, und *fortuna*: Glück haben; im Englischen *luck* und *happiness*, und so könnte man alle
modernen Sprachen durchgehen. Mit der großen Glückstheorie
des Aristoteles könnte man sagen: Glück ist letztlich eine Sache
des Geistes, der Seele, der Einstellung. Aber da der Mensch auch
ein animalisches Wesen ist, gehört zum Glück des Menschen
auch, dass bestimmte physische Bedürfnisse erfüllt werden. Es
gehört eben auch das äußere Glück zum Seelenglück. Außerdem
gehört zu einem glücklichen Mensch auch eine entsprechende
Charaktereinstellung. Er sollte erstens glückliche Lebensumstände herbeirufen können, zweitens sich diese erhalten können
und drittens ein Mensch sein, der auch beim Ausbleiben von

äußerem Glück dennoch nicht völlig unglücklich ist. *Fortuna* und *beatitudo* hängen also aufs Engste miteinander zusammen. Ich glaube insofern, dass die deutsche Sprache hier, wie auch in anderen Bereichen, eine weise philosophische Sprache ist.

Muss man frei sein, um glücklich sein zu können?
Die kürzeste Definition von Glück könnte lauten: Glücklich ist der, der hat, was er will. Und es gibt eine ganz einfache Definition von Freiheit: Frei ist der, der tun kann, was er will. Freiheit und Glück hängen insofern zutiefst zusammen: tun können, was man will, und haben, was man will. Das ist die eine Seite. Aber der tiefere Zusammenhang ist folgender: Zumindest im modernen Verständnis gehört zum Glück Selbstbestimmung. Nun sind wir aber auch unter besten Bedingungen nicht völlig selbstbestimmt. Wir haben eine körperliche Natur mitbekommen, für die wir nichts können, und von dieser körperlichen Situation leiten sich auch Charaktereigenschaften ab: Es gibt beispielsweise phlegmatisch veranlagte Menschen, und es gibt Menschen, die eher aktiv sind. Das ist vorgegeben.

Ein weiteres großes Problem in Bezug auf Glück, vor allem in der modernen Welt, besteht in der Bestimmung der eigenen Zeit. Das hat wiederum zwei Bedeutungen: zunächst einmal, dass man nicht völlig in eine entfremdete Tätigkeit eingespannt ist. Zum anderen, dass die verbliebene Freizeit oft von der Unterhaltungsindustrie solchermaßen ökonomisch durchorganisiert und verplant wird, dass keine Freiräume bleiben. Wirklich glücklich kann nur derjenige sein, der möglichst selbstbestimmt auch das tun kann, was er eigentlich möchte. Andererseits muss man sagen, dass gegenwärtig das Maß an selbstbestimmter Tätigkeit sehr hoch ist und dass nicht alle Menschen den hohen Ansprüchen an Selbstbestimmung, die heute von ihnen verlangt werden, gewachsen sind. Also noch einmal: Die Selbstbestimmung ist eine ganz große Chance, die wir heute haben, aber für viele Menschen auch eine Überforderung. Heute gibt es eine große Zahl von Gurus, die Glücksrezepte anbieten, welche Lebenserfolg garantieren sollen. Es gibt aber keine Techniken zur Erzeugung von Glück. Das hängt damit zusammen, dass Glück kein Gegenstand ist, den man mit bestimmten Verfahren produzieren könnte. Ein weiser Mann hat einmal gesagt: Glück ist kein Ziel, sondern der Lohn. Das heißt, Glück ist immer eine Nebenfolge von anspruchsvoller, sinnvoller Tätigkeit. Glück ist wie die Hobelspäne, die dann abfallen, wenn man etwas Richtiges tut. Und der Fehler dieser Glücksbücher ist, dass sie versprechen, auf direktem Wege, durch Bereitstellung von Rezepten, Glück zu erzeugen. Man kann wohl manches Hinderliche vermeiden, aber das wirkliche Lebensglück ist nicht auf Rezept oder durch Tricks zu haben.

Was kann die Philosophie tun, um dem ungesicherten Wesen»Mensch« zum Glück zu verhelfen?
Seit der Spätantike gibt es eine Definition der Philosophie, die geradezu sagt, Philosophie ist Lehre vom und Anleitung zum glücklichen Leben. Noch Immanuel Kant hat genau das gesagt: Man möge doch zurückkehren zu der Überzeugung der Alten, für welche die Philosophie die Lehre vom höchsten Gut war und von den Bedingungen, es zu ergreifen. Philosophie hat etwas mit dem Glück zu tun, zunächst einmal in dem Sinne, dass man feststellt, was denn das höchste Ziel des Menschen ist.

Da der Mensch ein vom Geist bestimmtes Wesen ist, hat die Philosophie eine große Aufgabe: das vernünftige Gespräch darüber, was der Mensch eigentlich können muss, nämlich als Erstes das Sinnlose vom Sinnvollen zu unterscheiden. Das ist das eine. Das andere ist die Anleitung zum Glücklichsein. Dafür gibt es inzwischen auch philosophische Praxen. Man sollte sich aber auch fragen, ob Philosophie nicht durch ein Übermaß an Reflexion auch unglücklich machen kann. Dass man glücklich war, merkt man immer erst, wenn es vorbei ist. Glück und Wissen um das Glück sind nicht identisch.

Kann Philosophie eine Art Heilmittel oder Trost für die Seele sein?

Es steht fest, dass es philosophische Texte gibt, die allein durch ihre klare Argumentation, durch ihre subtilen Definitionen auch die Seele zur Klarheit bringen können. Und es gibt andere Texte, die aufpeitschen und Emotionen wecken – ähnlich wie bei der Musik. Philosophie als *medicina mentis*, als Heilmittel für die Seele zu verstehen ist eine uralte Überzeugung. Ein wichtiger Text von Boethius trägt den Titel *Trost der Philosophie*. Außerdem gibt es in der *Theologischen Summe* des Thomas von Aquin einen eigenen Abschnitt, in dem die Frage diskutiert wird: Gibt es Heilmittel wider die Traurigkeit der Seele? Thomas zufolge sind ein großer Teil der leichten Depressionen Ermüdungserscheinungen, die auch körperlich bedingt sind, zum Beispiel durch Überarbeitung. Da helfen guter Schlaf und Baden. Aber es gibt auch andere Hilfsmittel, wie etwa ein Gespräch mit Freunden. Und vor allem: Philosophie. Das heißt, wer sich gedanklich in die Ordnung der Welt, in die umfassenden Strukturen von Wahrheit, einordnet, dessen Seele wird auch Ordnung gewinnen. Kant hat einmal geschrieben, dass Philosophie auch ein Heilmittel gegen die Gebrechen des Alters sein kann, dass das Nachdenken, das interesselose Sich-Beschäftigen mit geistigen Problemen den geistigen Fluss im Laufen hält und darum gegen den Verdruss des Alters ein gutes Mittel ist. Übrigens kann man so auch gut die Tatsache erklären, dass gegenwärtig begrüßenswerterweise die Zahl der Seniorenstudenten in der Philosophie, aber auch in anderen Geisteswissenschaften stark zugenommen hat.

Was haben Glück und Moral miteinander zu tun? Oder provokant gefragt: Ist es moralisch, angesichts einer Welt voll Hunger und Krieg glücklich zu sein?

Es heißt, die europäischen Menschen seien seit jeher egoistisch, hedonistisch, selbstbezogen gewesen. Das ist falsch. Bei Aristoteles wird explizit gesagt, dass ein Mensch nicht glücklich sein kann, wenn die Menschen, die zu seinem Lebenskreis gehören, unglücklich sind. Die Moralisierung ist ein ganz großes Problem: Wenn man nicht will, dass irgendwo Menschen unglücklich sind, kann man daraus nicht ableiten, dass die, die glücklich sein könnten, unglücklich sein müssen. Glück ist kein demokratisierbarer Wert: Mein Glück bedeutet doch nicht, dass alle anderen darum gleich unglücklich sein müssen. Vielmehr gilt: Unglück soll nicht sein, und Glück soll sein.

Wäre vollkommenes Glück nicht ein langweiliger Zustand?
Wenn wir immer glücklich wären, wäre das in der Tat langweilig. Andererseits ist Langweile eine moderne, ästhetische Kategorie. Ich glaube, die Frage hätte Aristoteles gar nicht verstanden. Offensichtlich braucht der Mensch Abwechslung, das heißt ein immer gleich temperierter Zustand wäre ungesund, auch physiologisch ungesund. Wir brauchen zum Beispiel den Wechsel von Sommer, Winter, Tag und Nacht. Deshalb wird oft gesagt, dass ein ewiges Leben in paradiesischen Zuständen, wie auch immer das zu denken sein soll, gar nicht wünschenswert sei, weil es langweilig wäre. Aristoteles sagt: Von Natur aus strebt der Mensch nach Glück. Aber man kann nicht sagen: Ich entscheide mich dazu, glücklich zu sein. Denn das würde bedeuten, dass man eine Alternative hat.

Ein einziger Philosoph hat gegen die Position des Aristoteles opponiert, nämlich Friedrich Nietzsche, der gesagt hat, der Mensch will nicht glücklich sein, nur der Engländer will das. Damit ist allerdings nur ein Streben nach Glück im modernen Sinne, nach Lebenserfolg und Genuss, gemeint.

John Stuart Mill sagt, er sei lieber ein unzufriedener Sokrates als ein glückliches Schwein.
Mill setzt hier Glück mit der Zufriedengestelltheit des Schweins gleich, während die klassische Lebenslehre in der antiken Phi-

losophie bis hin zu Kant unter Glück verstanden hat, dass die geistigen, sozialen und kulturellen Möglichkeiten des Menschen im vollen Sinne realisiert sind, dass der Mensch zur Erfüllung seines Wesens kommt. Der Hintergrund der eben zitierten Äußerung ist gewesen, dass Glücklichseinwollen auf dem Boden der modernen Welt fast immer hedonistisch, das heißt als Luststeigerung empfunden wird. Auch Kant definiert ja das Glück einmal als extensive, also möglichst weite, als intensive, also möglichst eindringliche und als protensive, das heißt möglichst lange Erfüllung unserer Bedürfnisse. Und genau das ist, was das zufrieden gestellte Schwein hat. Wenn man Glück so definiert, dann besteht zwischen Glück und Moral ein Gegensatz. Ein Kantianer hat einmal den schlimmen Satz formuliert, der Mensch will glücklich sein, das darf er nicht, der Mensch soll moralisch sein, das will er nicht.

Wäre es nicht vorstellbar, dass es eine Welt gibt, in der alle glücklich sind?
Ein glückliches Leben als ein Leben, das immer nur in Kirmesstimmung verbracht wird, gibt es nicht. Zum menschlichen Leben gehören nun einmal auch die negativen und leidvollen Dinge. Das liegt zum einen daran, dass wir einen Körper haben, der anfällig und ermüdbar ist. Es hängt zweitens damit zusammen, dass keiner für sich alleine ist, sondern immer mit anderen Menschen zusammenlebt. Das Glück des Lebens besteht wahrscheinlich darin, dass es einem gelingt, die negativen Seiten des Lebens zu integrieren. Bedingung für positive Erfahrungen und für Glück sind eben auch verarbeitete Negativerfahrungen.

Bei vielen Schriftstellern und Künstlern, auch bei manchen Philosophen, hat sich der Zustand des Unglücklichseins als äußerst produktiv erwiesen …
Es gehört zum modernen Begriff des Künstlers, eine Sonder-

existenz zu führen, bis hin zum Gedanken, dass Genie immer mit Wahnsinn verknüpft ist. Das gilt nicht für die älteren Künstler, wie zum Beispiel für Bach, Goethe oder Dante. Die Thomas-Mann-Themen vom Unglück des Künstlers gegenüber dem Behagen des biederen bürgerlichen Menschen, der kein Problem in der Seele hat – das sind moderne Probleme. Aber man muss in der Tat sagen: Das Glück der schöpferischen Menschen ist es, ein Werk zu schaffen, und das Unglück ist ein Stimulans dazu.

Sind die Vorstellungen dessen, was Glück bedeutet beziehungsweise was als Glück empfunden wird, kulturell bedingt?

Eine meiner Definitionen ist: Glück ist das Nebenprodukt von sinnvoller Tätigkeit. Welche Tätigkeit sinnvoll ist, das ist kulturell verschieden. Die Philosophie hat dennoch die Aufgabe zu fragen, ob es nicht das Gleiche ist, was ein indischer, chinesischer, europäischer, antiker oder ein neuzeitlicher Mensch letztlich will, nämlich die Erfüllung der letzten Wünsche seines Herzens. Welche das sind, das ist allerdings wiederum kulturell bedingt.

Ist das Böse eine eigene Qualität oder nur ein Mangel an Gutem?

Nicht das Böse ist ein Mangel an Gutem, sondern nur das Schlechte. Ein schlechtes Auto ist ein solches, das eine Eigenschaft nicht hat, die ein gutes Auto haben sollte. Es gibt auch Unglück, eine satanische Bosheit in der Welt, die aus einer zutiefst zerfressenen Seele stammt und Unglück bei anderen Menschen will. Es gibt offensichtlich Menschen, wir haben große Beispiele erlebt in unserer Zeit, die auf nichts anderes aus waren, als Unglück und Leid in der Welt zu erzeugen.

In unserer Gesellschaft gibt es einen Trend hin zu östlichen Religionen und Weisheitslehren. Ist die westliche Philosophie am Ende, oder sind das nur Modeerscheinungen?
Die gegenwärtigen Probleme unserer Zivilisation sind spezifisch neuzeitliche Probleme. Hobbes sagt, dass die antiken Glücksvorstellungen – das Glück als eine runde Kugel oder als Ruhe des Herzens – völlig unrealistisch sind. Glück sei, auf einer Rennbahn denjenigen zu überholen, der vor einem läuft, oder zu bemerken, dass derjenige, der neben einem läuft, zurückbleibt, oder zu sehen, dass derjenige stolpert, der drei Schritte vor einem läuft. Überholt zu werden, das ist Unglück. Dadurch kommt in die europäische Lebenseinstellung das Motiv des Rennens, des unruhigen Nach-vorne-Strebens. Goethe brachte dies in der Figur des Doktor Faust zum Ausdruck. Das hat auch ganz wesentlich zu tun mit einer ungeheuren Beschleunigung der Zeit in der Moderne, und wir erfahren jetzt, dass die Produktivität und Beschleunigungssteigerung an ihre Grenze kommt. Das heißt, eine Steigerung der Mittel bringt nicht mehr Glück. Man meint nun, Europa sei immer so gewesen, und darum blickt man nach Osten. Von dort können wir lernen, aber wir können in unserer älteren Tradition alle diese Dinge auch finden. Pierre Hadot, der französische Philosophiehistoriker, hat überzeugend herausgestellt, dass die stoische und epikuräische Philosophie im Grunde nicht darauf zielte, wahre Sätze zu erkennen, sondern sein Leben zu führen, geistige Übungen und Meditationen zu machen, also im Grunde das, was wir heute aus dem Fernen Osten holen.

Kann Religion auch unglücklich machen?
Religion, wenn sie schlecht und unaufgeklärt ist, kann in der Tat zur Unterjochung von Menschen führen. Religion kann darum dazu führen, dass man sein Leben nicht selbst in die Hand nimmt. Aber es gibt auch aufgeklärte Formen von Religion, deren Einsicht im christlichen Kontext darin bestehen, dass das ir-

dische Leben immer auch durch Zufälle bestimmt wird und nie zu bedingungsloser Erfüllung kommt. Eines der Dinge, welche die Menschen am meisten unglücklich machen, ist ja doch die Befürchtung, im Leben zu kurz zu kommen. Wenn man hingegen die Vorstellung hat, dass die Fülle des Lebens uns vielleicht noch einmal erwartet, ist man demgegenüber frei und entlastet.

Boethius und Augustinus sind sich einig in der Hinsicht, dass nur Gott als das einzig Gute unvergänglich ist. Alles andere kann nicht glücklich machen, weil man immer die Angst haben muss, dass man es wieder verliert. Braucht man deshalb, um von Glück überhaupt sprechen zu können, eine metaphysische Ebene, das heißt die Annahme eines Bereichs, der sich jenseits des sinnlich Erfahrbaren befindet?

Im christlichen Kontext ist nicht Gott an sich das höchste Gut. Nein, für den Menschen wäre das höchste Glück, mit Gott in Beziehung zu treten. Gott zu moralisieren ist eine ungute Folge der neuzeitlichen Geschichte des Christentums. In der älteren Welt hat man mit Gott den Gedanken des höchsten Gutes verbunden. Gott ist das, was Leben ermöglicht, ist also das Faszinierende, das schlechthin Beglückende und Beseligende. Aristoteles sagt, der eine unbewegte Beweger bewegt die Welt wie ein geliebter Mensch.

Der Mensch ist freilich auch ein animalisches Wesen. Wir haben von daher mannigfache Bedingtheiten und Bedürfnisse. Aber der Mensch ist, ich wage einmal eine freche Formulierung, ein Splitter Geist, der in einem animalischen Körper sitzt. Daher kommen alle unsere Probleme, auch dass wir lachen und weinen können und müssen. Solange der Mensch nicht irgendwie aus dem Geist herauslebt, kann er letztlich keine Erfüllung finden. Da habe ich gar keine Hemmungen, auch unter christlichen Bedingungen noch einmal von der platonischen Idee des Guten zu sprechen: Es gibt ein höchstes Gut, das alles Schöne und Gute in der Welt garantiert.

Der französische Philosoph Alain behauptet, dass es eine Pflicht des Menschen gegenüber seinen Mitmenschen gibt, glücklich zu sein.

Für deutsche Ohren klingt das komisch: Der Mensch soll nicht nur nach Glück streben, nein, er soll sogar glücklich sein! Die Frage, die sich dahinter verbirgt, ist: Wie kann jemand andere glücklich machen, der mit sich selbst nicht in Frieden lebt? In dem Sinne kann man den Satz, es ist eine Pflicht, glücklich zu sein, unterschreiben.

Entsteht daraus nicht eine Tyrannei des Glücks, insofern derjenige, der gerade nicht glücklich ist oder glücklich wirkt, von der Gesellschaft gemieden wird? Gibt es nicht auch eine Überdosis an Glück?

Nicht an wirklichem Glück! In Amerika zum Beispiel muss man immer »happy« sein, und das ist in der Tat eine Überforderung, die sich dann nur mehr in den Gesichts- und Mundmuskeln niederschlägt. Die Menschen machen zwar ein fröhliches Gesicht, sind im Grunde aber tief unglücklich. In der Tat ist es eine der großen Gefahren insbesondere der modernen Werbung, dass uns immer glückliche Menschen vorgegaukelt werden.

Steht die Utopie – oder mit Bloch gesprochen: das Prinzip Hoffnung – für jenes Glück, das in die Zukunft projiziert wird – sozusagen als Antrieb zur Überwindung einer als unglücklich empfundenen Gegenwart?

Es gibt in der Tat Menschen, die nie im Hier und Jetzt glücklich sind, sondern immer davon ausgehen, dass das Glück dann kommt, wenn sie dieses oder jenes geschafft haben. Auch gab es des Öfteren in großen, verführerischen, politisch gewordenen Utopien den Fall, dass die Machthaber glaubten, das Recht zu haben, Menschen und Möglichkeiten zu verheizen, und dabei versprachen, dass das gegenwärtige Unglück die Bedingung dafür ist, dass es den Menschen irgendwann einmal besser geht. Es wurde vorgeschrieben, unter welchen Bedingungen man sich glücklich fühlen muss. In der DDR gab es in der Tat Äußerungen, wenn das Volk sich beschwerte, dass keine Nahrungsmittel erhältlich waren, die in etwa so lauteten: »Uns geht es zwar schlecht, aber wir sind dafür nicht entfremdet. Denen im Westen geht es gut, aber die leben entfremdet.« Aber zu den wesentlichen Errungenschaften der modernen, europäischen Philosophie gehört gerade der Gedanke, dass jeder das Recht hat, selbst sein Glück zu definieren.

Es gibt ja auch die Möglichkeit, einen Glückszustand durch verschiedene Arten von Rauschmitteln künstlich herzustellen. Wie weit darf man dabei gehen?
Zunächst einmal muss man sagen, dass alle Suchtmittel ungut sind. Aber schon Goethe hat einmal gesagt, es gehört zum normalen Leben, sich hin und wieder durch einen Rausch aus der puren Alltäglichkeit herauszuheben. Und so ist es auch in der Tat. Ich hoffe, dass das nicht missverstanden wird. Es ist eine menschliche Möglichkeit, und die sollte man nicht diffamieren. Man muss hier über ein großes Maß an Selbstbeherrschung verfügen. Es gibt ja doch auch harmlose Rauschmittel wie singen und tanzen. Aristoteles hat einmal formuliert, das menschliche Leben sei mühselig und dafür hätten die Götter den Menschen die Freuden des Mahls und auch des Weins gegeben. Und schon im Alten Testament ist zu lesen: Der Wein erfreut des Menschen Herz. Solches sollte man sich nicht ganz versagen.

Bis jetzt haben wir Glück meist als subjektives Empfinden kennen gelernt. Gibt es auch Lehren vom Glück, die einen anderen Ansatz verfolgen?
Für uns gehört die gefühlsbetonte Selbsteinschätzung und Wahrnehmung der eigenen Befindlichkeit zum Glück. Aber es gibt in der Tat auch Theorien, die davon ausgehen, dass jemand

glücklich gepriesen werden kann, ohne dass er sich selbst als glücklich empfindet. Die antiken Theorien des Glücks hatten ein solches Element. Sokrates, sagt man, ist zwar ungerecht hingerichtet worden, aber er hatte dennoch ein glückliches, ein glückseliges Leben. Bei Herodot wird der reiche und mächtige König Krösus geschildert, dem es nicht allein genügte, Glück zu haben, sondern es musste von anderen auch anerkannt werden. Doch der weise Solon, Verfassungsgeber Athens, wollte ihm sein Lebensglück nicht bestätigen, da man dies erst nach dem Tod eines Menschen tun könne, wenn das Leben abgeschlossen und von außen bewertbar ist. Und in der Tat wurde Krösus ja wenig später von den Persern entmachtet, und sein Ruhm war dahin. In manchen Religionen wird eine bestimmte Lebensform als selig oder glückselig gepriesen, was nicht bedeuten muss, dass es der entsprechenden Person gefühlsmäßig gut gegangen ist. Für heutige Menschen ist es freilich einigermaßen unverständlich, jemanden glücklich zu nennen, der selber nicht merkt, dass er glücklich ist.

Bei den Stoikern findet sich das Glück in der »Meeresstille« des Geistes, das heißt in der bedingungslosen Unabhängigkeit von äußeren Gütern.

Was die Stoa wollte, ist Folgendes: Alles, was einem genommen werden kann, besitzt man nicht wirklich. Und was kann einem nicht genommen werden? – Die Moral, die Weisheit, die seelischen Qualitäten. Genommen werden kann einem aber alles Äußere, die Dinge, Ämter, Ehren und auch die Menschen, die man liebt. In der Stoa ging es nun darum zu trainieren, sich vom Verlust äußerer Güter schlechterdings nicht beeinflussen zu lassen. Und so übte man zum Beispiel den Gedanken ein, morgens, sagen wir mal als Senator, seine Villa zu verlassen, und abends, wenn man zurückkommt, die Villa abgebrannt vorzufinden und zu erfahren, dass Frau und Kinder in die Sklaverei verkauft wurden. Davon durfte man sich dann nicht aus der Bahn werfen lassen. Ich würde sagen, eine gewisse stoische Haltung ist tatsächlich heilsam und lebensförderlich, aber man sollte sie nicht zu sehr verinnerlichen. Denn das würde heißen, dass man sich, auch wenn man mit geliebten Menschen zusammen ist, nicht wirklich freuen kann, weil im Hinterkopf immer ein Wurm nagt. Immer nur an Verlust oder Tod zu denken ist nicht lebensförderlich.

In der Operette *Die Fledermaus* von Johann Strauß heißt es: »Glücklich ist, wer vergisst, was nicht mehr zu ändern ist.« Gibt es Glück nur in der Erinnerung, wäscht das Gedächtnis die negativen Seiten des Lebens fort?

Es gibt Dinge, die nur die Zeit heilen kann. Dass das Herz träger ist als die Vernunft, ist eine alte Erfahrung – aber irgendwann hat auch das Herz Einsicht. Da hat die Stoa vollkommen Recht. In der Stoa gibt es den Satz: »Nicht die Tatsachen sind es, welche die Menschen erschrecken, sondern ihre Meinungen über die Tatsachen.« Wie man sich zu den Dingen stellt, wie man die Tatsachen bewertet, bewegt uns positiv oder negativ. Die stoische Überzeugung ist in folgender Hinsicht völlig richtig: Wir haben über viele Ereignisse unseres Lebens keine Macht. Das Einzige, worauf wir Macht und Einfluss haben, sind unsere Bewertungen beziehungsweise unsere Deutung der Dinge. Denken Sie an das oft berufene Beispiel von dem Glas, das je nach Sichtweise als halb voll oder halb leer bezeichnet wird.

Gehört Wahrheit zum Glück?

Wenn der Mensch ein Geistwesen ist, gehört zur letzten Erfüllung des menschlichen Wesens, mit zweckfreier Wahrheit in Kontakt zu kommen. Man muss aber auch die Stärke der Seele haben, sich der Wahrheit auszusetzen, dass die Dinge vielleicht nicht immer so sind, wie wir sie vielleicht gerne hätten.

Eine letzte Frage: Ist die Lehre an einer Universität eine Glück bringende Tätigkeit?

Ja! Obwohl die deutsche Universität von jenen, die gegenwärtig Kulturpolitik machen, völlig zerstört wird – da stehen sich alle Parteien in nichts nach. Sie ist immer noch ein wunderbarer Ort für ein sinnvolles Leben. Ich habe einen wunderbaren Beruf mit einem hohen Maß an Selbstbestimmung. Man lernt immer Neues, und der Umgang mit jungen Menschen ist immer etwas Erfreuliches, weil man so stets selbst lebendig gehalten wird. Leider ist die philosophische Idee der klassischen deutschen Universität aufgegeben worden, und das ist sehr traurig. Es wird wieder lange brauchen, bis man merkt, dass man eine Institution braucht, wo unabhängig von Fragen nach der ökonomischen Verwertbarkeit nach Wahrheit gefragt wird, etwa: Welche Tätigkeiten sind sinnvolle Tätigkeiten? Gibt es Menschenrechte…?

Herr Bien, wir danken Ihnen für das Gespräch.

Das Interview führten Stefan Gammel,
Björn Reich und Siegfried Reusch.

Glossar

Autoren (in der Reihenfolge der Texte)

– Dr. phil. Dipl.-Chem. **Siegfried Reusch** (Philosoph und Chemiker) ist seit 1995 Mitherausgeber und Chefredakteur des Journals für Philosophie *der blaue reiter*. Darüber hinaus ist er als Verleger (der blaue reiter Verlag für Philosophie, Aachen, www.derblauereiter.de) und Publizist tätig.

– Prof. Dr. **Maximilian Forschner** ist emeritierter Professor für Philosophie an der Universität Erlangen-Nürnberg.

– Prof. Dr. **Annemarie Pieper** ist emeritierte Professorin für Philosophie an der Universität Basel.

– Prof. Dr. **Rüdiger Safranski** ist Philosoph und Schriftsteller.

– Dr. phil. **Stefan Gammel** ist wissenschaftlicher Mitarbeiter am Zentrum für Interdisziplinäre Technikforschung der Technischen Universität Darmstadt.

– Dr. phil. **Goedart Palm** ist Philosoph, Schriftsteller und Künstler.

– Prof. Dr. **Regina Ammicht Quinn** ist Professorin für Theologie an der Katholisch-Theologischen Fakultät und am Interfakultären Zentrum für Ethik in den Wissenschaften der Universität Tübingen. Darüber hinaus ist sie Staatsrätin für interkulturellen und interreligiösen Dialog sowie gesellschaftliche Werteentwicklung der Landesregierung Baden-Württemberg.

– Dr. phil. **Edgar Dahl** ist wissenschaftlicher Mitarbeiter am Max-Planck-Institut für molekulare Biomedizin und Dozent am Institut für Geschichte, Theorie und Ethik der Medizin an der Westfälischen Wilhelms-Universität Münster.

– **Pascal Bruckner** ist Romancier und Essayist. Er wurde bekannt durch seinen 1992 von Roman Polanski verfilmten Roman *Bitter Moon*.

– **Rüdiger Vaas** (Biologe und Philosoph) ist Redakteur für Astronomie und Physik bei *Bild der Wissenschaft* und Publizist.

– Prof. Dr. phil., Dr. med. vet., Dipl. sc. pol. **Otto-Peter Obermeier** (Philosoph, Tiermediziner und Politologe) ist Honorarprofessor für Philosophie an der Universität Ulm.

– Prof. Dr. **Ferdinand Fellmann** ist Professor für Philosophie an der Technischen Universität Chemnitz.

– Dr. phil. **Richard Reschika** (Germanist, Kunsthistoriker und Philosoph) ist Übersetzer (aus dem Rumänischen), Lektor und Autor.

– Priv. Doz. **Jutta Heinz** ist Privatdozentin für Literaturwissenschaft und lehrt als Oberassistentin an der Universität Jena.

– **Reinhold Messner** lebt als Grenzgänger in Südtirol.

– Dr. phil. **Wolfgang Korfmacher** ist Konfliktberater und Mediator in Münster.

Interviews
– **Vincent Klink** betreibt in Stuttgart-Degerloch das mit einem Michelin Stern ausgezeichnete Restaurant Wielandshöhe, ist Autor zahlreicher Kochbücher sowie Herausgeber und Autor der Zeitschrift *Häuptling Eigener Herd*.

– Prof. Dr. **Günther Bien** ist emeritierter Professor für Philosophie an der Universität Stuttgart.

Erläuterungen

Kategorischer Imperativ

Unbedingter Sollenssatz. Kategorischer Imperativ nach Kant: »Handle nur nach derjenigen Maxime, durch die du zugleich wollen kannst, daß sie ein allgemeines Gesetz werde.« (Kant, Immanuel: Grundlegung zur Metaphysik der Sitten. BA 52)

Lebensphilosophie / Lebenskunst

Philosophische Richtung Ende des 19. und Anfang des 20. Jahrhunderts, die sich auf das (praktische) »Leben« als umfassendes Grundprinzip beruft. Ihre Vertreter wenden sich gegen einseitig rationale, mechanistische Weltbilder ebenso wie gegen systematisch nur aus dem Geist beziehungsweise aus Begriffen abgeleitete. Charakteristisch sind die Betonung der Intuition (gegenüber der Verstandeserkenntnis), des Werdens (gegenüber dem statischen Sein) und der ganzheitlichen Sicht des Menschen (gegenüber einer technisch-wissenschaftlichen Perspektive).

Der Ausdruck **Lebenskunst** (griechisch: *technê tou biou*, lateinisch: *ars vitae*) kommt in den griechischen Texten nur selten vor, bezeichnet aber prägnant die lebenspraktische Nähe der antiken Tugendethik (siehe unten). Obwohl der Skeptiker Sextus Empiricus die Möglichkeit einer Lebenskunst kategorisch verneint hat, ist sie bei den neuzeitlichen Moralisten (siehe unten) zu einem griffigen Terminus und heute zu einem Erfolg versprechenden moralphilosophischen Projekt geworden. Angestoßen durch den französischen Philosophen Michel Foucault hat in Deutschland Wilhelm Schmid mit seiner »Grundlegung« dem Lebenskunstprogramm zum Durchbruch verholfen. Die mittlerweile gängige Formel »Philosophie der Lebenskunst« wurde vom Tübinger Philosophen Hans Krämer geprägt.

Metaphysik

lateinisch: *metaphysica*, zu altgriechisch *tà metà physikà*: Das, was hinter der Natur steht. Wissenschaft von denjenigen Dingen, die nicht empirisch, das heißt nicht aus der sinnlichen Erfahrung begründet werden können (»außerhalb« der Physik). Philosophische Lehre von den ersten Prinzipien und Ursachen sowie den über die Naturerscheinungen hinausgehenden Fragen des Seins. Mit metaphysischer Heimat- oder Obdachlosigkeit (G. Lukács) wird oft ein Mangel an Sinn charakterisiert. Wer sich eine Lehre vom Werden und Vergehen zu eigen gemacht hat, kann sich selbst angesichts der oft sinnlos erscheinenden Zeitläufte Trost durch die Einordnung von Einzelereignissen in einen übergeordneten Sinnzusammenhang verschaffen. Die Zuschreibung »metaphysisch« wird von Naturwissenschaftlern auch als abwertende Bezeichnung für Ihrer Meinung nach spekulative, nur auf unbeweisbaren Glaubenssätzen beruhenden, in der Erfahrungswelt nicht überprüfbaren mithin unwissenschaftlichen Aussagen und Theorien gebraucht.

Physiokratie

(von gr. *physis*: Natur und *kratein*: ḥerrschen): Französische Schule der Volkswirtschaft, die von François Quesnay in der zweiten Hälfte des 18. Jahrhunderts begründet wurde. In seinem Werk *Tableau économique* (1758) entwickelt Quesnay das Modell eines Wirtschaftskreislaufs, das auf der ausschließlichen Produktivität der Landwirtschaft beruht. Physiokraten gehen davon aus, dass sich aus der Natur eine objektive Norm ableiten lässt, deren Beachtung die größtmögliche Wohlfahrt für alle Menschen bewirkt. Im Gegensatz zu den klassischen Liberalen nehmen sie an, dass sich eine optimale Ordnung nicht durch den gegenseitigen Ausgleich der Einzelinteressen von selbst herstellt (unsichtbare Hand des Markts). Vielmehr soll ein aufgeklärter Herrscher eine entsprechende Gesetzgebung installieren und garantieren.

Satz vom zureichenden Grund

(*principium rationis sufficientis*): Nach Gottfried Wilhelm Leibniz (*Monadologie*, 1714) gilt das metaphysische Prinzip, »dass keine Tatsache wahr seiend oder existierend, keine Aussage wahrhaftig befunden werden kann, ohne dass ein zureichender Grund sei, warum es so und nicht anders ist –, obwohl uns diese Gründe in den meisten Fällen ganz und gar unbekannt sein mögen«.

Stoa

Richtung der griechisch-römischen Philosophie (zirka 300 v. Chr. – zirka 200 n. Chr.), benannt nach ihrem ursprünglichen Versammlungsort, einer Säulenhalle (griechisch: stoa) in Athen. Für Stoiker wie Seneca ist Freiheit nur in völliger Unabhängigkeit von äußeren Ursachen zu erlangen. Als weise gilt derjenige, welcher durch seine Vernunft alle Leidenschaften und Triebe beherrscht und alle Wechselfälle des Schicksals gelassen erträgt. So schreibt Marc Aurel: »Sei wie ein Fels, an dem sich beständig die Wellen brechen: Er steht fest und dämpft die Wut der ihn umbrausenden Wogen.«

Tugendethik / Pflichtethik

In der Ethik wird grundsätzlich unterschieden zwischen der Tugendethik, derzufolge Glück das höchste Gut ist, und der Pflichtethik (= normative Ethik), deren Verfechter moralische Normen rein formal begründen und damit Anspruch auf deren universale Geltung erheben. Der Schlüsseltext der antiken Tugendlehre ist die *Nikomachische Ethik* von Aristoteles, die sich durch große Lebensnähe auszeichnet. In der Folge wurde der Glücksbegriff subjektiviert, sodass Ethik in Lebenskunst als »Sorge um sich« überging. Immanuel Kant, der prominenteste Vertreter der Pflichtethik, trennte Lebenskunst und Ethik. Die Entwicklung der Ethik lässt sich seither als eine Reihe von Versuchen lesen, konkretes Glücksstreben und abstrakte Normen wieder miteinander zu versöhnen.

Zufall

Als »zufällig« werden Ereignisse bezeichnet, für die keine angebbaren Gesetzmäßigkeiten bekannt sind mittels derer diese hätten vorhergesagt werden können beziehungsweise auf deren Ursachen zurück geschlossen werden könnte. Unter der Annahme, dass alle Naturvorgänge dem Prinzip von Ursache und Wirkung (Kausalität) unterliegen, ist Zufall mithin ein Synonym für Nichtwissen. Das Gespenst der Ursache- und damit auch der Sinnlosigkeit verliert seinen Schrecken auch durch die Wahrscheinlichkeitsrechnung nicht.

Der Angst vor dem Zufall begegneten die Griechen der Antike mit dem Glauben an das »Schicksal«: Gegen das, was die Götter geschickt haben, lohnt es sich nicht aufzubegehren. Eine ähnliche Art mit scheinbar nicht selbst verschuldeten Ereignissen zurecht zu kommen, wählten Albert Einstein »Gott würfelt nicht!« und Albert Schweitzer »Zufall ist der Name des lieben Gottes, wenn er inkognito bleiben möchte!«. Eine andere Strategie ist die Haltung der Erwartungslosigkeit und des Selbstvertrauens. Die Frage »Warum gerade ich?« wendet ins Positive, wer gar nicht erst etwas erwartet, sondern wer auf sich selbst, sein Denken und Empfinden vertraut und sich seinen »Sinn« und seine Werte dadurch selbst erschafft, dass er in seinem Sinne mit dem umzugehen sucht, was ihm (zufällig?) begegnet.